U0481204

本书为教育部人文社会科学研究 2008 年度青年基金项目"大学学术生产力发展的理论与实践研究(项目批准号:08JC880020)"的成果之一,得到了江苏省一级重点学科教育学学科建设经费的资助。

高校社科文库
University Social Science Series

教育部高等学校
社会科学发展研究中心

汇集高校哲学社会科学优秀原创学术成果
搭建高校哲学社会科学学术著作出版平台
探索高校哲学社会科学专著出版的新模式
扩大高校哲学社会科学科研成果的影响力

大学学术生产力发展论
On Development of University Academic Productivity

陈何芳／著

光明日报出版社

图书在版编目（CIP）数据

大学学术生产力发展论 / 陈何芳著. -- 北京：光明日报出版社，2011.5（2024.6 重印）
（高校社科文库）
ISBN 978-7-5112-1183-5

Ⅰ.①大… Ⅱ.①陈… Ⅲ.①大学—学术研究 Ⅳ.①G644

中国版本图书馆 CIP 数据核字（2011）第 076436 号

大学学术生产力发展论
DAXUE XUESHU SHENGCHANLI FAZHANLUN

著　　者：陈何芳
责任编辑：刘　彬　佟翠玲　　　　责任校对：孙夏莲
封面设计：小宝工作室　　　　　　责任印制：曹　净

出版发行：光明日报出版社
地　　址：北京市西城区永安路 106 号，100050
电　　话：010-63169890（咨询），010-63131930（邮购）
传　　真：010-63131930
网　　址：http://book.gmw.cn
E - mail：gmrbcbs@gmw.cn
法律顾问：北京市兰台律师事务所龚柳方律师
印　　刷：三河市华东印刷有限公司
装　　订：三河市华东印刷有限公司
本书如有破损、缺页、装订错误，请与本社联系调换，电话：010-63131930
开　　本：165mm×230mm
字　　数：265 千字　　　　　　　印　张：15.25
版　　次：2011 年 7 月第 1 版　　印　次：2024 年 6 月第 2 次印刷
书　　号：ISBN 978-7-5112-1183-5-01
定　　价：68.00 元

版权所有　　翻印必究

序

近年来，中国的高等教育发生了巨大变化，有关高等教育的研究也十分繁荣。如何发现高等教育发展中的新问题，或者以新的视角来解释和解决高等教育发展中的痼疾，成为高等教育研究者必须面对的一个现实问题。陈何芳博士在著作中认为，大学是学术组织，大学的活动主要是学术生产活动，大学的成果是学术成果，或者说是学术生产的产出。因此，大学学术生产和学术生产力（academic productivity）问题是大学的核心问题之一，迫切需要引起关注并加强研究。学术生产力虽然在国外已有很多相关研究，但在我国，还是一个人们很少关注的课题。因此，作者选择"大学学术生产力及其培育"这样一个题目进行研究，是有新意的，据我所知，她是国内最早对该问题进行系统研究的学者之一。

实事求是地说，我本人对"大学学术生产力"并不了了，甚至可以说持有一定的保留态度。但是这一概念确实非常吸引人，它会引发我们一系列的思考，比如什么是大学学术生产力？大学学术生产力概念的内涵与外延如何区分？它与政治经济学中的"生产力"如何联系与区别？它与大学的三大职能有何关系？大学学术生产力的核心要素是什么？对大学学术生产力应如何评价？应怎样提高大学学术生产力等等。也许正是这种好奇，激励着作者长期从事该领域的研究。作者从硕士、博士到博士后阶段，都是围绕基层学术组织和大学学术生产问题进行思考和研究的，本书也是作者长期研究的总结和提炼。她曾坦言，坚持这样的研究是要回应伯顿·克拉克关于"研究基层"、"研究生产"、"研究学科和事业单位的生产力"的呼吁，这份执着是值得肯定的。

在书中，作者从生产力经济学和组织理论的视角分析了大学学术生产力问题，构建了从五个维度、两个角度提升大学学术生产力的分析框架，提出了提升大学学术生产力的一系列改进措施。

本书选题新颖、框架完整、结构严谨、资料翔实，为我们提供了研究大学学术管理问题的一个新视角和新模式。

作者对有关大学学术生产力体系的构建有着独到的见解，对于大学学术生产力提升策略的全面分析具有现实指导意义。她所提出的新颖的概念和视角、系统而完整的分析框架，使本书具有了较强的理论性，同时她所提出的政策性建议又具有实践和发展的价值，可以为我国大学提供全面检讨"学术生产力"低下的分析工具，为我国大学从整体上激活"学术生产力"、优化学术管理、培育学术文化，解除大学学术发展的各方面束缚做出贡献。

本书也存在一些不足之处，首先，概念比较庞杂，需要做大量的准确的界定，而对现实关照不足；其次，著作以"生产力经济学"为理论依据之一，但该理论本身的学术性还值得商榷和深入研究，再用它来解释大学，在分析中可能就出现了一些不严密或不适用之处；最后，著作还缺乏国内外的实证研究，对制约大学学术生产力发展的外部环境的阐述也还不够充分。但是，大学学术生产力的研究在我国还是一个全新的领域，作者进行的是开拓性的研究，出现上述问题也是在所难免的，希望有更多的学者从事并完善这方面的研究。

陈何芳出站已经三年了，今天她的博士后出站报告终于要付梓出版了，作为她在站期间的合作导师，我感到由衷的高兴。陈何芳博士有较深厚的专业基础，较好的学养，她对世界和中国高等教育问题具有较敏锐的嗅觉，善于抓住问题的核心，把握问题的发展方向，设计系统的分析框架进行深入的分析研究。希望这部专著的出版能够激发作者进一步的研究热情，在学术上更上一层楼，取得更大的成绩。

王英杰

2010年12月2日

于北京师范大学英东楼

目 录

序 / 1

绪 论 / 1
  第一节 研究的缘起与意义 / 1
    一、"大学学术生产力"研究的个人兴趣 / 1
    二、"大学学术生产力"研究的社会意义 / 4
  第二节 国内外研究现状 / 9
    一、"大学学术生产力"概念界定 / 9
    二、相关理论借鉴 / 14
    三、相关论文综述 / 22

第一章 "大学学术生产力"发展的系统思考 / 33
  第一节 "大学学术生产力"发展的"三个方面" / 33
    一、"大学学术生产力"要素 / 34
    二、"大学学术生产力"过程 / 34
    三、"大学学术生产力"结果 / 34
  第二节 "大学学术生产力"发展的"八个维度" / 36
    一、"大学学术生产力"八个维度的分析 / 36
    二、八个维度间的动态关系 / 40
    三、八维度分析的意义 / 48
  第三节 "大学学术生产力"发展的"两个角度" / 51

第二章 开发"大学学者"资源 / 56
  第一节 "大学学者"概述 / 56
    一、大学学者的特性 / 57

二、大学学者个体的学术生产力 ／61
三、大学学者群体的学术生产力 ／65
第二节　校内学术队伍 ／66
一、学术梯队建设的意义 ／66
二、学术梯队的合理结构 ／68
三、学术梯队中的学术带头人 ／70
第三节　校外学术同行 ／72
一、大学学者交往概述 ／73
二、大学学者的社会资本 ／75
三、大学学者拓展社会资本的措施 ／78

第三章　增强"学科知识"实力 ／82
第一节　"学科知识"概述 ／82
一、大学学科知识的特性 ／83
二、大学学术生产所需的其他材料 ／86
第二节　校内学科谱系 ／87
一、国内外著名大学的"学科谱系" ／88
二、大学学科融合的一般模式 ／94
三、大学学科融合存在的问题 ／96
第三节　校外"学科树" ／98
一、学科发展的树状结构 ／99
二、从单学科到交叉学科的演进 ／102
三、大学交叉学科的发展 ／103

第四章　改进大学"学术活动" ／106
第一节　大学"学术活动"概述 ／106
一、大学学术活动的基本属性 ／106
二、大学学术活动的基本内容 ／108
第二节　校内日常学术活动 ／114
一、教学、科研与社会服务活动 ／114
二、大学学者的"学术化生存" ／115
第三节　学术交流构筑"无形学院" ／118

一、"无形学院"的形式与功能　/118
　　二、相关的理论支持　/124
　　三、信息时代"无形学院"的拓展　/127

第五章　完善大学"学术体制"　/133
　第一节　大学"学术体制"概述　/133
　　一、大学学术组织结构　/133
　　二、大学学术制度　/136
　第二节　大学学术管理体系与制度　/142
　　一、大学组织的纵向层次结构　/142
　　二、大学的人事制度与评价制度　/151
　第三节　大学学术工作体系与制度　/158
　　一、大学的横向学术组织　/158
　　二、大学的跨学科研究制度　/165

第六章　营造大学"学术文化"　/176
　第一节　大学"学术文化"概述　/176
　　一、大学学术"生产力场"　/177
　　二、大学学术文化的功能　/178
　第二节　大学组织的"院校文化"　/181
　　一、大学的行政文化　/183
　　二、大学的校风　/189
　第三节　大学的"学科文化"　/194
　　一、"内圣"的学者为学精神　/196
　　二、"外诉"的学科开放意识　/203

结　语　/212

参考文献　/218

后　记　/229

致　谢　/231

图表目录

图1-1：大学学术生产"要素"、"过程"与"产品"关系图 ……… (35)
表1-1：大学学术生产力"八维度"界定 ………………………… (39)
图1-2：大学学术生产力中大学学者与学科知识状态图 ………… (40)
图1-3：大学学术生产力中学术活动、学术体制与学术文化状态图 … (42)
图1-4：大学学术生产力中教学、科研与社会服务状态图 ……… (43)
图1-5：大学学术"产品"的定位与产出 ………………………… (46)
表1-2："八个维度"生成的二十八种关系 ………………………… (46)
表1-3：大学学术生产力"八维度"系统分析 …………………… (48)
图1-6：大学学术生产力"八维度"分析图 ……………………… (48)
表1-4：大学学术生产力与社会生产力和GDP类比表 ………… (50)
表1-5：五个维度在"院校"与"学科"角度上的相对区分 …… (52)
表1-6："院校"与"学科"角度强调的不同侧重点 ……………… (52)
图1-7：大学学术生产力研究框架图 ……………………………… (54)
表3-1：美国十所著名大学学科点布局统计表 …………………… (89)
图3-1：美国十所著名大学学科点布局图 ………………………… (90)
表3-2：我国十所著名大学学科点布局统计表 …………………… (91)
图3-2：我国十所著名大学学科点布局图 ………………………… (93)
图3-3：学科发展的树状图 ………………………………………… (99)
图3-4：学科发展的梳齿状图 ……………………………………… (100)
图3-5：物理学科的层次划分图 …………………………………… (100)
图3-6：矩阵法所描述的学科之间的相关性 ……………………… (101)
图3-7：学科交叉形成的网状图 …………………………………… (101)
图3-8：自然科学学科分类体系图 ………………………………… (102)
图5-1：大学矩阵式学术组织结构示意图 ………………………… (159)

绪　论

第一节　研究的缘起与意义

近年来，在教育科学研究领域中，越来越多的人开始关注科研选题与个人生活史的关联。吴康宁教授曾从教育理论发展或教育实践改善是否迫切需要及研究者本人有无研究的欲望和热情这两个维度，大致把教育科研问题分为以下四种："异己的问题"、"私己的问题"、"炮制的问题"和"联通的问题"。①而我选择"大学学术生产力"这一论题，恰恰经历了从个人需要出发、逐步联通社会需要的过程，即最初是出于个人兴趣而关注"学术生产"、"学术生产力"，通过一段时间的探索之后才发现这并不是我"个人的问题"，同时也是转型期中国大学普遍关注的"公众问题"。因此，我将从"私己性"和"联通性"这两个方面说明论文选题的理由，意图证明本研究无论对于我个人还是对于社会而言，都是一个"真"问题。

一、"大学学术生产力"研究的个人兴趣

第一次接触"大学学术生产力"这一概念，是 2003 年我在华中科技大学攻读博士学位时，在我的导师别敦荣教授主讲的"高等教育管理学专题"的选修课上。当时列出的 18 个讨论题目中有"大学学术生产力及其培育"这个题目。别教授当时口述了该选题值得探讨的内容，我把它归纳为以下几点：1."生产力"在经济学、政治经济学中的本义是什么？2. 我国大学科研产出量低的原因是什么？3. 什么是"大学学术生产力"？4. 学术生产力与高等教育人才培养的关系如何？5. 学术生产力与科技创新的关系如何？6. 学术生产

---

① 吴康宁：《教育研究应研究什么样的"问题"——兼谈"真"问题的判断标准》，《教育研究》2002 年第 11 期，第 8~11 页。

力的核心要素是什么？7.学术生产力与教师队伍的关系如何？8.学术生产力与大学管理的关系如何？9.学术生产力如何评价？10.怎样从现代大学制度的角度提高学术生产力？

由于外专业学生优先选择讨论题目的原因，我当时并没有选到这个题目。但我对"大学学术生产力"这一提法立刻产生了兴趣，后来就一直围绕着这个概念进行思考，博士论文和博士后出站报告都是以此为标题的。

选择"大学学术生产力"这一论题几乎是出于一种直觉，它最初只是一种提法，没有确切的内涵与外延，没有明确的研究框架与内容，一切都要自己探索。我的思索之路最初是从"生产"一词入手的。马克思主义哲学和政治经济学对于"生产"、"劳动"、"实践"乃至"活动"都有非常经典而权威的论述，确立了"生产力"、"生产关系"、"生产方式"、"生产率"等范畴和逻辑，通过这些范畴逻辑就可以系统地解释人类创造物质与精神财富的活动。但这种解释过于宏大，对于大学组织缺乏针对性和适切性，能够显示出"生产"的共性而无法凸显"学术生产"的个性，因此我略微关注了一段时间就逐渐放弃了。但在这个过程中，我注意到大学的"生产"与其他生产相比，具有非常突出的精神性和自主性，作为"生产者"的大学学者不是把学术活动这种"劳动"简单地当作谋生手段，而是经常把它作为人生追求的目的，大学学者的"生产"与"生存"几乎是一体的。从这种"生产"的特性出发，我找到了"生存论哲学"，希望从学者的"生存"来探讨大学学者的生产力和大学学术生产力。当时我正在哲学系选修"西方哲学史"的课程，对此有所启发，后来又专门选修了张曙光教授主讲的"生存论哲学"，希望能够有所深入。但我这种"哲学的门外汉"注定很难把握哲学的视角，最终还是因为能力有限而放弃了，只在文中"大学学者的学术化生存"部分略有涉及。在此之后，我在书店偶然发现一本《中国当代生产力研究》的书，才知道有一门经济学分支学科叫"生产力经济学"，与我的概念至少在"生产力"上是相同的。于是我阅读了大量该学科的资料，模仿该学科的研究内容与逻辑体系，写出了开题报告并通过了开题。但是，在开题中我的"生产力经济学的视角"以及由此衍生出的内容框架也受到了很多批评，主要的问题是题目太大、理论适切性不足。我后来也发觉没有所需的材料填充论文框架，最后只好淡化了这种视角，没有用它贯穿全文，只是在概念界定和分析框架上进行了一定程度的借鉴。开题之后我克服了漫无目的的发散式思维，不断地进行内容聚焦，落实在行文中就是回归自己的知识结构开始撰写。我本科是"教育管理"专业的，硕士是管理学院的"教育经济与管理"专业，对管理学和组织理论比较熟悉，所以最后还是以组织理论和高等教育学理论为基础完成博士学位论文的。

在整个论文的构思过程中，我深受伯顿·克拉克教授在研究方法和框架上的影响。克拉克教授在研究方法上有两个特点，一是创造概念，二是案例论证。他喜欢提出一些基本范畴，然后分析这些范畴之间的逻辑关系，最后用这些范畴和逻辑来解释所对应的现象。他自己也明确说过："只要通过富有想象力的案例研究就能创造概念，并通过概念点出一个组织甚至一类组织的'个性'。"他还说过，"亲临现场，一个接一个地做制度案例分析，然后提出一些通用概念，去解释大学变化的种种现实"。"我要自己发展出一个概念以点出主题，这是我多年研究的一个经验。""无论我研究什么，我的工作模式都是三步：案例研究、构造概念、写书。"① 比如，克拉克教授在《高等教育系统》中提出了五个范畴——"工作"、"权力"、"信念"、"整合"与"变革"。② 在这五个范畴中，前三者是一组，用来分析静态的高等教育系统；后两者是另外一组，用来描述动态的高等教育系统。前三者的关系非常类似我国社会科学研究中常用的"活动"、"体制"、"观念"的分析范式，这三者恰好在纵向上构成了一个完整的体系；后两者类似我们常用的"发展"与"改革"，表明了事物两种动态变化的过程。这五个范畴所构建起来的分析框架非常有意义，堪称经典，它充分展现了概念和分析范畴的重要意义。③

另外，我的学位论文选题也受到克拉克研究内容的直接启发。他提出，高等教育研究"首先要研究基层，研究生产。……了解是什么东西使系统成为有生产能力的系统……哪些管理机构有助于使系统具有生产能力"④，还使用过"学术的生产力"⑤、"学科和事业单位的生产力"⑥ 等提法。由于对这段论述特别感兴趣，我的研究就采用了这一路线，我的硕士学位论文是"中国大

---

① ［美］伯顿·克拉克：《我的学术生涯》（上），《现代大学教育》2002年第6期，第11页。
② ［美］伯顿·克拉克著、王承绪等译：《高等教育系统——学术组织的跨国研究》，杭州大学出版社1994年版，第6~9页。
③ 陈何芳：《伯顿·克拉克之"组织的观点"解读》，《交通高教研究》2004年第1期，第82~84页。
④ ［英］迈克尔·夏托克编、王义端译：《高等教育的结构和管理》，华东师范大学出版社1987年版，第14页。
⑤ ［美］伯顿·克拉克著、王承绪等译：《高等教育系统——学术组织的跨国研究》，杭州大学出版社1994年版，第8页。
⑥ ［美］伯顿·克拉克著、王承绪等译：《高等教育新论——多学科的研究》，杭州大学出版社1987年版，第39页。

学基层学术组织改革研究",博士学位论文是"大学学术生产力引论",博士后出站报告是"提升大学学术生产力——学科与院校双重角度的改进",与这些呼吁也是直接对应的,是"研究基层"、"研究生产"、"研究学科和事业单位的生产力"的一系列尝试。

回顾本人对于"大学学术生产力"问题的思考路径可以看出,本文的选题具有鲜明的"私己性"色彩,是个人研究兴趣的忠实反映。吴康宁教授强调:"研究者不能完全抛开自身的生活史去确定研究问题,即便确定了这样的研究问题,也研究不好。在这个意义上,也仅仅在这个意义上,我们说任何真正的研究其实都是研究者自己的研究,任何研究问题其实都是研究者自己的问题,都是研究者在其自身生活史的作用下'看'出来的问题。"[①] "舍弃'利己'性标准而确定研究问题,则是研究者对自身的漠视与压抑,即漠视自己的生活史、压抑自己的意愿,这种研究不仅不可能凸显研究者的个性,甚至会成为研究者的一种痛苦的经历。"[②] 而本文的选题所幸是"私己"而非"异己"的,尽管在探索中有些茫然,许多问题具有模糊性和不确定性,但笔者对此还是情有独钟并乐在其中的,在研究的实际效果上也逐步实现了研究对象、研究框架和研究结论的明晰化。

二、"大学学术生产力"研究的社会意义

无论是在大学管理的实践中,还是在高等教育的理论研究中,人们都越来越多地使用着"学术生产"、"学术生产力"、"大学学术生产力"等词语。这一概念之所以在当前引起人们一定程度的关注,是有其现实原因的,它反映了社会各界对大学"产出"能力的追求。"生产力(Productivity)是当代最常用的词语之一。政府官员呼吁提高国家的生产力,经济学者倡导改善产业生产力,而管理学者与企业经营者则强调提高企业及员工生产力之重要性。事实上,提高生产力是人类追求进步的基本心态。提高生产力最基本的涵义,就是要消除浪费和提高效率,而其最终目的,则在于增进人类的幸福"[③]。同样,"大学学术生产力"概念的提出,也是社会呼吁大学提高产出能力的表现。

一方面,"大学学术生产力"概念的提出,反映了大学在自主办学条件

---

① 吴康宁:《教育研究应研究什么样的"问题"——兼谈"真"问题的判断标准》,《教育研究》2002年第11期,第11页。

② 吴康宁:《教育研究应研究什么样的"问题"——兼谈"真"问题的判断标准》,《教育研究》2002年第11期,第10页。

③ 余朝权:《优势竞争:突破生产力的奥秘》,经济与生活出版事业公司1985年版,第1页。

下，迫切希望增强实力的愿望。随着我国经济转型和高等教育管理体制改革的进行，大学的办学自主权日益增大，大学办学者在很多事务上已经不能依赖"等、靠、要"的工作方式解决问题，而需要自主决策、自负其责、接受更大的责任与挑战。同时，大学之间的竞争日趋激烈，并呈现出一种清晰的圈层竞争结构。从重点建设的9所大学、"985大学"、"211大学"、设置研究生院的大学、拥有博士学位点、硕士学位点的大学到普通高校，每所大学既受到同一圈层其他大学的竞争，也面临来自下一层次学校的挑战，同时更有冲向更高层次的雄心，各种竞争交织错落。而竞争向来是与效率和效益密切相关的，因此，标志着大学效率和效益的"大学学术生产力"也成为人们关注的焦点。大学自主办学和追求卓越的实践，使得"提升大学学术生产力"成为大学发展的基本目标。

另一方面，"大学学术生产力"概念的提出，也反映出知识经济时代国家和社会对于大学"产出"的殷切希望。随着知识经济的发展，大学这个可将知识生产全过程有机整合起来的社会知识机构，日益引起了全社会的关注。社会对大学提出了更新更高的要求，希望它成为社会的"知识工厂"。这种"知识工厂"在社会的"知识生产"中具有多种优势，比如多学科融合的优势、人才密集的优势、图书资料仪器设备集中的优势、"生产模式"多种多样富有弹性的优势，等等。由于这些优势的存在，知识经济社会更加强化了大学创造、传递和应用知识的使命，使得现代大学面临着比以往任何时代都要巨大的"生产知识"的压力。提高"大学学术生产力"因而也成为社会关注的焦点，希望大学在知识和人才上的"产出"上提高质量和效益。

实际上，除了上文提到的现实原因之外，"大学学术生产力"这一概念在理论研究中也有一定程度的体现。大学被视为"知识的生产者、批发商和零售商"[①]，它所从事的"学术活动"、"学术工作"等完全可以理解为以加工知识为内容的"学术生产"。伯顿·克拉克教授是关注"学术生产"问题的典型代表。他不仅反复将"知识"与"生产"相提并论，而且直接使用过"学术

---

① ［美］约翰·S·布鲁贝克著、郑继伟等译：《高等教育哲学》，杭州大学出版社1987年版，第16页。

的生产力"①、"学科和事业单位的生产力"② 这样的概念。在著述中他提到了很多与"学术生产"直接或间接相关的内容，比如"高等教育到处都由生产知识的群体组成"③，"是一个在工作上不需要有多少联系的若干知识集团的联合体、密聚体"④。在这里，"学科跟学校一样，是学术组织的一个主要形式，是生产（Production，在这里指出人才、出成果——译者）的一个中心"⑤。"整个组织实际上就像拥有各种知识群体的控股公司"⑥，"这个公司使自己建立在各种不同的知识群的基础上，并且包含有懂得如何运用这些知识群的各种不同的集团"⑦，这些"专业化的集团，在多数情况下是分头进行工作的，成为松散地联接起来进行生产的极端的例子"。其"生产"过程"就是知识操作，只是发现、保存、提炼、传授和应用知识的工作组合形式有所不同罢了。如果说工匠的工作就是手拿榔头敲打钉子的话，那么教授的工作就是围绕一组一般的或特殊的知识，寻找方式扩大它或把它传授给他人"⑧。总体来讲，"学科就是'产品线'，院校即为地理中心"⑨，"它们能够生产出自己的产品——新知识、毕业生、或法学、或医学、或自然科学、或哲学领域中的各种服务"⑩。所以高等教育研究"首先要研究基层，研究生产。……了解是什么东

---

① ［美］伯顿·克拉克著、王承绪等译：《高等教育系统——学术组织的跨国研究》，杭州大学出版社1994年版，第8页。
② ［美］伯顿·克拉克著、王承绪等译：《高等教育新论——多学科的研究》，杭州大学出版社1987年版，第139页。
③ ［美］伯顿·克拉克著、王承绪等译：《高等教育系统——学术组织的跨国研究》，杭州大学出版社1994年版，第6页。
④ ［英］迈克尔·夏托克编、王义端译：《高等教育的结构和管理》，华东师范大学出版社1987年版，第16页。
⑤ ［英］迈克尔·夏托克编、王义端译：《高等教育的结构和管理》，华东师范大学出版社1987年版，第40页。
⑥ ［美］伯顿·克拉克著、王承绪等译：《高等教育系统——学术组织的跨国研究》，杭州大学出版社1994年版，第17页。
⑦ ［英］迈克尔·夏托克编、王义端译：《高等教育的结构和管理》，华东师范大学出版社1987年版，第18页。
⑧ ［美］伯顿·克拉克著、王承绪等译：《高等教育系统——学术组织的跨国研究》，杭州大学出版社1994年版，第11页。
⑨ ［美］伯顿·克拉克著、王承绪等译：《高等教育系统——学术组织的跨国研究》，杭州大学出版社1994年版，第36页。
⑩ ［美］伯顿·克拉克著、王承绪等译：《高等教育系统——学术组织的跨国研究》，杭州大学出版社1994年版，第46页。

西使系统成为有生产能力的系统……哪些管理机构有助于使系统具有生产能力"①，等等。克拉克的这些论述为"大学学术生产力"概念提供了最基本的理论支持，同时也提醒我们要特别关注这一基本问题——大学怎样才能增强自身的生产能力？

综上所述，大学所面临的巨大压力和挑战要求它最大限度地发展学术，现代大学所处的知识经济时代也迫使它不得不注重"知识生产"。无论是大学的内在逻辑还是社会的现实需要，都凸显了大学的学术生产力问题。但是，常规的教育学、管理学视角并不能清晰地呈现此问题，因此，我们需要把大学的学术活动放置到"生产"的话语场内，借助"语言"的转换来解读大学的知识加工活动，显现、分析和解决大学的学术生产力问题。

"大学学术生产力"概念是很有意义的。一方面，从内容上讲，"大学学术生产力"是大学总体学术实力和水平的代名词，这种总量指标非常重要。对于大学整体学术实力或学术产出这个事物，人们一般还没有对它形成明确的认识。即使注意到一部分也是下意识的、不自觉的、零散的。但是，事物的发展需要"名实相符"，如果没有恰当的名称，就不能赋予它在语言中的地位，就不容易积极倡导它，使之受到更多的重视。所以，给某一事物取名、正名、给予名分是非常重要的，有了"名"才能更好地促进"实"的发展。人类的思维形式主要有三种——概念、判断和推理，概念在科学探索中具有奠基性的作用，只有明确概念，才能形成更多的判断和推理，对实践工作产生巨大的指导作用。就像 GDP 一样，没有它人们就不会如此清晰明确地注意到一国的生产力状况；没有对它的深入细致的分析，人们就不可能提出那么多的提高 GDP 的方法。正是由于 GDP 概念的理论解释力和实践影响力，它被诺贝尔经济学奖获得者萨缪尔森称为 "20 世纪最伟大的发明之一"，可见一个好的概念价值是多么巨大！同样，有了"大学学术生产力"概念，我们或许也可以直接探讨大学的学术总量，全面、系统地探讨大学的效率、效益、效能；以提高大学学术生产力为目标，从整体上激活学术生产、优化学术管理、培育学术文化，从而最大限度地促进大学的发展。

另一方面，从应用领域来讲，"大学学术生产力"概念不仅适用于大学内部分析，而且对于大学的校际比较和国际比较也有一定的理论意义。在大学内

---

① ［英］迈克尔·夏托克编、王义端译：《高等教育的结构和管理》，华东师范大学出版社 1987 年版，第 14 页。

部，这种关注"输入"与"输出"的"生产力"视角，会促使我们更加重视大学的效率和效益，增强学术活动和管理活动的有效性。另外，我们也可以根据"大学学术生产力"进行校际比较、中外比较，分析相同类型或层次的大学在学术生产力上的先进与落后，探讨我国大学与国外大学在学术生产力上存在哪些差距，有哪些具体的措施值得借鉴；也可以就某所大学不同时期的学术生产力状况进行比较，分析它在历史发展各阶段的功过得失。另外，"大学学术生产力"概念与大学排行也是密切相关的，后者进行比较的对象在某种程度上就是大学的学术生产力——既可以进行整体的比较，也可以按不同的形式与内容进行单项的比较；既可以是教学、科研、社会服务生产力的直接比较，也可以从各校的学术资源、管理过程的优劣等方面进行间接比较。大学学术生产力的评价与大学排行在评价指标、指导思想上都有很大的相似之处。当前在大学排行中普遍存在一些问题，比如评价指标体系过于片面、过于重视科研实力而轻视人才培养和社会服务等其他方面的成就、过于重视数量指标而无暇顾及更实质但更复杂的非量化指标、重视直接的"产出"而忽视间接的"过程"、重视硬件设备而忽视"软件"水平，等等。这些问题在单一的大学排行中是很难克服的，但是，如果我们从"大学学术生产力"的完整内涵与外延出发进行系统的审视，就能研究出科学的大学学术生产力测评体系，这也有助于克服目前大学排行的不足，更能促进大学的持续健康发展。如果有关"大学学术生产力"的研究设计精巧并严谨实施，以上这些目标是完全有可能实现的。

再回到吴康宁教授所说的"联通的问题"。它"是教育理论的发展或教育实践的改善迫切需要去解释与解决、且研究者本人也有研究欲望与研究热情的问题。此时，研究者个人的探究意趣已同外部社会（理论的与实践的）研究需求相互吻合，研究者'自己的问题'、'个人的问题'已经同'他者的问题'、'公众的问题'相互对接。此时，研究者所从事的教育研究既是教育理论发展过程与教育实践改善过程的'真实的'组成部分，也是研究者的生命运动的'真实的'组成部分，因为它已融入到研究者的日常生活之中。……显然，这种'互通的问题'具有极高的价值与极大的效益，因为它兼具社会价值与个人价值，兼收社会效益与个人效益。即是说，它可使社会与个人实现'双赢'。研究'互通的问题'，既是社会的幸运，也是研究者个人的幸福。在这个意义上，研究'互通的问题'，这本身也就成了教育研究的一种境界"①。本文的选题确实是个人兴趣使然，而且具有较大的实践价值和理论意义，因此可以算是一个从"私己"走向"联通"的问题。研究大学学术生产力是新时代发展大学学术的需要，也是大学增强自主办学能力的需要；它有助于学界探讨最为核心的"学术规律"，进而有望开拓高等教育学理论研究的新领域。

第二节　国内外研究现状

从目前所收集的文献资料来看，国内还没有其他学者专门针对"大学学术生产力"开展研究，但高等教育领域的许多研究都与大学学术生产力有着密切的联系。因此，本文的"文献综述"首先进行概念界定，然后简要介绍研究过程将要借鉴的各方面知识与理论，其余内容的文献述评则放在论文的相应部分具体展开。

一、"大学学术生产力"概念界定

"大学学术生产力"概念可以按照"生产"、"生产力"、"学术生产力"和"大学学术生产力"的顺序逐步加以推导，进行较为深入的理解。②

（一）"生产"

"生产"（production）是哲学和经济学中的重要概念。辞典中对它的界定可以分为三类：第一类："人们通过劳动创造适合于人们需要的物质资料的过程"③；"人们通过改造自然，创造物质资料（物质财富）的过程"④。这两种定义非常接近，强调"生产"是"创造物质资料"的过程。第二类："通常指以一定的生产关系联系起来的人们，使用劳动工具去改变劳动对象的实物形式，创造适合人们需要的物质资料的过程⑤；"创造或增加财货的效用，或变更天然物的性质、形态或位置，使之适合人类欲望的行为"⑥。这两种定义在

---

① 吴康宁：《教育研究应研究什么样的"问题"——兼谈"真"问题的判断标准》，《教育研究》2002年第11期，第8~11页。
② 陈何芳：《关于"大学学术生产力"概念的探讨》，《煤炭高等教育》2006年第5期，第21~24页。
③ 梁小民等主编：《经济学大辞典》，团结出版社1994年版，第120页。
④ 赵玉林等主编：《经济学辞典》，中国经济出版社1990年版，第18页。
⑤ 张卓元主编：《政治经济学大辞典》，经济科学出版社1998年版，第15页。
⑥ 编委会：《大辞典》，三民书局股份有限公司1985年版，第3099页。

承认"生产"的基本目的是"创造物质资料",同时又补充了多种影响因素和生成方式。第三类:"人们使用工具来创造各种生产资料和生活资料"①;"用工具创造各种生活资料和生产资料"②。这两种定义是对"产品"的进一步细化和拓展。

采用"生产"这一术语,可以清楚地看到"生产者"、"生产过程"和"产品"等要素和环节,尤其是能够凸显一种从"输入"到"输出"视角,对大学及大学中的各种活动进行一种新的解读。正如瑟几奥瓦尼(Thomas J. Sergiovanni)所言:"学校与大学被视为开放的而不是封闭的系统,是作为一个大的环境中的有机组成部分,而不是独立于环境之外的整体。组织接受环境的输入影响,并处理、加工这些外部信息,然后将反馈结果又输出到外部环境之中。"③ 通俗地讲,"大学生存的过程,就是大学有目的地与其环境(社会系统)进行资源交换的过程。具体表现为,大学从环境中获得各种各样所需要的人力、物力、财力、信息等资源,通过'加工'转换成各种专业人才、知识、服务(社会所需要的新资源),并将其输出给环境。这一过程有三个主要环节:输入、加工(或转换)、输出。其中输入与输出直接地体现着外部环境与大学之间的相互作用关系"④。的确,大学作为一种组织机构,是社会为满足自身的特定需要——专业人才、知识和咨询性服务而建立起来的。社会为满足自身的需要,才向大学输入一定的资源,为大学的运行提供保障;大学将这些资源融入内部各组织系统,开展人才的培养、知识的传播、探索和应用,就是一种"生产";大学对社会需要的满足,即大学向社会输出其所需要的知识和人才等成果,就是大学学术生产力的具体表现。

另一方面,采用"生产"这一术语,也有助于我们从"教育活动"和"企业生产活动"中找到某种共性,探讨它们作为社会实践活动所应具有的基本品质。古典组织理论家埃尔伍德·卡伯莱(Ell-wood P. Cubberley,)和富兰克林·鲍比特(Franklin Bobbit)认为:"管理教育组织与经营商业组织并无不同,人们可以在教师与工人、学生与产品、管理者与经理之间找出某些相似之

---

① 中国社会科学院语言研究所词典编辑室:《现代汉语辞典》(修订本),商务印书馆1996年版,第1127页。
② 王同忆主编:《现代汉语大词典》,海南出版社1992年版,第1205页。
③ [英]托尼·布什著、强海燕译:《当代西方教育管理模式》,南京师范大学出版社1998年版,第130页。
④ 朱国仁:《高等学校职能论》,黑龙江教育出版社1999年版,第174页。

处，强有力的科学化管理能够像给钢铁厂带来成功一样使教育组织受益匪浅"①。"在某种意义上，我们的学校就是工厂。原始产品（儿童）被造就成成品以满足各种生活需要。20世纪的文明对产品制造的规则提出了要求，根据规格的规定来塑造学生是学校的职责"②。这些论述尽管有不注重人性和教育性之嫌，但它却表明，教育中的各种学术活动在某种意义上也可以看作是一种"生产"活动，从"生产"的视角去看待教育，会让我们更加关注质量规格、效率和效益等问题，从而更全面地去思考如何管理教育、提高教育的质量与水平。

（二）"生产力"

"生产力"（productivity）概念在主要的经济学辞典中理解较为统一。有辞典认为，生产力"亦称社会生产力，是人类生产物质资料的能力，它表明了人类征服自然的程度，表示着人们对自然的关系"③；或"亦称'社会生产力'，指在现实的社会生产中发生实际作用，能够生产出使用价值的力量的总和"④。这类定义把"生产力"当作"社会生产力"或"物质生产力"，大大缩小了概念的外延。也有一些辞典认为生产力是"产出与投入的比率（生产力可以是某一企业、行业或一国的生产力）"⑤；"加工生产值与所需投资投入值的比率（分为劳动、企业、行业、政府生产力，合计为国家生产力）"⑥。这类界定很有意义，指出了"生产力"不仅指"社会生产力"这个总体，还可以指企业、行业、政府或劳动生产力等。但将"生产力"界定为"产出与投入的比率"，又有将"生产力"简化为"生产率"之嫌，是用一个高度简化的数据来代替事物本身，也不是对"生产力"完整而科学的理解。相比较而言，本文更倾向于采用《现代汉语辞典》中的解释，把"生产力"界定为"具有劳动能力的人，跟生产资料（生产工具和劳动对象）相结合而构成的征

---

① William Foster, *Paradigms and Promises: New Approaches to Educational Administration*, New York: Promentheus Books, 1986, p. 38.

② [美] 马克·汉森著、冯大鸣等译：《教育管理与组织行为》，上海教育出版社1993年版，第27页。

③ 赵玉林等主编：《经济学辞典》，中国经济出版社1990年版，第20页。

④ 张跃庆等主编：《经济大辞典》，海洋出版社1992年版，第15页。

⑤ 梁小民等主编：《经济学大辞典》，团结出版社1994年版，第120页。

⑥ 编委会：《大辞典》，三民书局股份有限公司1985年版，第4001页。

11

服、改造自然的能力"①。这种界定虽然经济学的权威性不高，但却能够更中立、更全面而简洁地帮助我们把握这一概念。

（三）"学术生产力"

按照"生产力"的定义规则，我们可以对"学术生产力"（academic productivity）进行初步的界定。在"学术生产力"中，"具有劳动能力的人"细化为"具有开展学术工作能力的人"，即"学者"；"生产资料（生产工具和劳动对象）"是学术活动所需要的各种"硬件"与"软件"设施，以及其他的人、财、物等条件，可以简称为"学术资料"；广泛意义上的"征服自然、改造自然"在"学术"劳动中具体表现为征服知识、改造知识，或者说创造、传播和应用知识，简称加工知识。因此"学术生产力"可以界定为"学者跟学术资料相结合而构成的加工知识的能力"。

（四）"大学学术生产力"

"大学学术生产力"（university academic productivity）显然是把"学术生产力"置于"大学"之中，是"大学学者跟学术资料相结合而构成的加工知识的能力"。按照1986年国务院发布的《普通高等学校设置暂行条例》中的解释，"大学是高等学校种类之一。主要培养本科及本科以上专门人才，在文科（含文学、历史、哲学、艺术）、政法、财经、教育（体育）、理科、工科、农林、医药等八个学科门类中，以3个以上不同学科为主要学科，有较强的教学、科学研究力量和较高的教学、科学研究水平，全日制在校学生计划规模在5000人以上的学校。在我国有综合大学，如北京大学、清华大学、中国人民大学等；专科大学按同一类专业设校，如工业大学、农业大学、师范大学。"②在本文中，"大学"泛指高等学校中质量较高、涵盖了教学、科研、社会服务三种职能者，使用"大学"一词并不排除本文的许多内容对其他一般的"高等学校"也有一定的适用性。

"大学学者"包括大学的教学和科研人员。在数量组合上，"大学学者"既可以是学者个体，也可以是通过各种方式组合而成的学者团队、集体或一所大学的学者整体。大学的教研室（研究室）、学系、学院、学部和大学自身等是常见的几种学者的组合体。

---

① 中国社会科学院语言研究所词典编辑室：《现代汉语辞典》（修订本），商务印书馆1996年版，第1128页。

② 张念宏主编：《中国教育百科全书》，海洋出版社1991年版，第108页。

大学的"学术资料"包括作为"生产工具"的图书资料、仪器设备、学术知识和信息等,以及作为"劳动对象"的大学生、各种科研或服务上的项目与课题等。"劳动工具"在具体的"生产"过程中基本保持不变,而"劳动对象"经过"生产"后会发生新的变化,正是这种变化体现了"生产"的意义,出现了"劳动成果"或"产出"、"产品"。需要提及的是,大学生具有双重身份,他们自身既是大学学术生产中的初级"劳动者",在某种程度上也是大学教师的"劳动对象"。由"生产工具"和"劳动对象"而构成的"生产资料"都是学术生产中的资源,所以我们可以将它简称为"学术资源"。当然,广义的"学术资源"应该也包括"学者",但为了研究的需要,本文的"学术资源"都是狭义的,不包括大学教学科研人员在内。

"大学学术"也是一个具有双重涵义的概念。一方面,从静态来看,"大学学术"不仅指"有系统的,较专门的学问",而且强调并立于大学之中的各种专业知识领域,它们共同构成了大学广泛的知识领土。另一方面,从动态来看,"大学学术"主要是指在大学里,学者(教师和研究人员)围绕一定的目标,对有关学科、专业等高深专门知识所展开的认识与实践活动,即大学的研究和教学,或者说传授、创造与应用知识等活动。本文中的"学术"既包括了其静态的涵义也包括了其动态的涵义。

综合以上观点,"大学学术生产力"可以界定为"大学各个专业领域中的教学科研人员与图书、设备等学术资源相结合,通过知识的授受、创造与应用而形成的培养专业人才、发展知识和社会服务的能力"。为方便起见,也可以简称为"大学学者与学术资源相结合,通过知识的授受、创造与应用而形成的培养专业人才、发展知识和社会服务的能力"。

这个概念一方面表明大学学术生产力由两部分构成,即学者自己的劳动力和被学者控制并利用来从事学术生产的学术资源力。借用经济学中"人力是生产力之父,自然力是生产力之母"的提法,我们或许也可以说"学者之力是大学学术生产力之父,学术资源力是大学学术生产力之母"。另一方面,这个概念也回答了大学学术生产中"谁来生产——怎样生产——生产什么"的问题,即生产者是大学学者,生产的方式是利用学术资源开展各专业领域内知识的授受、创造与应用活动,生产出来的"产品"是专业人才的成长、科研成果、为社会提供的其他知识产品或学术性服务等,涵盖了大学学术生产的"生产要素"、"生产过程"和"生产结果"三个方面。

对于这个概念有两点需要说明:一是在现实生活中,对"大学学术生产力"普遍存在一种"要素"或"功能"意义上的理解，即大学学术是一种促进社会生产力发展的因素，具有发展社会生产力的功能，为了强调它的重要作用，特意把它称为"大学学术生产力"。这与"科学技术是第一生产力"的逻辑是一致的，与通常讲的"教育是生产力"、"教育具有生产性"等提法也是类似的。与这种见解不同，本文对"大学学术生产力"的理解是一种"本体"意义的，是事物本身而不是事物对社会的作用。也就是把"大学的学术生产"当作事物本身和本文的研究对象，探讨大学自身的"工作"状况、探讨大学在学术工作上的效率与能力、探讨学术"产出"的量的多少、质的优劣，等等。简而言之，本文探讨"大学在学术上的产出能力"，而不探讨"大学学术具有促进社会生产力发展的功能"。

二是"大学学术生产力"最终体现为"能力"，在本质上是非物质性的。这种"能力"可以通过一定的形式表现出来，比如大学产出的学术产品的数量与质量等。但高等教育所具有的模糊性、复杂性、难于量化和无法精确评价等特性，也使得对于大学学术生产力的精确评价非常困难。在此，本文也无力给出一个明确的大学学术生产力的评价标准，像 GDP 之于一国的生产力状况一样。但大学学术生产力的评价无疑是一个值得努力的研究方向，如果我们能够制定出全面的大学学术生产力评价指标、对其进行科学的测算，就能正确把握大学现状、合理规划大学的未来发展，这对于大学开展自我诊断与完善是非常有意义的。

二、相关理论借鉴

"大学学术生产力"的探讨可以从许多不同的角度来展开。比如，"生产力"可以从"生产力经济学"的角度来分析；"学术生产"可以从"精神生产"的角度来认识；"大学学术"可以借助"科学学"理论来分析；"学术生产"可以从"知识经济"有关"知识生产"的内容获得启发；"大学学术生产"更离不开"高等教育学"理论的借鉴。

（一）生产力经济学的启示

要认识"大学学术生产力"，必须从"生产"、"生产力"等基本概念入手，这也使得一个专门研究"生产力"的学科——生产力经济学——成为我们提出"大学学术生产力"概念的理论背景之一。

生产力经济学是我国学者在 20 世纪 80 年代初开创的一门经济学分支学科，主要研究生产力的形成、运动特点和发展规律。该学科创立之初的最主要目的是打破"经济学研究的就是生产关系"的教条，使"生产力"作为和

"生产关系"同等或更为重要的范畴纳入经济学的研究领域。该学科关注的主要是生产力的基本属性、生产力发展史、生产力因素、生产力产品、生产力组合、生产力规律、生产力环境、生产力标准等内容。①② 它们在某种程度上也可以看作是"生产力"概念的广义理解。生产力经济学中有一些重要的观点，可以为我们思考"大学学术生产力"提供某种借鉴。

1. 生产力的基本属性。③ 生产力的本质是人的生产实践能力，集中体现着人与自然的关系。这种实践能力体现在要素上，可以把生产力要素看作生产力；体现在功能上，生产力是人控制和改造自然的能力；体现在结果上，生产力就是生产产品的能力或生产使用价值的能力。这种能力寓于实体之中，需要有结构实体和其他实体要素来承载。在属性上，生产力具有自然属性、技术属性和社会属性，或者简称为物质技术属性与社会属性，因此生产力也可以属于自然范畴、技术范畴或经济范畴、社会范畴。生产力的发展阶段由"生产力水平"和"生产力的社会化程度"决定。

2. 生产力的发展历史。④ 人类社会生产力的发展脉络有多种梳理方法，从"生产力要素"来看，体现为"自然生产力—土地生产力—机器生产力—科技生产力"的发展轨道；从"生产力主体"来看，生产者经历了"动力型—经验型—智力型"的发展阶段；从"生产力结构"来看，体现为"农业经济（含牧业）—工业经济—知识经济（含信息经济）"阶段；从"生产力功能"来讲，则是"生存型—征服型—和谐型"的发展趋势。在人类生产力演变过程中，最突出的特征是生产的社会化程度增强，各种中间环节增多，比如直接生产中人与劳动对象之间的中间环节增多、再生产过程中生产者与消费者之间的中间环节增多等。

3. 生产力因素。"二因素论"认为生产力由"劳动者"和"劳动资料"两因素构成；"三因素论"在此基础上增加了"劳动对象"；"多因素论"则把科学技术、经营管理、文化教育、结构设计、生产布局等都归入其中。⑤ 这些因素按不同的标准，可分为"实体因素"与"非实体因素"、"生产力实体"与"生产力场"、"人的因素"与"物的因素"、"载荷性因素、凝聚因

---

① 王慎之等：《经济学新学科概要》，中国财政经济出版社1987年版，第24页。
② 张跃庆等主编：《经济大辞典》，海洋出版社1992年版，第13页。
③ 孟海贵：《中国当代生产力研究》，中国环境科学出版社2002年版，第11~20页。
④ 孟海贵：《中国当代生产力研究》，中国环境科学出版社2002年版，第217~230页。
⑤ 编写组：《经济科学学术观点大全》，中国财政经济出版社1988年版，第179~180页。

素"与"媒介性因素、运筹性因素"等。①"产品"或"工具"都可以代表生产力水平;决定生产力发展的因素一般认为 18 世纪之前是人或者说人的经验技巧;18 世纪至今是科学技术。

4. 生产力产品。② 产品是一种产出或者说使用价值,是构成生产不可缺少的因素。产品可分为"不变产品(如农产品、矿产品)和可变产品(如工业产品、信息产品)"、"物质产品、信息产品和劳务产品"。几万年的古代社会产品几乎不变,工具是最活跃的要素,成为生产力发展水平的标志和经济时代划分的依据。信息时代的一个显著特点是:产品的变革大大加快,工具的变革减慢,生产要素中技术或者说人的智力显示出巨大作用,成为生产力中最活跃的因素,从而导致在工具不变的条件下产品也能发生大的变革。生产力中的"要素"与"产品"在古代是单一决定模式;在近代是双向推动模式;在现代就成为行星模式,产品是中心,生产要素围绕产品旋转。生产的程序变为先确定生产什么产品,再选择生产要素,企业也从生产型转化为生产经营型,经济学的研究也将从以要素为中心逐步转移到以产品为中心。产品具有"两重性",即"使用性"(使用价值的大小)和"经济性"(产出与投入之比),类似于我们常说的"物美"与"价廉"。使用性和经济性的矛盾是推动产品变革的内在动力,生产要素是外在动力,在两种动力的相互作用下,产品趋于纵向深化和横向发展。

5. 生产力组合。③ 生产力因素有五种基本的组合方式,其一是属性组合,指生产力因素在构成生产力系统时存在的在属性上互相适应的一种联系状态,表现为生产力结构经济问题;其二是数量组合,指各因素在数量上的比例状况和聚积程度,表现为生产力规模经济问题;其三是空间组合,指各因素在地域空间上的分布和关联状态,表现为生产力布局经济问题;其四是时间组合,指各因素在构成生产力系统时进入或退出生产力运行过程的时间先后顺序以及它们各自在运行中所持续的时间长短,表现为生产力时序经济问题;其五是社会组合,指诸因素在社会环境中相互联系的状态,它包含有属性组合、数量组合、空间组合和时间组合的内容,表现为生产力分工协作问题。

6. 生产力规律。④ 生产力规律按不同的标准可分为"总体规律与局部规

---

① 王干一等:《新兴经济学科概论》,东北师范大学出版社 1987 年版,第 11 页。
② 孟海贵:《中国当代生产力研究》,中国环境科学出版社 2002 年版,第 122~148 页。
③ 王干一等:《新兴经济学科概论》,东北师范大学出版社 1987 年版,第 14 页。
④ 编写组:《经济科学学术观点大全》,中国财政经济出版社 1988 年版,第 183~184 页。

律"、"普遍规律与特殊规律"、"纵向运动规律、横向运动规律与加速运动规律"、"生产力决定生产关系的规律、生产力适合社会需要的规律和人与自然协调的规律"。其他具体规律还有按比例发展规律、节约时间规律、因素组合规律、运动形态规律、生产力内部矛盾运动规律、结构决定性能的规律,等等。

7. 生产力环境。① 生产力所处的那个更大的系统就是生产力环境,它包括自然环境和社会环境,后者又可分解为经济环境、文化环境和政治环境。生产力存在于一定的自然环境中,要利用自然物作原料,越是古代生产越受自然环境的制约;经济环境最主要的是生产关系,其核心是所有制,此外还包括管理方式、交换关系和分配关系;文化环境指与生产力有关的理论、宗教、价值观念等社会意识形态,有商业文化、革命文化、知识文化等类型;政治环境主要指社会制度、政府政策等,政治安定、政策明智会促进生产力的发展,但民主和生产力的发展并无必然的联系。

8. 生产力标准。② 标准是指人们衡量事物的尺度或准则。一般由三个互相联系的部分组成:标准自身或测量手段,标准客体或测量对象,标准价值或测量目的。生产力标准可以定义为:以生产力自身水平或状况或是否有利于生产力的发展,作为划分一切社会发展阶段及衡量、检验、评判一切社会生活(包括经济、政治、文化等)合理与否的尺度。生产力标准是各种社会是非标准中应用最广、层次最高的标准,是第一位的标准。生产力的具体标准设置包括生产力要素拥有量、生产力要素组合、生产力总体运行、生产力环境四者的标准体系。

通过以上这些内容的介绍,我们可以发现,"生产力"是一个具有丰富内涵的概念。将这些涵义借用到"大学学术生产力"概念上,即采用生产力经济学的术语和内容来比拟大学的学术生产力,我们可以得出以下十点颇有启示的推论:

1. 大学学术生产力自大学产生起就始终存在,它是大学存在与发展的历史基础和最终决定因素,决定着大学在社会中的生死存亡、兴衰荣辱,在大学中具有不可替代的核心地位。

2. 大学学术生产力的本质是大学学者学术生产的实践能力,集中体现着

---

① 孟海贵:《中国当代生产力研究》,中国环境科学出版社2002年版,第149~160页。
② 孟海贵:《中国当代生产力研究》,中国环境科学出版社2002年版,第102~110页。

大学学者与大学学术资源的关系。这种实践能力具有独特的"自然属性"与"社会属性";可以体现在要素上(高水平大学学者、先进设备及信息条件、所吸引的生源、项目等)、功能或结果上(人才培养成果、科研成果、社会服务成果等);而且寓于实体之中,需要有结构实体和其他实体要素来承载。实体因素包括校园、大学人、大学组织架构、财力资源、物质资源等,非实体因素包括大学文化、大学制度与管理、大学人的主体精神、知识和智慧水平、大学信息网络等。

3. 传统大学学术生产力的发展主要靠大学学者自身的学术劳动,是一种"简单生产力"、"局部型生产力"(如口耳相传的"个体教学"、"小科学时代"的学术活动等)。而现代大学学术生产力发展的过程更为复杂,增加了"高水平的学科和学者"、"项目、课题"、"人力、物力、财力"等环节,反映了"学术资源"的重要性加大,也说明现代大学学术生产力具有"人才、资源密集"、"竞争激烈"、"高度社会化"等特征,可以看作在传统类型的基础上又发展了"复杂生产力"、"整体型生产力"(如人才培养的综合化、"大科学时代"的学术活动等)。

4. 通过对大学学术生产力发展史的分析可以发现,大学学术生产的社会化程度增强(如,关于大学的隐喻由"乡村"到"城镇"到"都市");大学学术产品的"使用性"(使用价值的大小)与"经济性"(产出与投入之比所表示的价格高低)日益提高;大学学术生产力的发展受到多种因素的制约;大学学术生产力的发展阶段由"大学学术生产力水平"和"大学学术生产力的社会化程度"决定,其中"大学学术生产力水平"又可通过"产品"(大学生在大学因素尤其是教育教学劳务作用下取得的"成长";科研与服务中的项目与课题成果;其他文字著述、信息成品、科学发现、技术发明、咨询成果等)或"工具"(图书与信息资料、仪器设备、教学科研服务设施、科学发展的现有水平等)表现出来,但这种"水平"评价非常复杂和困难,因此需要慎重进行。

5. 大学学术生产力的核心要素是"劳动者"(个体或群体形态的大学教学科研人员)、"劳动工具"(图书与信息资料、仪器设备、教学科研服务设施、科学发展的现有水平等)和"劳动对象"(高深知识、大学生及其他消费者、各种科研或服务上的项目与课题等),后两者可合称"学术资源"。大学学术生产力是大学学者与学术资源形成的合力。尽管"学术资源"在大学发展中的重要性增强,但大学学术生产力从本质上讲仍然是大学学者主体精神和本质力量的外在表现，因此可以说，学者是大学的第一生产力。

6. 大学学术产品是一种产出或者说使用价值，主要包括劳务产品和信息产品，是构成大学学术生产的重要因素。大学学术生产力中的"要素"与"产品"在古代主要是单一决定模式（大学学者个体能力素质决定授徒及成果；可资利用的软件硬件工具较少；求学仅仅是少数人的个体行为，其他领域对大学很少有"产品"需求）；在近代出现了双向推动模式（学者个体能力继续对"产品"发挥较大的决定作用；同时社会的"产品"需求增多，并且对学者和"工具"提出一定的具体要求，双方共同促成了"产品"成型）；在现代又出现了行星模式，产品是中心，生产要素围绕产品旋转（学生在成长中自我设计和选择性增强，科研与服务中的"订单"式项目增多，大学针对"顾客"特定需要开展资源组合、提供服务、生产出所需"产品"。大学学术从"卖方市场"走向"买方市场"、从"小科学时代"走向"大科学时代"、从"个体式生产"走向"集体整合式生产"）。产品具有"使用性"和"经济性"两大性质，二者的矛盾是推动产品变革的内在动力，生产要素是外在动力，在两种动力的相互作用下，产品趋于纵向深化和横向发展。

7. 大学学术生产力在相对意义上可以按"组织层次"分为"个人、系室、学院和大学的生产力"；按"活动形式"分为"教学、科研和社会服务的生产力"。各种类型之间差别较大，具有各自独特的规律，因此必须具体分析、区别对待。只有对每一种类型做深入细致的具体分析，才能把握复杂的、整体意义上的"大学学术生产力"。

8. 大学是"学科"（学术层面）与"组织"（组织层面）交叉形成的矩阵，因此，学科和组织的需要是大学学术生产力发展的直接动力；生产力"要素"间的矛盾是其发展的内部矛盾。大学内部有形的管理制度确定着"生产"的规则，无形的大学理念形成大学自身的"组织个性"和"生产力场"，二者共同构成大学学术生产力发展的内部环境（观念层面的大学理念、制度层面的大学管理机构与规范，共同影响着活动层面的大学学术生产力）；社会的经济、文化、政治状况则是大学学术生产力发展的外部环境。

9. 大学学术生产力标准可以简单理解为：以是否有利于大学学术生产力的发展，作为衡量、检验、评判一切大学事务合理与否的尺度。大学学术生产力标准是大学是非标准中应用最广、层次最高的标准。

10. 大学的根本任务是发展大学学术生产力，要达到此目标，就要从"要素"和"产品"入手改进大学学术活动；按"生产力标准"完善大学管理制

19

度（增强制度对于校情的适应性、科学性、有效性、长效性等）；凸显大学观念中的"生产力意识"（大学要有社会责任感，以满足"社会需要"为己任，而不是安于现状、得过且过）。

以上这些借鉴虽然只是初步的、类比意义上的，还缺乏严密的论证，但这些观点无疑会给我们的思维以巨大启发，让我们领略"大学学术生产力"概念的丰富内涵与意义。

（二）精神生产理论

人类社会的生产是由物质生产、人口生产和精神生产组成的具有密切联系的有机整体。"如果说，物质生产是整个社会生产系统的基础和'骨骼'，人口生产是社会生产系统的前提和'血肉'，那么，精神生产是社会生产系统的主导和'神经'"①。随着科学技术突飞猛进的发展，精神生产的地位和作用日益凸显。为了使精神文化生产能够满足社会生活的需要，人类发明了各种方法和手段来提高自身精神生产的能力。大学组织作为一种主要从事精神文化生产和分配的社会组织，正是以此为动力而产生和发展的。

从性质上讲，精神生产是一种以特殊的社会群体（大部分为知识分子或脑力劳动者）作为主体，以自然、社会和思维现象的本质和规律作为研究对象，以一定系统化形式的精神产品为结果的社会生产活动。这种生产活动是人们认识、反映和再现客观世界的过程，是在社会实践基础上以客观世界为对象和内容的创造性、探索性活动，是精神生产者自由地创造观念产品的生产性劳动。这种劳动的成果以观念、理论、学说、科学知识、艺术作品、软件、光盘、唱片等表现出来，丰富着社会的精神财富。所以，精神生产也是社会必要劳动，是社会总劳动的组成部分，是社会分工中的一个特殊部分。②

从知识的角度讲，精神劳动既要创造新知识，又要整理和修改旧知识、开拓知识的新用途。创造新知识是探索未知、致力于发现和发明的过程；整理和修改旧知识，是对已经产生的知识进行分析、归纳、整理、鉴别和运用，是对知识的规范化和系统化继承。这些劳动既需要大量复杂而细致的工作，又需要具备必要的科研经费、物资设备等客观条件。③所以，尽管精神劳动可以表现为某一个人的发明创造，但多数情况下远非个人能力所及，它不仅需要以群体

---

① 张华荣：《精神劳动与精神生产论》，经济科学出版社2002年版，第60页。
② 张华荣：《精神劳动与精神生产论》，经济科学出版社2002年版，第2页。
③ 张华荣：《精神劳动与精神生产论》，经济科学出版社2002年版，第44页。

的形式展开协作劳动，而且只有在世代传承的基础上才能实现创新。这种长期的、集体的、共同的精神劳动正是大学活动的重要特色，也是大学之所以能够成为精神生产主要阵地的原因之一。

精神生产理论是马克思主义"生产力"研究中的重要内容，集中研究精神财富的生产。而"大学学术生产力"是大学在知识传播、创造与应用中的效率与能力，基本上是属于精神生产领域的，因此可以在相关研究成果中寻求借鉴。精神生产研究的内容主要是精神生产的概念、形成过程和结构；精神生产的类型；物质生产与精神生产的相互关系和作用；精神生产的源泉、职能和机制[①]；精神产品的商品化；精神生产与文化、信息、传媒、高新技术产业及精神文明建设的联系，等等。这些内容可以为本文的研究提供一种广泛意义上的理论背景。

（三）科学学理论

大学学术生产的重要方面是科学研究活动，需要遵循科学学的规律，因此本文也将借鉴科学学研究成果来探讨怎样促进大学学术生产力的提升。科学学被誉为"科学的科学"、"研究的研究"，是专门从整体上研究科学自身及其运动规律的综合性学科。其主要职能是考察科学技术的社会功能和地位，揭示科学技术发展的规律，分析科学技术的结构，为制定科技政策、改进科研体制、搞好科研管理、提高科研工作效率提供科学依据。[②] 科学学中的一些理论对本文是非常有启发意义的，比如精神需求、社会需要是科学发展的基本动力；科学家受到学科范式与规训的重要影响，科学研究中的普遍性、公有性、公正性与合理的怀疑性等规范形成了科学家独有的精神气质和科学良心；科学家同时也是"社会人"，要受所处的文化背景、政治制度和社会形态的影响；[③] 科学共同体对科学家具有重大影响；科学生产需要"硬件"和"软件"方面的"生产资料"；学科的生长与发展具有一定的规律；科研方式的转变对科学的发展影响巨大，[④] 等等。

大学学术生产中的科学研究活动与社会专职的科学研究工作相比，在生产者、生产资料、生产活动的组织、生产出的产品上都有较大差异，这些特性决

---

① [苏] B. N. 托尔斯特赫等著、安起民译：《精神生产——精神活动问题的社会哲学观》，北京师范大学出版社1988年版，第3页。

② 张跃庆等编著：《经济百科辞典》，中国工人出版社1989年版，第5页。

③ 董毓：《科学的自我反思——理论科学学漫话》，湖北人民出版社1987年版，第3页。

④ 刘大椿：《科学活动论 互补方法论》，广西师范大学出版社2002年版，第7页。

定了大学学术生产力发展的独特之处。然而，在强调这些独特性的同时，我们也应该关注其作为科学研究的"类特征"，按照科研发展的一般规律改进大学的知识生产工作。科学学的知识能够为大学科研活动的优化提供一定的理论指导，比如大学应培育科学精神与科研文化、建设高水平的大学学者队伍、提高学术资源利用的效率效果、促进学术组织和科学劳动结构的柔性化、做好科研经费的筹措与管理、完善科研绩效评价与奖励制度、多途径开展与学术共同体的交流协作、注重与社会之间的交互作用等。

（四）知识经济理论

知识经济的研究自20世纪末以来非常流行，其中关于"知识的生产"的内容与本文非常相近。二者在原理上是一致的，区别是前者主要讲社会各部门，尤其是企业中的知识创造；后者是指大学之内各种专业领域中"高深知识"的加工，因此二者之间存在很多共性。知识经济研究中关于"知识的生产"部分主要研究知识生产的方式、生产过程的组织与管理、以及它在知识经济中的重要地位与战略意义等，这些内容可供本文在操作层面和战略管理上加以借鉴。

（五）高等教育学的相关研究

一方面是大学学科建设研究。"学科建设"是当前高等教育研究中的热点，人们围绕学科建设的意义、在大学发展中的作用、形式、途径、存在的问题以及相应的对策等，进行了数量巨大的、从宏观到微观的细致研究。其中大量涉及了科学研究和人才培养及社会服务活动的改进、大学教师队伍建设、教学科研条件的改善等问题，这实际上也是"大学学术生产力"发展所要面对和解决的问题。

另一方面是大学教师研究。大学教师在学校中的重要地位是不言而喻的。大学教师研究中涉及了教师劳动的基本性质，比如劳动的对象、手段、产品都是人；教育劳动具有复杂性、示范性、创造性、集体性、长周期性；教师同侪间的人际关系具有制度性、长期性、互动性；教师与学生间的关系意义重大、角色规定性强，等等。这些内容对于本文分析"大学学术生产"中"劳动者"的含义、地位、作用方式及内部矛盾等，具有直接的借鉴意义。

三、相关论文综述

在"中国期刊全文数据库"检索从1911年至2007的期刊论文，印象最深的是"教育"与"生产力"关系的研究。在建设新中国的时代背景下，20世纪50年代起人们就关注到教育在促进生产力发展上的重要意义。期刊网中该主题的研究最早是1958年陆定一发表的《教育要为促进生产力服务》①的讲话；较长篇幅的学术论文首先是鲁洁教授于1978年发表的《试论教育对生产力的发展作用》②一文；1979年就有张焕庭、王道俊、傅资云、杨洪杰、黄学溥、沙毓英、张健、李士奎等人相继发表了相关研究；以后各年份均有或多或少的涉及该主题的研究论文发表，绵延至今仍未停止。这种类型的研究数量众多，但并不在本文的综述之列，因为本文探讨的是"教育的生产力"，而不是"教育是生产力"。正如前文所述，本文对"教育生产力"的理解是"主体意义"的而不是"功能意义"的，旨在探究"教育自身的产出能力"，而不涉及"教育对社会生产力发展的促进意义"。

国内直接以"大学生产力"为标题的研究始见于1998年文辅相教授发表的《解放大学生产力　迎接信息新时代》③一文。文章从信息时代对大学生产力的新挑战入手，强调了以下四点改革：把管理大学与大学管理中一些不恰当的计划体制转变过来，把治校的主动权交给校长，把治学的主动权交给教师，把学生的灵气激发出来。

另一项比较新颖和严谨的研究是2002年胡建华教授发表的《试析研究型大学的本质——学问的生产能力》④一文。该文立足于日本学者的相关研究，按"人才的生产能力"和"学问的生产能力"对大学进行了分类；对"学问的生产能力"进行了概念界定；以日本学者问卷调查的结果为依据，提炼了影响研究型大学学问生产能力的宏观和微观因素。其中"科学赖以存在的文化与氛围"、"学术共同体的传统"等方面的影响因素分析，在国内大学生产力研究中具有开创性意义。

与本文"大学学术生产力"的提法最为接近的是博士生郭丽君于2004年发表的《一流大学的学术生产力》⑤一文。文章提出"学术生产力"包括人才的生产能力、学问的生产能力和学问的转化能力三部分；具有整体性、内隐

---

① 陆定一：《教育要为促进生产力服务——陆定一同志在江苏农业中学座谈会结束时讲话》，《湖南教育》1958年第4期，第5页。

② 鲁洁：《试论教育对生产力的发展作用》，《南京师大学报》（社会科学版）1978年第4期，第21~27页。

③ 文辅相：《解放大学生产力　迎接信息新时代》，《高等教育研究》1998年第5期，第7~10页。

④ 胡建华：《试析研究型大学的本质——学问的生产能力》，《南京航空航天大学学报》（社会科学版）2002年第2期，第39~43页。

⑤ 郭丽君：《一流大学的学术生产力》，《黑龙江高教研究》2004年第7期，第1~4页。

性和变革性的特点；并列举了学术生产力的多重影响因素。该文观点繁多而鲜明，可以看作是对胡建华观点的大胆拓展与创新，不足之处是观点的提出较为随意，缺乏足够的论据支撑和详细论证。

除了本人的博士学位论文《大学学术生产力引论》及 2005 年以来在学术期刊上发表的 5 篇论文之外，国内"大学学术生产力"研究的最新成果当属浙江大学公共管理学院 2006 届硕士魏嵘所提交的学位论文《基于学术生产力的我国高校教师奖励制度再设计》。该文以博耶有关学术的分类为理论基础，界定了学术生产力的概念，探讨了学术生产力范畴的扩展，提出了学术生产力总量的计算公式。文章认为，"高校学术生产力：顾名思义就是高校中生产学术的能力，即在大学环境中，高校学者与学术资源相结合，在实践大学目标和学术目标过程中而进行的研究的、综合的、应用的和教学的学术的产出"[①]。学术生产力范畴经历了一个逐步扩展的过程："早期的学术生产力（称为传统的研究的生产力）在范畴上包括：经过裁定的杂志上发表的文章，书，专论，书的部分章节，在专业性学术研讨会上宣读的论文，主持的基金项目，带入学校的研究经费；对质量的评价：主要考虑文章的被引用率，影响因子等。目前的学术生产力在范畴上，不仅包括传统的上述学术生产力范围，还包括具有明显的原创性和内容上或方法上有价值的教科书，书评，网页，录像，计算机软件，担任的各种专业委员会会员，额定的教学工作量，教学改革的理论和实践探索，教学质量奖励，专利，技术转让，参加专业或行业规程的制订，参加国际、国内和地区技术标准的制定或重大项目，发起或参加前沿主题的研讨会等；对质量的评价，认为凡是有明确的目标，充分的准备，适当的方法所进行的学术活动，具有原创性的，对学科、同事（无论是本校还是其他高校）、公众、学生有所贡献的，均可认为该学术是有质量保证的。"[②] 论文的结论之一是使用学术生产力的总量对教师进行评价和奖励。"学术生产力（Scholarship Productivity）= $W_1D + W_2A + W_3I + W_4T$（D 发现的学术生产力，A 应用的学术生产力，I 综合的学术生产力，T 教学的学术生产力；W_1，W_2，W_3，W_4 分别指各自的学术生产力的权重）。式中，教师可根据自己的优势选择其中的两种或三种形式的学术来产出。计入学术生产力内容的应包括出版物，学术活

---

① 魏嵘：《基于学术生产力的我国高校教师奖励制度再设计》，浙江大学 2006 届硕士学位论文，第 19 页。

② 魏嵘：《基于学术生产力的我国高校教师奖励制度再设计》，浙江大学 2006 届硕士学位论文，第 21 页。

动和未出版的学术成果。但是出版物，学术活动和未出版的学术成果必须符合学术的标准：从事的工作是公开的，能提供一种可观察的形式，被同行评论为是原创性的、有质量和有贡献的，并且这些成果能和学术界同事交流，被学术界同事借鉴或被公众采纳的才能计入"[1]。这篇学位论文以"学术生产力"为研究对象之一，进行了较为规范的文献综述，以此为基础提出了自己的观点，为国内该论题的研究做出了有价值的贡献。作者在结束语中也发出呼吁，"学术生产力的研究在我国还刚刚起步，还有许多值得研究的地方，如影响学术生产力的因素在国家层面上、学校层面上、个人层面上分别是哪些？不同形式的学术生产力提高的途径是什么？希望有更多的学者来研究学术生产力，促进高校的学术生产力发展"[2]。

除了这几篇重要的论文之外，其他的研究虽然关注教育自身的生产能力，但都未对诸如"教育生产力"、"大学生产力"等概念进行界定，这些研究按照内容可以归纳为以下七个方面：

第一，学术界研究最多的是如何通过"管理改革"来促进大学生产力的发展。孙万祯在《以深化高校人事分配制度改革解放教育生产力》[3]一文中，分析了人事分配制度改革的目标、任务和改革的思想基础；提出了相应的改革措施及保障。李建辉在《解放生产力：高校内部管理体制改革的实质性目标》[4]一文中提出，应该以调整校内权力结构为核心，提高管理队伍专业化建设水平，建立大学后勤社会化制度，稳步推进内部管理体制改革。向春、肖海涛在《国际合作与体制创新：解放大学的生产力》[5]一文中提出，国际合作能够扩大大学的国际影响，体制创新需要实现"办学自主，人事灵活，组织优化，特色鲜明"的目标。滕建河、余世华在《高等教育生产的 x 低效率分

---

[1] 魏嵘：《基于学术生产力的我国高校教师奖励制度再设计》，浙江大学 2006 届硕士学位论文，第 81 页。

[2] 魏嵘：《基于学术生产力的我国高校教师奖励制度再设计》，浙江大学 2006 届硕士学位论文，第 82 页。

[3] 孙万祯：《以深化高校人事分配制度改革解放教育生产力》，《辽宁广播电视大学学报》1999 年第 1 期，第 15~18 页。

[4] 李建辉：《解放生产力：高校内部管理体制改革的实质性目标》，《当代教育论坛》2003 年第 9 期，第 68~71 页。

[5] 向春、肖海涛：《国际合作与体制创新：解放大学的生产力》，《大学教育科学》2004 年第 2 期，第 1~3 页。

析》①中提出，要建立合理有效的激励机制，深化高等教育宏观管理体制改革，加强高等学校内部管理体制改革。许明在《尊重学术发展规律有序组织"知识生产"》②一文中提出要改变当前学术研究中大面积的重复生产、论文著作泡沫化的严峻现实。

第二，在"科研生产力"方面的论文也相对较多。刘捷在《教育科研是学校发展的"第一生产力"》③一文中认为，教育科学研究在学校教育发展中处于"第一生产力"的地位，因此需要强化科研管理，推动教育科研。吴旭等人的《高等院校科技论文生产力比较研究》④一文，选择我国34所农林高校在1990至1994年产生的科技论文篇数为统计样本，进行科学计量学研究。郑确辉在《高教研究成果转化为高等教育生产力探讨》⑤一文中，论述了知识形态的高教研究成果转化利用为直接的高等教育生产力的问题，涉及到转化的表现形式、过程、方法、所面临的障碍及对策等内容。李汝德、梁云阶在《影响和制约我国高校科技生产力发展的几个问题》⑥一文中认为，认识与发展定位问题，投入与管理体制问题，观念与创新环境问题是我国高校科技生产力发展的主要制约因素。

第三，在标题中直接使用"生产关系"一词的相关研究有两篇。涂端午在《论大学的知识生产关系》⑦一文中认为，大学的知识生产关系是指大学内部成员和组织之间，以及大学与社会其他部门之间在知识生产过程中所结成的相互关系。它包括微观层次上的关系，诸如从事知识生产高校教师间的学术关系，导师与研究生的学术关系，研究生之间的学术关系等；以及宏观层次上的关系，诸如大学与政府、科研院所以及大学之间的关系等。最后略微提及了改善学生组织、教师组织和师生关系等微观层次上的大学知识生产关系，以及创

---

① 滕建河、余世华：《高等教育生产的 x 低效率分析》，《信阳师范学院学报》（哲学社会科学版）2006年第2期，第68~72页。

② 许明：《尊重学术发展规律有序组织"知识生产"》，《云梦学刊》2006年第4期，第18~20页。

③ 刘捷：《教育科研是学校发展的"第一生产力"》，《河北教育》1998年第1期，第8~10页。

④ 吴旭：《高等院校科技论文生产力比较研究》，《北京邮电大学学报》（社会科学版）1999年第2期，第53~58页。

⑤ 郑确辉：《高教研究成果转化为高等教育生产力探讨》，《高等建筑教育》2001年第4期，第15~17页。

⑥ 李汝德、梁云阶：《影响和制约我国高校科技生产力发展的几个问题》，《生产力研究》2003年第3期，第95~96页。

⑦ 涂端午：《论大学的知识生产关系》，《现代大学教育》2003年第5期，第25~28页。

建区域"科研共同体"、改善大学与校办企业的关系等宏观层次上的改革措施。王建民在《变革中国高等教育"生产关系"：理性思考与战略选择》① 一文中认为，当前变革中国高等教育"生产关系"的目的，在于改变高等教育所有权代理者的管理方式，以及经营者开展经营活动所根据的结构和机制。变革的模式应该是适度强制下的诱致性制度变迁。在宏观上可以考虑实行"抓大放小，分层管理，政策调控"政策。在微观治理中，政府应坚持"五管"原则——管方向、管政策、管指导、管协调、管服务。对教师应实行"分期聘任制"。绩效评价必须考虑高等教育组织绩效周期长、无形态、难量化的特点。实行有差别的薪酬福利制度。

第四，"产业化"也是提升大学生产力的重要途径。张彦通、冯厚植在《发展教育产业将为解放大学生产力创造良机》② 一文中认为，坚定确立教育产业观念，科学把握教育产业的本质特征，积极运作和发展教育产业，才能扩大招生、推动高等学校内部和外部的管理体制改革，从而解放大学生产力。陈世珍在《学校教育的生产、经营与效益》③ 一文中提出，教育的产业化实质上是运用市场经济规律来经营学校教育。一方面市场运行机制的介入有助于提高教育资源配置的效益；另一方面学校教育的生产、经营也不能脱离教育自身的规范要求。王冲《高等院校的生产理论与多元化筹资探究》④ 一文提出，高等院校的生产模式中同样涉及产品、生产者与消费者的关系，但高校独特的产权、成本、价格运行机制和特有的资本运行，决定了高等院校必须采取多元化的资本筹集模式。

第五，思想观念的改变同样有利于大学生产力的提升。邓晓春在《以邓小平同志"两个尊重"的思想为指针　进一步发展和解放"教育生产力"》⑤ 一文中认为，束缚"教育生产力"的主要原因是"尊重知识，尊重人才"的"两个尊重"没有得到应有的落实，因此既要重视教育、落实教育优先发展的

---

①　王建民：《变革中国高等教育"生产关系"：理性思考与战略选择》，《高等教育研究》2006年第12期，第32~39页。
②　张彦通、冯厚植：《发展教育产业将为解放大学生产力创造良机》，《清华大学教育研究》2000年第2期，第65~67页。
③　陈世珍：《学校教育的生产、经营与效益》，《宿州教育学院学报》2003年第1期，第19~21页。
④　王冲：《高等院校的生产理论与多元化筹资探究》，《探索》2003年第5期，第89~91页。
⑤　邓晓春：《以邓小平同志"两个尊重"的思想为指针　进一步发展和解放"教育生产力"》，《中国高教研究》1994年第5期，第22~25页。

战略地位；又要尊重教师，充分调动他们的积极性和创造性。张慧洁在《关于"解放教育生产力"之我见》① 一文中，论证了"解放教育生产力"是解放生产力的重要组成部分、是落实"两个尊重"的需要。李志和王佑华在《精神也是发展学校的生产力》② 一文中认为，学校精神能极大提高员工工作效率，是提高学校办学水平的动力，构建和提升学校精神的理念系统对于提升大学生产力意义重大。

第六，从具体的"生产活动"来论述大学生产力提升的论文包括以下两篇：陈振华在《论新的教育知识生产观》③ 一文中认为，旧的教育知识生产观过于片面，新的教育知识生产观应当承认普通教师也是教育知识的生产者，应当按照教育知识生产的独特形式、特征与产品要求，改进普通教师的知识生产活动。徐建培《论高等学校的知识生产活动》④ 一文中提出了高等学校关于知识生产制度安排的三点政策建议：重视高等学校在知识生产中的作用，增加高等学校知识生产的经费投入；正确处理各类高等学校在科学研究中的地位；处理好高等学校知识生产中市场取向与政府作用的关系。

第七，"后勤生产力"作为大学生产力中的一个组成部分，也引起了一定的关注。相关论文包括：萧国亮《后勤体制改革根本的目的在于解放生产力》⑤、姚芝楼《试论解放和发展高校后勤生产力》⑥、李玉华《改革高校后勤体制　解放和发展后勤生产力》⑦、郑国庆《解放和发展高校后勤生产力》⑧、皮光纯《关于发展高校后勤生产力的思考》⑨。

---

① 张慧洁：《关于"解放教育生产力"之我见》，《吉林教育科学·高教研究》1994 年第 6 期，第 32~34 页。
② 李志、王佑华：《精神也是发展学校的生产力》，《中国建设教育》2007 年第 3 期，第 15~17 页。
③ 陈振华：《论新的教育知识生产观》，《华东师范大学学报》（教育科学版）2001 年第 3 期，第 88~97 页。
④ 徐建培：《论高等学校的知识生产活动》，《清华大学教育研究》2003 年第 6 期，第 12~16 页。
⑤ 萧国亮：《后勤体制改革根本的目的在于解放生产力》，《中国高校后勤研究》1995 年第 2 期，第 11~12 页。
⑥ 姚芝楼：《试论解放和发展高校后勤生产力》，《中国高校后勤研究》1996 年第 2 期，第 15~16 页。
⑦ 李玉华：《改革高校后勤体制　解放和发展后勤生产力》，《中国后勤研究》1997 年第 2 期，第 8~9 页。
⑧ 郑国庆：《解放和发展高校后勤生产力》，《辽宁教育研究》2001 年第 3 期，第 26~28 页。
⑨ 皮光纯：《关于发展高校后勤生产力的思考》，《江苏高教》2002 年第 3 期，第 123~125 页。

另外，胡东成在《释放校长的"生产力"》①一文中，提到了"校长"对大学生产力的影响作用，认为校长是学校的灵魂，加强校长的各方面能力可以达到"武装一人，振兴一校"的功效，有利于提升校长的"生产力"。

以上所列举的期刊论文虽然是"精挑细选"的结果，屏蔽了大量旨在论证"教育是生产力"的研究成果，但这些文献依然存在较大的缺陷。

一是研究边界缺乏限定、内容过于宽泛。在"提高教育的生产力"的目标之下，该主题的研究几乎等同于"教育改革研究"。内容涉及到从消除"左倾"思想影响、推进"四化建设"、适应从计划经济向商品经济再到市场经济的转轨、毕业生分配制度改革、高校人事制度改革、后勤社会化改革，一直到高等教育市场化、国际化、信息化等方面的适应性变革。不同时代的改革议题全都包容其中，事实上也就消解了该论题的严谨性与科学性，使其因过于宽泛而难以成为"学术概念"。

二是研究的立足点并不在教育内部。大量的研究可以归纳为"立足于政治领域谈教育改革"、"立足于经济领域谈教育改革"，强调教育为社会生产力发展服务、为经济发展服务，而不是真正的立足于"文化领域"、从教育内部来探讨学术工作的改进和大学的自我完善，因此很少有研究涉及学术发展规律、大学组织的管理规律。

三是研究方法主要是单一的发散式理论思辨。这些研究以提高教育水平为目标，主要以"枚举法"进行"要素分析"，五花八门、天马行空的众多"研究"之间并无太大关联，也无法形成争鸣，大多是"自说自话"的"一己感悟"。

四是理论基础缺乏足够的解释力。有关"教育生产力"的研究普遍以马克思主义哲学、政治经济学为理论基础，再就是以领袖言论（如"猫论"、"两个尊重"等）为研究的起点。这些理论基础教条味太浓，比较陈旧、缺乏生机，用于研究教育和大学的生产力问题，也缺乏足够的针对性，在分析的深度和力度上会有欠缺。

五是研究成果存在某些质量缺陷。在概念界定上，众多研究者对于"教育生产力"、"大学生产力"的定义采取了近乎一致的"避而不谈"的策略，致使其至今仍是"可意会而难以言传"；在逻辑建构上，很少有人针对此问题提出较为系统的分析框架；在学术研究的规范性上，一部分论文缺少注释或参

---

① 胡东成：《释放校长的"生产力"》，《继续教育》2001年第6期，第24页。

考文献，基本上是个人意见的泛泛而谈。

从以上这些研究成果可以看出，人们在管理实践和理论研究中越来越多地使用着"学术生产"、"学术生产力"等词语。但这种提法的出现和使用基本是无意识的，大多建立在人们"意会"的基础上，还没有形成科学的概念。这些研究虽然涉及到解放大学生产力的重要意义、学术生产力的特点、影响因素等内容，但研究普遍不够细致、深入和系统，往往有断论而没有明确的理论论证，相关的实证研究更为少见。所以，"大学学术生产力"概念如何从日常概念转化为学术概念？它的解释力和适用范围如何？大学学术生产力的内在生成机制如何？外在功能表现如何？怎样实施监测与评价？大学应当从哪些方面入手、采取怎样的措施来提升其生产力，等等，都需要我们开展系统而深入的探讨。

国外对学术生产力的研究主要集中在科研生产力上，而对人才培养和社会服务的生产力关注较少。魏嵘对国外的"学术生产力"，尤其是"科研生产力"研究做了以下综述：[1]

Levin 认为，学术生产力是高等教育生产力中的一部分。要提高学术生产力，需要详细说明学校的目标和工作重点，并通过建立恰当的激励制度来实现这些目标，另外还要建立相应的信息系统对生产力的改进予以支持。为了提升学术生产力，学校要有勇于创新、敢于承担风险的精神，要把追求更高生产力的愿望付诸实践。[2]

Diamond 提出了生产力的生活周期理论（life-cycle）模式，该模式认为个体的科研生产力是由年龄和职业成熟过程调整的投资动机和消费动机相互作用而决定的。投资驱动的动机解释个体之所以从事研究，是因为他预见到研究活动能带来明显的未来经济报酬；消费驱动的动机则强调个体出于对研究的爱好和解决疑惑所带来的满足感。该模式认为在职业生涯早期，强烈的投资动机和解决疑惑的欲望之动机互为补充，会出现研究的生产力高产期。但随着研究者年龄的衰老，投资动机减弱，生产力也会随之下降。[3]

---

[1] 魏嵘：《基于学术生产力的我国高校教师奖励制度再设计》，浙江大学 2006 届硕士学位论文，第 4~5 页。

[2] Levin, Henry M, "Raising Productivity In High Education," *The Journal of High Education*, May 1991, P. 62.

[3] Diamond, A. M, "The Life-Cycle Research Productivity of Mathematicians and Scientists," *Journal of Gerontology*, Vol. 41, No. 4, 1986, pp. 520~525.

Qing Hu 等研究了信息系统专业教师的科研生产力,认为对其生产力提升具有明显正影响的因素有两个:一是从事研究活动的时间,二是该校中有信息系统专业博士的授予点;具有明显负影响的因素是每周超过 11 个小时的教学工作量。①

Levitan 等提出,科研生产力高的人,一是相对于教学而言更喜欢研究,有一种从事研究的使命感,把更多的时间分配在研究上;二是利用网络或参加学术会议的机会,经常和校外同行就学术问题进行探讨;三是拥有博士学位的教师科研生产力相对较高,组织提供研究助手和减少教学工作量或其他行政职责也有利于生产力的提高。②

Maske 等在研究了男、女经济学家学术生产力的决定因素后提出,无论男、女经济学家,文章产出量会随着各种因素而变化,比如教学工作量、机构定位在教学还是研究领域、工作年限、有关的人力资本、学者之间的合作率,以及其他一些控制因素等。男、女经济学家的"兴趣"与总的文章产出量和合作率呈正相关。③

Daniel 等提出,交流的便利性使得经济领域的远距离学术合作的产出率急剧增加,但是并未导致高质量学术成果产出的增加。由于技术降低了合作研究消费成本的相对价格,研究者从生产力中获得的利益远远大于消费成本,因此一旦研究这种公共产品的溢出,技术就会成为经济学家们改进私人福利的工具。④

Cumbie 等学者提出,发展学术共同体、让资深教授担任年轻教师的导师是提高学术生产力的有效途径。⑤

上述研究成果只是"学术生产力"研究的一小部分,但已涉及了很多提高大学学术生产力的要素,比如增加奖励和报酬进行激励、培养研究兴趣、提

---

① Qing Hu, T Grandon Gill, "Faculty Research Productivity: Influential Factors and Implications," *Information Resources Management Journal*, Vol. 13, No. 2, 2000, pp. 15~26.

② Levitan, Alan S. and Ray. Russ, "Personal and Institutional Characteristics Affecting Research Productivity of Academic Accountants," *Journal of Education for Business*, Vol. 67, No. 6, 1992, pp. 335~341.

③ Maske, kellie. L. etc., "Determinants of Scholarly Productivity Among Male and Female Economists," *Economic Inquiry*, Vol. 41, No. 4, 2003, p. 555.

④ Daniel, S Hamermesh etc., "Tools or Toys? The Impact of High Technology on Scholarly Productivity," *Economic Inquiry*, Vol. 40, No. 4, 2002, pp. 539 — 556.

⑤ Cumbie S, etc., "Developing a Scholarship Community," *Journal of Nursing Scholarship*, No. 3, 2005, p. 289.

高学历、加强学者之间的交流与合作、增加研究时间的投入、提供先进的网络技术、丰富个人经历、培养年轻教师等。这些因素无疑都是非常重要的，大多也经过了实证研究的检验，但是，与国内研究面临的一个同样问题是，这种"枚举"是无法穷尽的，相对于"提升学术生产力"这一目标而言，影响因素及改进策略的分析是永无止境的。

在这种不胜枚举、难以穷尽的研究状况下，开展各种细小精致的实证分析是一种选择，从特定的理论视角进行理论研究是另外一种选择，除此之外还可以尝试进行综合性的理论研究，比如从整体上分析大学学术生产力的属性、归纳其主要的影响因素、分析整体的改进策略。显然，本文的研究正是在后两条道路上进行了尝试：一是从生产力经济学的角度提出了大学的生产力问题，对大学学术生产力属性进行了一定的理论推演；二是系统归纳了大学学术生产力的核心影响因素，构建了提升大学学术生产力的整体思路。这样的研究有一定的理论深度，具有较强的系统性和新颖性，能够为该领域的研究做出独特的贡献。

第一章

"大学学术生产力"发展的系统思考

"大学"一词在人们心目中往往是神圣而神秘的,大学被誉为"人才培养的摇篮"、"大师云集的圣地"、"科学发展的源泉"、"社会发展的动力站"、"为社会导航的灯塔",以及"人类的精神家园",等等。这些美好的称谓尽管慷慨而频繁地被用于形容大学,但大学自身是否完成了这些使命、大学能否以更好的绩效满足社会的诸多期望,却是值得探讨的问题。

处于当今知识经济时代的大学,不仅规模庞大、结构复杂,而且它所肩负的历史使命也最为重大。大学能否完成这种使命,关键在于它所具有的在学术上的产出能力,或者说大学学术生产力。大学只有提高自身的生产力,才能不辜负外界所寄予的厚望。不论是当年"多出人才、出好人才"的教育方针,还是当前各大学迫于竞争压力而对自身学术实力的关注,都体现了人们对于大学"产出"的追求、追问与应答。因此,大学学术生产和生产力问题是大学的核心问题之一,高等教育研究必须关注大学学术生产力发展的理论与实践问题。

大学学术生产力不是恒定不变的,而是可以升降变化的。这种变化既有其内在的规律性,同时又是可以规划和促进的。大学办学者只有掌握了学术生产力发展的规律,积极主动地采取必要的措施,才能提升大学的学术生产力。

第一节 "大学学术生产力"发展的"三个方面"

正如前文所述,生产力经济学很注重"生产力要素"和"生产力产品"的研究,"要素"与"产品"间的关系决定了生产力发展的基本模式。同时,该学科的主体内容在于探讨生产力发展规律,即分析生产力发展过程中的各种影响因素及其作用原理和改进策略,比如属性、数量、空间和时间的组合,结构设计,经营管理,技术改良等。这些内容显然可以区分为"要素研究"、

"过程研究"和"产品研究"三个方面，本文也借鉴了这种分析框架。

一、"大学学术生产力"要素

大学学术生产力既然定位于"生产力"，就可以分析出"生产力要素"。在"生产力经济学"中，对于生产力要素最经典的观点是"二要素论"和"三要素论"。前者认为生产力由"劳动者"和"劳动资料"两要素构成；后者在此基础上增加了"劳动对象"。这两种观点其实是相通的，只是后者分解得更为细致一些。但在大学的学术生产中，"劳动资料"和"劳动对象"（比如"高深知识"）存在较大的重叠性，不适宜完全区分开来进行论述，所以本文将从"生产力二要素论"进行分析。另外，广为流传的"人力是生产力之父，自然力是生产力之母"的论述，也是"生产力二要素论"的一种佐证。如果将它借用于大学，我们或许也可以说，"学者之力是大学学术生产力之父，学术资源力是大学学术生产力之母"。这里的"学术资源"主要是指大学的各种学科资源与力量；又因为大学以"高深知识"为材料进行各种"知识加工"活动，所以我们在此将"学术资源"概括为"学科知识"。所以，发展大学学术生产力，首先应该从作为"生产力二要素"的"大学学者"和"学科知识"入手，它们分别代表了大学学术生产的人员分系统和资源分系统。

二、"大学学术生产力"过程

大学学术生产力的要素分析主要是静态的，对于我们详细剖析大学学术生产力的生成机制作用有限。如果转换成动态的视角，我们首先想到的就是"学术活动"，它是大学学术生产力之所以能够形成的直接原因和载体。同时，"活动"的开展及其呈现出的不同表现绝不是无缘无故、封闭自为的，而会不可避免地受到其他相关因素的影响。对于大学"学术活动"而言，这种影响最明显地来自于"学术体制"和"学术文化"，前者是有形的、直接发挥作用的制约因素，后者则以无形的、潜移默化的方式施加影响。"活动——体制——文化"三个层面，构成了解读"大学学术生产力"问题的逻辑框架和分析范式。相对于前文所说的"学者"、"学科"这种静态的"要素分析"而言，这是一种动态的"过程分析"。学术活动、学术体制和学术文化分别代表了大学组织从事学术生产所依赖的技术分系统、结构分系统和社会心理分系统。

三、"大学学术生产力"结果

大学学术生产力主要体现为培养专业人才的能力、发展知识的能力和社会服务的能力。从大学发展的历史或者说从发生学的角度来看，培养专业人才是大学的源生职能，是大学本质的直接反映；发展知识是大学的派生职能，是由大学的学术性特征决定的；社会服务也是大学的派生职能之一，是由社会的现实需要和大学的知识性能力决定的，是前两种职能在新领域中的延伸，因而也可以称之为延伸职能。与大学的职能内在一致，大学学术生产力在一般意义上也体现为专业人才培养、科学研究和社会服务的能力，我们简称它们为教学生产力、科研生产力和社会服务生产力。

从性质上看，大学学术生产力的发展是一个由低级到高级的运动过程，是从较低的水平提升到较高的水平，它可以表现为数量扩张、结构转换、质量提高、速度加快、效益提高、条件改善、成效扩大、平等和稳定程度提高等形式。这种发展应当是持续的、以人为本的、健康而高效的发展；也是大学各方面力量通过整体协作而实现的发展。

大学学术生产力分解为以上三种外延意义上的"生产力"，是从大学的职能、大学学术"产出"的内容来划分的。教学生产力、科研生产力和社会服务生产力分别代表了大学学术生产在内容上的知识授受分系统、知识创造分系统和知识应用分系统。值得注意的是，三种分支"生产力"之间并不是静止的、孤立的、平行的，而是有着千丝万缕的联系，有相互促进和抵触之处。它们之间的冲突与协调状况，也影响着大学学术生产力的整体水平。因此，这三种作为外延的"生产力"分支，也需要进行深入的分析。相对于前文的静态"要素"和动态"过程"，这种分析是静、动结合的"结果"分析；从"生产要素"、"生产过程"来看，它也可以被称为"产品"分析。三种分析的基本逻辑可以用下图1-1表示，即静态的"生产要素"投入动态的"生产过程"，经由具体的加工程序而决定了最终的"产品产出"；后者又通过市场反馈对前两者进行动态调节，形成无限循环。

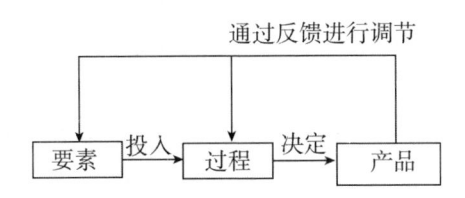

图1-1：大学学术生产"要素"、"过程"与"产品"关系图

第二节 "大学学术生产力"发展的"八个维度"[①]

一、"大学学术生产力"八个维度的分析

上文的"要素"分析可以分解为"大学学者"和"学科知识"两个方面;"过程"分析可以分解为"学术活动"、"学术体制"、"学术文化"三方面;"结果"分析可以分解为"教学生产力"、"科研生产力"、"社会服务生产力"三个方面,由此而来这八个方面就成为"大学学术生产力"研究的"八个维度"。

(一)"大学学者"

大学学者是大学学术生产力中的劳动者。从生产力经济学的观点来看,凡是对提高人类的生产能力和创造社会财富的能力具有促进作用的活动都属于人类的生产活动,从事这些活动的人都是劳动者。劳动者是人类生产活动的实践者,他们主观能动地与劳动资料相结合,对一定的劳动对象进行加工和改造,从而生产人类生存和发展所需要的社会财富。[②] 作为"劳动者"的大学学者,是社会的高层次人才,从事着具有较高社会价值的教育活动和科学研究活动。大学学者的学术水平是他们的立身之本,他们以其高深的学术水平和高尚的道德人格,促进人才的成长、知识的创造与应用,为大学和整个社会做出贡献。

大学被誉为"学者的共和国",这一隐喻强有力地说明了大学和学者之间的关系。大学既是高水平成果诞生之地,也是高层次人才聚集之所,大学的每一次进步无不与大学中的学者密切相关。无论是探究学术真谛、提高学术水平,还是应用学术成果、传播学术思想,大学学者都扮演着最为重要的角色。他们直接从事知识加工活动,是大学学术生产最重要的投入,对学术生产的成果产生着最重要的影响,从根本上决定了一所大学在学术生产力上的发展水平。在大学发展的历史中可以发现,一所大学的兴衰、大学"学科"水平的涨落,往往取决于一大批高级学者的去留,他们走到哪里就把学科实力带到哪里,同时也吸引其他学者的加盟。人才的流向甚至决定了世界"科学中心"的转移——无论这种大规模的高级学者流失最初是由政治、经济还是文化原因

[①] 陈何芳:《论大学学术发展的系统观——大学学术生产力"八维度"剖析》,《复旦教育论坛》2006 年第 3 期,第 21~25 页。

[②] 李湛:《应用生产力经济学》,上海交通大学出版社 1993 年版,第 21 页。

所引起的。在这个意义上，可以认为"大学学者是大学的第一生产力"，他们是大学发展的源头，在"学科实力"上具有自繁殖性，即可以让大学的"学科"从无到有、从弱到强。

（二）"学科知识"

大学的基本特征是以学术为核心，从事高深知识的操作，这是它与企业、军事、政府等类型组织的根本区别之所在。知识的传授使大学成为一种教育机构；高深学问探究使得最早的大学与职业训练机构相分离；高深专门知识的应用活动大大拓宽了现代大学的生存空间，使大学逐步从社会的边缘走向了社会的中心。所以，无论从历史还是现实来看，大学的生存与发展都是与高深知识或者说学科知识密不可分的。

大学以知识为材料，以学科为单元。一方面，知识的保存、传播、创造和转化，奠定了大学合法存在的基础；另一方面，大学的这种知识性，也决定了"学科"对于大学和学者而言的重要性。没有学科，大学的学术积累就无法进行，学者就无法开展工作、施展自己的能力和专长。所以，大学学术生产力的发展是以学科为基础的，学科的发展为大学及其学者的自我发展提供了沃土。在大学学科发展的起步阶段，没有"学科"对于大学及其学者而言，就像是农民缺乏土地一样艰难，所以需要付出加倍的努力实现"学科拓荒"，在从无到有后争取实现"学科"与"学者"的良性循环。需要提及的是，本文"学科知识"的提法带有一种折中的含义，它在总体分析中往往更倾向于代表"学科"，而在一些微观分析中是指"高深学问"，这些含义随语境的不同略有差异。

（三）"学术活动"

大学学术生产力本质上是大学学者的实践能力，没有"实践"和"劳动"就不可能有"能力"。大学学者的学术劳动是依靠智慧而进行的劳动，是大学学者在一定的学科、专业领域里所从事的知识加工活动。大学学者的学术劳动既表现为传授科学知识、培养人才的教育活动，也表现为认识客观世界、探索客观规律的科学研究活动，还可以表现为应用知识、为校外机构提供教育培训和参谋咨询的社会服务活动。知识的传播、探索与应用，构成了大学学术劳动的三个中心，也是发展大学学术生产力的最基本途径。其他辅助形式的学术活动也繁荣了大学学术，为大学学术生产力的提升补充了重要力量。

（四）"学术体制"

大学学术生产力的发展深受大学学术体制（学术组织结构与制度规范）

的影响。一方面，大学学术组织的架构确定了大学学术生产的组合方式，为学术生产奠定了组织基础。大学的学术生产是学者个体无法完全胜任的，必须借助组织的力量来完成。组织是一种重要的生产机制，它的存在超越了大学学者"个体生产"的劳动状态，促进了集群化的学术生产。这样不仅能够增强大学学术生产的效率和效益，而且有利于实现教学中的共同培养，以及科研与社会服务中的交流与合作。大学内部各种学术性机构的构成、排列与组合状况，构建了大学学术生产的"组织平台"，对于大学学术生产力的发展影响巨大。

另一方面，大学学术制度也是影响大学学术生产力发展的重要因素。它不仅对大学学术活动具有重要的协调与规范作用；而且还可以物化办学理念与组织文化，成为思想与行动相互转化的中介。大学在各方面的制度建设，直接影响着大学学术生产力的发展水平。

（五）"学术文化"

在大学学术生产中，学术活动的改进可能有限，学术体制也可能失灵，唯有学术文化始终影响深远，甚至在相当大程度上决定了大学学术生产力的实际发展水平。大学学术文化内在地影响着大学学者的价值追求、精神状态和行为方式，形成大学学术的"生产力场"。

由于大学是"学科"与"院校"交叉形成的矩阵，大学的学术文化也可以相应地分解为学科文化与院校文化。前者决定了特定学科学者的符号系统、生活方式和行为准则，是学者专业忠诚的形成之源；后者是大学内部相对稳定的、独特的社会心理环境，对学校成员的一切活动都能产生潜移默化的影响。它们都具有强大的目标导向功能、激励和凝聚功能、软约束功能等，能够由内而外地促进大学学术生产力的发展。

（六）"教学生产力"

教学生产力是大学培养专业人才的能力，包括大学所培养人才的数量与质量这两个方面。人才的成长是全面的，大学不仅要促进大学生智力的发展、学术的发展、职业的发展，更要重视通识教育，培养学生的智慧和思维方法。教学生产力的发展离不开整个人才培养系统的支持。它需要遵循育人规律、教学法则等，要经历专业人才的选拔（招生）、培养、分配（就业）等环节，最核心地表现了教师、学生与教材等之间的相互作用关系。

（七）"科研生产力"

大学科研生产力是大学发展知识的能力。其水平主要表现为基础性研究和综合性研究的水平。大学科研生产力的发展以大学科研系统为依托，其运行过程表现在教师、专职研究人员、高年级大学生和研究生所从事的各种研究活动之中。为了创造新知识,它需要遵循知识发展规律和研究法则等,要经历知识的输入、选择、保存、创造与交流等环节。目前我国的大学科研存在诸多"厚此薄彼"的不良倾向,因此必须做好大学不同性质知识的研究、不同种类知识的研究、不同研究方式的研究之间的协调。

(八)"社会服务生产力"

大学社会服务生产力是大学直接为社会提供学术性劳动与服务的能力。它具有多种特性、内容、形式和作用。社会服务生产力发展的基本目标是直接满足社会现实的各种需求,为社会提供教育性服务、各种知识咨询或社会合作活动。为此它需要遵循大学与社会关系法则及各种具体服务活动的法则等。当前我国大学的社会服务面临观念上的偏差、性质和形式上的失误和范围上的错位。因此需要进行多方协调,保证服务的全面性和有效性。

以上八个维度都值得深入探讨,本书在此首先就各维度的内涵和外延做简要的说明,列表如下:

表1-1:大学学术生产力"八维度"界定

八个维度	内涵界定	外延举例
大学学者	大学教学科研人员	学术带头人与学术梯队;学者个人、数量不等的各种学者集体;本学科及相关学科的学者等
学科知识	大学的学科条件	学位点、重点研究基地或重点实验室、相关学科群、所办专业期刊、图书信息资料、实验设施设备等
学术活动	大学学者的专业实践操作	校内教学、科研、社会服务等日常的、本职的、常规的活动;校内其他形式的知识传播与交流活动;校外"无形学院"的建构活动等
学术体制	学者开展学术活动所依赖的组织机构和所受到的制度影响	以学系、学院和学校为代表的大学基层、中层和高层三级学术机构;其他形式的正式或非正式开展学术活动的组织;以学术委员会为代表的学术管理组织;教学、科研、社会服务的工作制度;学者、学科方面的管理制度等
学术文化	学者开展学术活动所受到的文化氛围影响	大学组织实体的"院校文化";特定学科积淀的"学科文化"等

39

续表

八个维度	内涵界定	外延举例
教学生产力	人才培养"产品"的目标定位与实际产出	人才培养数量与质量的具体规划与最终成果等
科研生产力	科学研究"产品"的目标定位与实际产出	科学研究数量与质量的具体规划与最终成果等
社会服务生产力	社会服务"产品"的目标定位与实际产出	社会服务数量与质量的具体规划与最终成果等

二、八个维度间的动态关系

（一）"生产要素"中"大学学者"与"学科知识"两个维度的互动

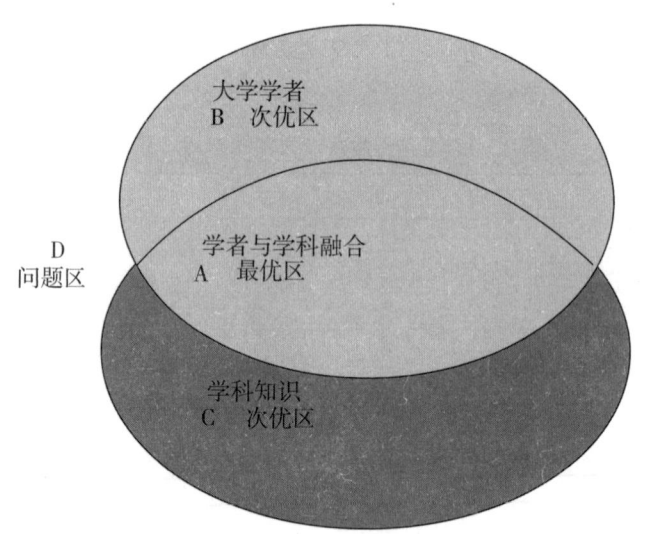

大学学术生产力增强路线：D→B，D→C，B→A，C→A
大学学术生产力减弱路线：A→B，A→C，B→D，C→D

图1-2：大学学术生产力中大学学者与学科知识状态图

A是最优区，代表既有学者也有学科知识等硬件和软件资源，两者水平相近，相得益彰，学术条件和环境极为有利。对于A区而言，发展大学学术生产力就是要努力保持这种状态，利用已有的人才优势和学科优势勇攀学术高峰。同时避免人才流失（A→C）或学科实力下降（A→B）。

B是次优区之一，代表只有学者而没有学科知识，或者说前者较强而后者过弱不相匹配。它主要表现在一些学科实力较弱，但却通过自身努力而引进了一些人才的大学。这种"有学者无学科"的状况作为学科发展的一个阶段，有其必然性和积极意义，旨在抓住事物发展的主要矛盾，通过引进学者来带动学科的发展。但这一过渡阶段若长期停滞而不能较快地成功转向"学者与学科融合"阶段（B→A），就会因学科发展不起来而导致已引进学者的再次流失，从而沦为"既无学者又无学科"的状况（B→D）。所以，对于B区而言，发展的"瓶颈"在于"学科"，因此要利用"学者"优势大力拉动"学科"的发展，努力促进"学科"与"学者"的匹配与融合，避免因学科发展失败而导致学者流失。

C是次优区之二，代表只有学科知识而没有学者，或者说前者较强而后者过弱。它主要表现在一些学科实力较强，但由于人才流失或断层而出现人才短缺的大学。这种人才的"新陈代谢"现象会在一定时期内出现，但若持续时间太长，就会因人才的短缺而导致已有学科水平的下降和学科实力的丧失（C→D）。所以，此时要以人才引进为"突破口"寻求发展，避免因人才不济而破坏学科的现有水平（C→A）。

D是问题区，代表既无学者又无学科。它主要表现在某些学科建设完全没有起步、没有人力和学术积累的薄弱学科。对于D区而言，最紧要的是切实着手发展学术，通过引进学者（D→B）或建立学科（D→C），在奋力拓荒的积极行动中寻求"从无到有"的突破。

（二）"生产过程"中"学术活动"、"学术体制"与"学术文化"三个维度的互动

A是最优区，代表学术活动、学术体制和学术文化三者密切配合、互相支持。积极进取的学术文化、优良的学术制度与高质多量的学术活动互相推动，实现了整体上的协调发展。因此尽力保持这种状态就是最适宜的发展策略。此时要避免学术活动萎缩（A→D）、学术体制失效（A→C）或学术文化涣散（A→B）。

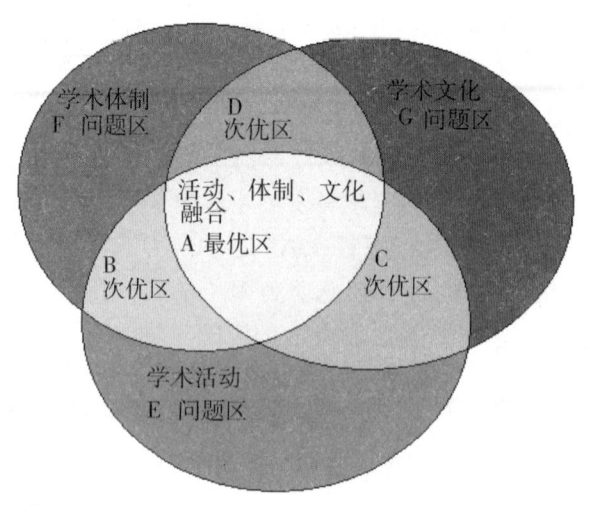

[Venn diagram with three overlapping circles labeled:
- 学术体制 F 问题区
- 学术文化 G 问题区
- 学术活动 E 问题区
Overlap regions: D 次优区, B 次优区, C 次优区, A 最优区（活动、体制、文化融合）]

大学学术生产力增强路线：G→D，G→C，F→D，F→B，E→B，E→C，D→A，B→A，C→A

大学学术生产力减弱路线：A→B，A→C，A→D，B→E，B→F，C→E，C→G，D→F，D→G

图1-3：大学学术生产力中学术活动、学术体制与学术文化状态图

B是次优区或发展区之一，代表有学术活动和学术体制但没有学术文化，或者说前两者能够互相配合但后者却不能与之相适应。它主要表现在一些新建大学或刚刚进行过改革的大学，相应的学术文化还未形成或未成功转型，不能发挥其应有的功能。这样，学术活动就会缺少导引和内在激励，学术制度就缺乏缓冲和修正，不利于二者效果的较好发挥。因此，发展的"突破口"是"学术文化"，要努力培育或改造学术文化，为大学学术生产奠定良好的心理环境（B→A），同时要避免学术活动萎缩（B→F）或学术体制失效（B→E）。

C是次优区或发展区之二，代表有学术活动和学术文化但没有很好的学术体制。它主要表现在一些正在进行组织结构与管理制度改革的大学，新旧学术体制未实现成功转型，因而不能与学术活动和学术文化相匹配。没有学术体制的支撑作用，学术活动就会缺少规范和协调，优良的学术文化也会因为缺少制度性支持而难以形成或维持。因此，完善学术体制就是发展的"重中之重"（C→A），同时要避免学术活动萎缩（C→G）或学术文化涣散（C→E）。

D是次优区或发展区之三，代表有学术体制和学术文化但没有适当的学术活动。它只适用于一些学术活动受到干扰因而无法正常开展的极少数状况。没有学术活动的功能性作用，学术体制就会沦为摆设，学术文化也会逐渐消散。所以，发展的关键是要努力恢复并积极开展各项学术活动，从扎实的"工作"入手改变现状，使学术体制和学术文化在应用中再次获得生机与活力（D→A），同时要避免学术体制失效（D→G）或学术文化涣散（D→F）。

E、F、G都是问题区，分别代表单一的学术活动、学术体制与学术文化。在没有整体配合的情况下，它们各自孤立的力量是极其有限的，甚至是相互抵触的，致使学术发展受到较大限制。因此，对于这几种情况，都应该努力建立另外两者并使其发挥应用的作用（E→B，E→C，F→B，F→D，G→C，G→D），最终实现活动、体制与文化三种力量的综合与协调。

（三）"产品产出"中"教学生产力"、"科研生产力"与"社会服务生产力"三个维度的互动

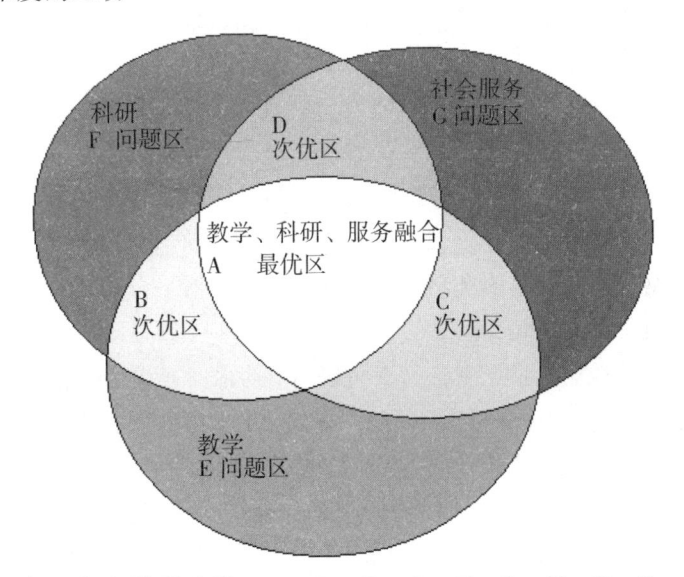

大学学术生产力增强路线：G→D，G→C，F→D，F→B，E→B，E→C，D→A，B→A，C→A

大学学术生产力减弱路线：A→B，A→C，A→D，B→E，B→F，C→E，C→G，D→F，D→G

图1-4：大学学术生产力中教学、科研与社会服务状态图

A是最优区，代表教学、科研和社会服务三者是紧密结合、融为一体、而不是相互分割的。大学学者的时间和精力统一于一体化的"学术"，大学的人

43

力物力财力得到充分共享，通常能够达到"一举三得"的效果。因此将这种状态保持下去就能获得最好的发展。此时要避免教学脱离科研和社会服务（A→D）、科研脱离教学和社会服务（A→C），或者社会服务脱离教学和科研（A→B）。

B是次优区或发展区之一，代表教学与科研相结合，但没有与社会服务联系起来。这种状况有可能是社会服务工作薄弱，大学由于不重视或条件欠缺而很少开展；也有可能是社会服务不得法，与教学和科研相脱节而另起炉灶地开展。这样不仅会限制教学和科研力量的全面发挥，同时也会使它们丧失来自社会服务的支持，使二者失去宝贵的感性体验、实践反馈和资源补偿的机会。因此需要"取长补短"，通过教学与科研的主渠道来发展社会服务，再让它反哺于教学和科研，最终实现三者的互相促进（B→A）。同时要避免教学脱离科研和社会服务（B→F），或者社会服务脱离教学和科研（B→E）。

C是次优区或发展区之二，代表教学与社会服务相结合，但科研并未参与其中。一些教学型大学很少开展科研，更有某些大学完全脱离教学和社会服务单独进行研究。没有科研的参与，教学会丧失"源头活水"，社会服务也很难扩展范围、提高水平。因此，这时发展的关键是开展科研，或者将科研融入教学和社会服务，以使后两者得以提升水平，也使科研能够更好地分享资源、获得支持（C→A）。同时要避免教学脱离科研和社会服务（C→G），或者社会服务脱离教学和科研（C→E）。

D是次优区或发展区之三，代表科研与社会服务相结合，但没有与教学联系起来。它主要表现在一些过于重视科研和社会服务而忽视教学的大学。对于科研和服务"绩效"的片面追求通常会使人们漠视教学。但是，离开了教学，科研也会失去很多重要的基础性资源，社会服务更会丧失发展的主渠道。所以，此时应当从加强教学入手，通过教学的发展为科研积累知识、扩展社会服务的内容和面向（D→A），同时要避免科研脱离教学和社会服务（D→G），或者社会服务脱离教学和科研（D→F）。

E、F、G都是问题区，分别代表单一的教学、科研与社会服务。它们各自孤立地存在，不仅势单力薄、难以形成合力，而且会造成大学学者的时间与精力冲突，造成大学财力、物力、学术资源分配上的冲突，最终限制大学学术的整体发展。因此，它们要努力与另外两者密切配合（E→B，E→C，F→B，F→D，G→C，G→D），最终实现资源的整合，使三者统一行动、形成合力。

（四）"产品"导向的多维互动

正如前文所言，现代的大学学术生产是一种"行星模式"，产品是中心，生产要素围绕产品旋转。生产的程序变为先确定生产什么产品，再选择生产要素，大学以产品为中心来组织和运转。"产品"导向的多维互动状况可以用下图 1-5 加以描述。

从图中可以看出，大学通过人才培养、科学研究和社会服务向外界提供劳务产品和信息产品。在确定产品规格之前，大学必须开展"市场考察"，这是产品定位的第一步骤。对于人才培养活动，主要是考察生源市场和就业市场这一头一尾、一进一出的两个"关口"。如果能在生源市场吸引到高质量的生源，就能在同等条件下提高教学生产力；如果在学生的就业市场占据优势，就能反过来增强大学在生源市场的竞争力。在人力资源方面，大学要考察学术人才市场，努力吸引高级人才的加盟，这样才能增强大学学者的整体实力。在科学研究和社会服务中也同样需要进行市场考察，了解有哪些项目和课题能够争取、怎样获得，以提高科研生产力和社会服务生产力。大学完成了外在市场的综合考察，还需要依据自身实力进行第二步骤的"产品定位"。对自身实力的考察包括现有的学者实力、学科实力、学术活动状况、学术体制状况、学术文化状况等，这些因素决定了大学现有的实力和潜能。外部市场考察与内部条件分析相结合，就能有针对性地进行产品定位，以指导大学的学术生产。产品定位之后需要加以贯彻实施，这又包括选择要素、设计过程和产品产出三个步骤。围绕所定位的特定产品，大学需要从生产要素上有针对性地选择"学者"、利用"学科"，设计出相应的"学术活动"和"学术体制"，营造适宜的"学术文化"，保证"人才培养"、"科学研究"和"社会服务"产品能够保质保量地如期产出。在生产过程结束之后，产品还会带来一些市场反馈信息，这又会对以上各个环节产生信息反馈作用，再次指导产品的定位与产出，形成一个无限循环的封闭环路。

```
                          ┌─────────────────┐
                          │ 产品的定位与产出 │
                          └─────────────────┘
```

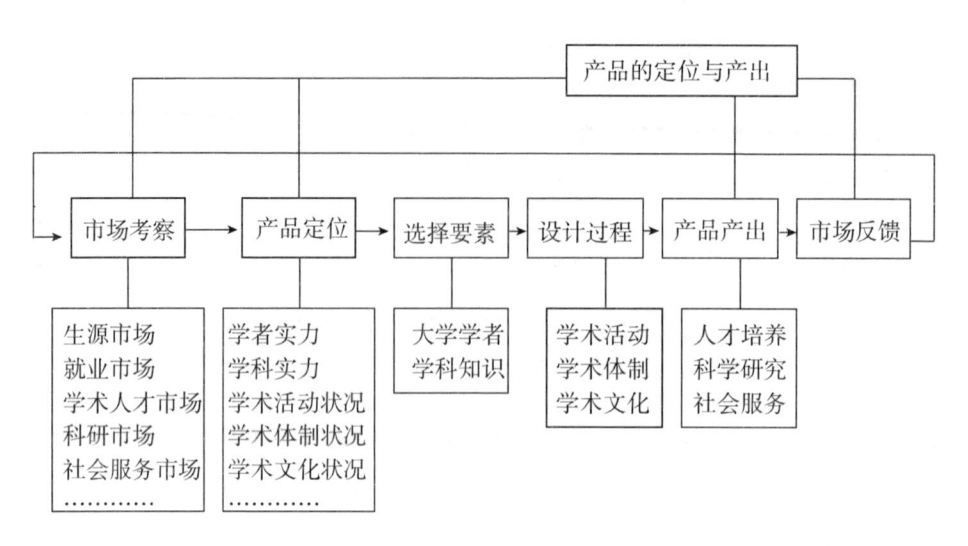

| 市场考察 → | 产品定位 → | 选择要素 → | 设计过程 → | 产品产出 → | 市场反馈 |

生源市场	学者实力	大学学者	学术活动	人才培养
就业市场	学科实力	学科知识	学术体制	科学研究
学术人才市场	学术活动状况		学术文化	社会服务
科研市场	学术体制状况			
社会服务市场	学术文化状况			
……	……			

图 1–5：大学学术"产品"的定位与产出

（五）"三个方面"的"八个维度"之间的互动

大学学术生产力的"八个维度"共生成二十八种关系，如表 1–2 所示：

表 1–2："八个维度"生成的二十八种关系

	大学学者	学科知识	学术活动	学术体制	学术文化	教学生产力	科研生产力	社会服务生产力
大学学者		1	2	3	4	5	6	7
学科知识			8	9	10	11	12	13
学术活动				14	15	16	17	18
学术体制					19	20	21	22
学术文化						23	24	25
教学生产力							26	27
科研生产力								28
社会服务生产力								

1–28 所代表的互动关系可以简述如下：

1. 大学学者来源于学科、献身于学科，成为学科的人力型支撑力量；
2. 大学学者开展学术活动，是学术活动的实施者；
3. 大学学者受大学学术体制有形的、直接的限制或激励；

4. 大学学者受大学学术文化无形的、间接的抑制或鼓舞；

5. 大学学者的基本工作形式和职责是教学；

6. 大学学者的扩展工作形式和职责是科研；

7. 大学学者的延伸工作形式和职责是社会服务；

8. 大学学科只有在活动中才能寻求发展，大学学术活动必须立足于大学学科；

9. 大学学科的发展受大学学术体制有形的、直接的限制或激励；

10. 大学学科的发展受大学学术文化无形的、间接的抑制或鼓舞；

11. 大学学科发展的基本途径之一是教育教学；

12. 大学学科发展的基本途径之二是科学研究；

13. 大学学科发展的基本途径之三是社会服务；

14. 大学学术活动受大学学术体制有形的、直接的限制或激励；

15. 大学学术活动受大学学术文化无形的、间接的抑制或鼓舞；

16. 大学学术活动的基本形式是教学；

17. 大学学术活动的扩展形式是科研；

18. 大学学术活动的延伸形式是服务；

19. 大学学术体制影响大学学术文化的形成和作用发挥；

20. 大学教学体制影响大学的教学活动和教学生产力；

21. 大学科研体制影响大学的科研活动和科研生产力；

22. 大学社会服务体制影响大学的社会服务活动和社会服务生产力；

23. 大学教学文化影响大学教学活动和教学生产力；

24. 大学科研文化影响大学科研活动和科研生产力；

25. 大学社会服务文化影响大学社会服务活动和社会服务生产力；

26. 教学为科研提供经验和检验；科研为教学提供前沿知识；但若不结合就会造成时间和精力冲突；

27. 教学是社会服务的主渠道之一，社会服务为教学提供经验、检验和一定的经济反哺；但若不结合就会造成时间和精力冲突；

28. 科研是社会服务的主渠道之二；社会服务为科研提供经验、检验和一定的经济反哺；但若不结合就会造成时间和精力冲突。

通过上文三个方面、八个维度的分析，本文的核心概念"大学学术生产力"也可以完整地表述为："大学学者与学科知识相结合，在大学特定的体制、文化之下，通过知识的授受、创造与应用活动而形成的培养专业人才、发展知识和社会服务的能力"。这一概念论述了"大学学者"、"学科知识"、"学术活动"、"学术体制"、"学术文化"、"教学生产力"、"科研生产力"和"社会服务生产力"这八个范畴在大学学术生产力中的简要关系,是本书"八维度"构思的一种简明扼要的概括。可以列表如下:

表1-3:大学学术生产力"八维度"系统分析

三(方面)	八(维度)	系统论分析
生产的要素	大学学者	人员分系统
	学科知识	资源分系统
生产的过程	学术活动	技术分系统
	学术体制	结构分系统
	学术文化	社会心理分系统
生产的结果	教学生产力	知识授受分系统
	科研生产力	知识创造分系统
	社会服务生产力	知识应用分系统

或者以更为形象的图形来描述:(图1-6)

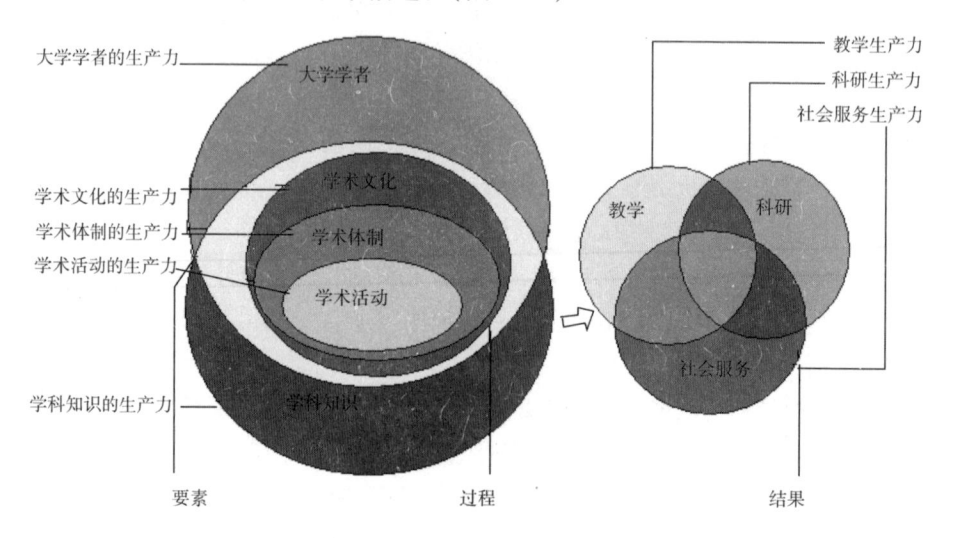

图1-6:大学学术生产力"八维度"分析图

三、八维度分析的意义

大学学术生产力的发展是一个综合的、系统的、全面的发展。它既有较为明显和感性的表现,也有作为手段的较为隐性的表现。前者如大学规模的扩大、学术水平的提高、大学所提供的人才、知识和服务对社会的适切性增强,等等;后者如高水平学者的聚集、学科知识的积累;或者大学学术活动的繁荣、学术体制的优化、学术文化的培育等,都表征着大学学术生产力的发展——作为"结果"的发展和作为"要素"与"过程"的发展。正是在这个意义上,本文"三个方面"、"八个维度"的系统分析才得以成立;我们也才能得出结论:发展大学学术生产力应该从以上这些最基本的方面入手。

从"八个维度"入手来发展大学学术生产力,这一结论是有一定的启发意义的。

一方面,仅仅从教学生产力、科研生产力和社会服务生产力来看大学学术生产力显然是不够的。尽管这三者是大学学术生产力的直接外延,但它其实只是"冰山一角"。即使这三方面的状况表面上看起来不错,但"冰山"下面还可能有人力的有限性、学科底子的贫瘠、学术活动中的误区、组织结构的僵化、制度的失灵、文化的冲突,甚至大学教学、科研和服务之间的冲突与作用力的相互抵消,等等。对于这样的复杂问题,如果只抓"结果"而不计其余,就会"头痛医头,脚痛医脚"。这种"简化论"与复杂的现实不符,是无益于问题的解决的。所以,大学人力资源的开发、学科实力的积累、学术活动的繁荣、学术体制的优化、学术文化的培育等,在大学学术生产力的发展中都应当得到足够的关注。这样才能从整体上把握现实,才能"知其然而知其所以然",才能在解决问题时"既见树木又见森林",让大学各方面力量在整体协作中获得发展。

另一方面,大学学术生产力的发展是多路径的,寻找起点和"突破口"非常重要。就像"木桶原理"所表达的那样,一个木桶的储水量取决于最短的那一块桶板的长度,大学发展路径的选择也需要从寻找"瓶颈"入手。大学学术生产力的发展需要各方面因素整体协调、互助协作,这就使得"取长补短"非常重要。从"短处"入手就能抓住发展中的主要矛盾和矛盾的主要方面,也就找到了解决问题的最适宜方法。除了上文三个示意图所描述的从"问题区"入手加强改进之外,"要素"、"过程"和"结果"三者在发展中也符合"从瓶颈处寻求突破"的原则。如果在"要素"和"过程"都面临重重困境时,直接从"结果"入手强求"产出",而不从问题的源头入手,就可能欲速不达,导致"拔苗助长"甚至"拔苗收获",这显然是不利于大学学术生产力的持续有效发展的。因此,八个维度的分析特别能凸显大学学术生产力发展的整体改进原则，是符合事物发展规律的。

除了"八个维度"内部的区分之外，我们还可以将大学学术生产力与其他事物进行类比，从相似点和相异点出发，更好地增进对它的认识。比如，大学学术生产力可以与社会生产力和GDP进行类比（见表1-4），由此也可以得出一些启示。

表1-4：大学学术生产力与社会生产力和GDP类比表

主体意义的生产力		社会生产力	大学学术生产力		GDP
功能意义的生产力（重要影响因素）		科学技术的生产力	大学学者的生产力	生产要素（静态）	
		经营管理的生产力	学科知识的生产力		
		结构设计的生产力	学术活动的生产力	生产过程（动态）	
		布局组合的生产力	学术体制的生产力		
		文化教育的生产力	学术文化的生产力		
外延意义的生产力（组成部分）	横向类型	农业生产力	教学生产力	生产结果（产品）	农业GDP
		工业生产力	科研生产力		工业GDP
		第三产业生产力	社会服务生产力		第三产业GDP
	纵向层次	各省、市（区）生产力	各学院、系（室）学术生产力		各省、市（区）GDP

通过以上这些类比，能够拓宽我们的视野、对大学学术生产力进行多侧面的理解。一方面，大学学术生产力和社会生产力的类比，有助于我们认识大学学术生产力的诸多属性。把"学术活动"归于"生产"、把"学者"作为"生产者"，能够显示出学术生产和一般生产、学者和一般劳动者的相同点和差异，在比较中区分二者特性，从而有利于拓展关于大学学术生产力的定性研究。另一方面，GDP和大学学术生产力的类比，提示我们应该加强量化研究，通过多途径的测量和评价来把握大学学术生产力的现状，从而鉴别优劣、指导

50

发展、改进大学的学术生产。

第三节 "大学学术生产力"发展的"两个角度"

大学是"学科"与"院校"交叉而成的矩阵。伯顿·克拉克认为,"高等教育组织的心脏是各门学科和事业单位之间形成的相互交织的矩阵,这种矩阵把原来规模较大的系统转变为成千上万个相互联系的交叉点"①。在矩阵中,"工作单位或单所高校都是综合性组合体,它一方面把化学家、心理学家和历史学家这些不同的专家联系在一起,另一方面又将专家与非专家,教授、学生与行政管理人员联系在一起"②,而"学科明显是一种联结化学家与化学家、心理学家与心理学家、历史学家与历史学家的专门化组织方式。学科同样具有综合性,它不是根据所在地点实现专门化,而是形成一个跨地区性的行会性的利益团体"③。"我们面临着一个由学科和事业单位组成的庞大矩阵,在这个矩阵中,教学、科研人员处于双重权威之下,同时从属于一个学科和一个事业单位"④。"学者两条成员资格线的交叉就是高等教育系统的总体矩阵,高等教育的特点就表现在这里,因为在别的地方找不到具有同样范围和强度学科和事业单位组成的矩阵"⑤。

从这些论述可以看出,虽然"院校"与"学科"是构成大学必不可少的两个维度,但它们是截然不同的,它们对学者所提出的要求也是差异巨大的。把它们区分开来进行研究,更能显示二者对大学学术生产力的不同影响,使问题的分析更明晰、更有针对性。"院校"与"学科"犹如"硬币的两面",虽然共存于一体,但各有差异和侧重点。这种划分的目的就在于强调大学发展要二者兼顾、"双管齐下",坚持"两条腿走路"、"两手都要硬",以避免因一

---

① [美]伯顿·克拉克著、王承绪等译:《高等教育新论——多学科的研究》,杭州大学出版社1987年版,第139页。
② [美]伯顿·克拉克著、王承绪等译:《高等教育系统——学术组织的跨国研究》,杭州大学出版社1994年版,第33页。
③ [美]伯顿·克拉克著、王承绪等译:《高等教育系统——学术组织的跨国研究》,杭州大学出版社1994年版,第34页。
④ [英]迈克尔·夏托克编、王义端译:《高等教育的结构和管理》,华东师范大学出版社1987年版,第16页。
⑤ [美]伯顿·克拉克著、王承绪等译:《高等教育新论——多学科的研究》,杭州大学出版社1987年版,第125页。

方的薄弱而使发展失衡。尤其是在中国大学行政化倾向过强、与西方大学相比不尊重学术发展逻辑的背景下，突出"学科"维度的改进更具有重要的意义，有利于大学管理和发展中克服思想观念上的"学科盲点"。

当然，大学是浑然一体的，"院校"与"学科"的划分只是一种相对意义的角度区分，仍然有许多不可分割的交织地带。表1-5列出了上文五个维度在两种角度上的相对区分：

表1-5："五个维度在"院校"与"学科"角度上的相对区分

五维	划分标准	院校	学科
大学学者	校内与校外	校内本学科及相关学科同事	校外同行
学科知识	校内与校外	校内学科谱系	校外科学图谱
学术活动	常规与非常规	教学、科研、社会服务等日常活动	"无形学院"的构筑
学术体制	管理体制与工作体制	大学学术管理体系与制度	大学学术工作体系与制度
学术文化	实体文化与虚体文化	院校文化	学科文化

"院校"与"学科"的角度既然存在巨大差异，它们所强调的侧重点自然也是不同的，表1-6列举了其中的重要区别：

表1-6："院校"与"学科"角度强调的不同侧重点

大学	院校的角度	学科的角度
1 大学的属性	大学是一个相对封闭的、需要管理者细心经营的组织	大学是众多学科组织中的一种，学科是内容，组织是载体
2 大学的关注点	大学要关注组织成员、组织结构、组织制度、组织氛围，强调问责、规范、效率	大学要关注学科谱系、学科规训、学科文化，强调愿景、学术追求、学术水平
3 大学存在的依据	大学通过开展学术活动和管理活动而存在	大学因为拥有学者和学科而存在
4 大学成败的关键	管理水平决定组织成败	学科水平决定大学实力

续表

大学	院校的角度	学科的角度
5 大学自身的独特性	大学的发展历史、环境特征等构成特定的组织情境，必须以此为出发点改进管理	大学发展必须遵循全球普适的学科发展规律，院校情境作为细节问题不需要特别考虑
6 大学学者的角色要求	作为组织成员的大学学者要按照组织的纪律和要求行事，扮演"地方主义者"角色	大学学者要遵从学科的召唤，不断超越自我、攀登科学高峰，扮演"世界主义者"角色
7 大学的规章制度	大学要执行统一的、全面细致的规章制度以实现有序运行	大学要由学者协商解决具体的学术事务，规章制度只发挥宏观指导作用，宜粗不宜细、多元而有弹性
8 大学的激励措施	大学要加强激励与约束，给组织成员以动力和压力，以积极的管理提高组织绩效	大学要酝酿浓厚的学科文化，发挥学科信仰的感召力，通过心理认同保障学者的进取与自律
9 大学的学者管理	对于组织成员要加强外在管理，以完善的机制奖勤罚懒	大学学者内在修养和学术境界的提升主要靠自律自觉地接受科学共同体的规训
10 大学的管理机制	科学规划、严格实施、定期考核	学术自由、学术自治、学术自律
11 大学的管理"哲学"	大学要遵循管理学规律以保持组织的秩序和效率	大学要遵循科学学规律以引导学科的发展
12 大学组织改进的方向	成为"学习型组织"	构建起数量众多、形式各异的"无形学院"
13 大学的跨越式发展	大学现有条件决定了发展水平，制度完善是水平提升的最有效途径	大学现有条件并不决定学术水平，学者的精神状态、团体氛围、整体协作可以实现学术飞跃

特别需要交代的是，上文尽管给出了"大学学术生产力"分析的八个维度，但本文重在探讨如何提升大学学术生产力，因此作为"外延"的后三个

53

维度由于与"如何提升"关联不如前五者直接、而且不容易划分为"院校"和"学科"两个角度,所以后文不再予以详细探讨,而是集中精力论述前五个维度的改进。

总结上文,本研究以组织理论的视角为主,部分地借鉴了高等教育学和生产力经济学知识,来探讨大学这种学术组织所从事的学术生产的效率与能力问题。全文围绕两个问题展开论述:1. 提升大学学术生产力应该从哪些最基本的方面入手?2. "学科"与"院校"在以上各个方面应该进行怎样的改进?

本书的研究框架可以用图1-7来表示:

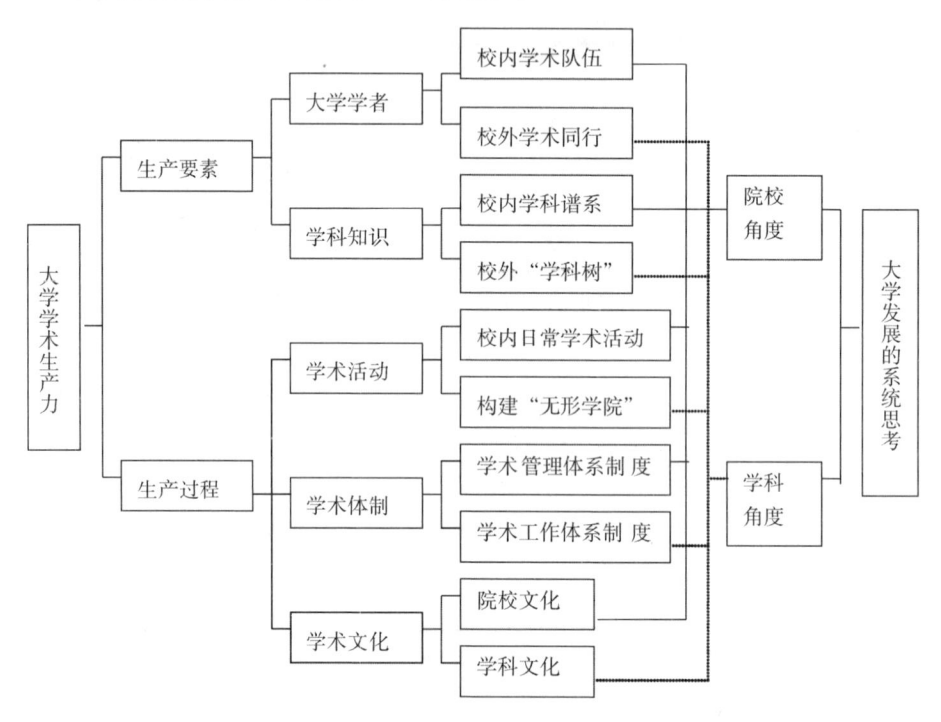

```
                                   ┌─ 校内学术队伍
                         ┌─ 大学学者 ┤
                         │         └─ 校外学术同行          ┌─ 院校角度 ┐
             ┌─ 生产要素 ─┤                                │          │
             │           │         ┌─ 校内学科谱系 ────────┤          │
             │           └─ 学科知识┤                      │          │
大学学术生产力 ┤                     └─ 校外"学科树"        │          ├─ 大学发展的系统思考
             │           ┌─ 学术活动┌─ 校内日常学术活动    │          │
             │           │         └─ 构建"无形学院"     │          │
             └─ 生产过程 ─┼─ 学术体制┌─ 学术管理体系制度   ├─ 学科角度 ┘
                         │         └─ 学术工作体系制度   │
                         └─ 学术文化┌─ 院校文化          │
                                   └─ 学科文化          │
```

图1-7:大学学术生产力研究框架图

对于这一分析框架,还有四点需要说明:

1. 框架中两次出现"学科",但它们强调的侧重点是不同的。前者"学科知识"与"大学学者"相并立,是从"生产力二要素论"推导出的大学学术生产力生成机制中的"生产者"与核心"生产资料";后者"学科角度"与"院校角度"相并立,是从管理学角度提出来的,强调大学学术生产力在发展机制中要二者兼顾、坚持"两条腿走路"。

2. "院校"和"学科"角度的最主要区分是一种视野的区分,"院校"强调相对封闭的、有着明确组织边界的大学组织的经营;"学科"强调无限开放的、超越院校和国家界限的全球一体的学科发展;二者交叉视域中的大学就是一种"有边无界的大学组织",它的发展离不开双重角度的分析与改进,即大学的管理既要立足于校园又不能在视野上仅仅局限于封闭的校园。

3. 在某种程度上可以认为,"学科"是根基,秉承着科学共同体的遗传;"院校"是环境,它的现实条件和整体状况对于学科的发展,发挥着类似阳光雨露影响草木生长的作用。一切影响学术发展的"元素"均要从"学科"和"院校"二者中挖掘潜力,既要遵循科学学原理发展学术,又要按组织理论的要求管理大学。在这个意义上,从"学科"与"院校"两极出发的"两维辩证"思维,显示出"二元对应"视角或者说是张力视角,二者在实践发展和理论分析中必然"成对"出现,在对应中互相补充、相辅相成。

4. 以系统的观念看待大学学术生产力问题,能够克服局部思维的缺陷。分析学术事务尤其需要系统、完整、动态的视野,因为大学呈现出"有组织的无政府状态",它是模糊的、复杂的,而非线性对应、存在明确因果关系的,局部思维和简单思考往往会得出错误结论。面对各学科的"高深学问"及其背后的"科学共同体",大学行政要理解大学学科的无边界特征,认识到一般管理模式应用于大学所带来的局限性,从而更加尊重学术自由、学术自治、学术自律的学科发展逻辑,甚至顺应并安心于行政对于学术的"无为而治"。

第二章

开发"大学学者"资源

大学学者是大学学术生产力中的劳动者。作为一种生产力要素的劳动者，是指具有一定的劳动技能、生产经验和科学知识，操纵生产工具或其他技术手段，直接或间接进行生产的人。① 劳动者的状况，即劳动者的素质和水平，影响着劳动的成效。劳动者的劳动力主要由体力和智力构成，劳动者体力的差异在生产中往往并不具有决定性意义，因为与人类所能利用的力量相比，人类自身的体力是微乎其微的。劳动者的智力是指劳动者认识客观世界、掌握客观规律的能力，具体表现为劳动者掌握科技文化知识的程度。大学学术生产力中的劳动者，其体力特征几乎可以忽略不计，而其智力特征和水平则对生产活动具有决定性的影响。大学学者的学术水平是他们的立身之本，他们要以其高深的学术水平和高尚的道德与人格，促进人才的成长、知识的创造与应用，为大学和整个社会做出贡献。

第一节 "大学学者"概述②

大学学者在大学的学术生产中发挥着不可替代的重要作用。曾任哈佛大学校长的科南特（James B. Conant）曾经说过："大学的荣誉不在于它的校舍和人数，而在它一代一代教师的质量。一个学校要站得住，教师一定要出色。"③这与梅贻琦先生的"大师论"——"大学者，非谓有大楼之谓也，有大师之谓也"④ 有异曲同工之效，都说明了学者对于大学的重要意义。

---

① 李湛:《应用生产力经济学》，上海交通大学出版社1993年版，第21页。
② 陈何芳:《大学学者的特性与学术生产力简析》，《江苏高教》2009年第3期，第9~12页。
③ 陶爱珠编:《攀登——我国创建世界一流大学的研究》，上海交通大学出版社1999年版，第9页。
④ 黄延复等:《梅贻琦与清华大学》，山西教育出版社1995年版，第24页。

一、大学学者的特性

（一）大学学者的一般特性

大学学者既有与一般劳动者相同的共性，也有因自身职业特色而形成的特殊品质。作为有生命的人，作为职业劳动者，大学学者与一般劳动者的共性主要表现在以下三个方面：[①]

1. 生物性

大学学者首先是具有劳动能力的人，其生物性存在于人体之中，与个体的自然生理特征紧密相联，是有生命的、活的资源。大学学者的生物性决定了他们首先要满足生存需要，要为自身及家庭的生活做好必要的金钱和物质准备。

2. 能动性

大学学者是具有思想感情和社会意识的人，他们既能清晰地认识自身和外界，又能对自身行动做出抉择，调节自身与外部的关系；他们在工作中有目的、有计划地开展教育教学活动，能动地改造客观世界。大学学者的能动性决定了他们在工作中具有自主性和自致性，他们所具有的不同观念、所做出的不同行为选择、所采取的不同方法与策略，使其工作业绩迥然不同。

3. 社会性

大学学者是社会人，处于一定的社会关系之中。社会关系的网络把社会的各种群体和分子联结在一起，大学学者作为其中的一个结点，其形成、配置、开发和使用无不具有社会性。大学学者是一种重要的社会资源，不仅归属于某个具体学校，更属于全社会所有。大学学者的社会性决定了他们的生存和发展与所处的社会环境密切相关，封闭孤立不仅不能满足自身社会交往的需要，而且无益于事业的发展，因此，加强与外界的交流与合作在他们的生活与事业中都显得尤为必要。

（二）大学学者的职业特性

除了上述一般特征，大学学者又具有自身的职业特殊性，主要表现在以下四点：

1. 教育性

大学是培养高级专门人才的教育机构，大学学者的首要职责是教书育人，鲜明的教育性是大学学者区别于其他劳动者的重要特征。大学学者要根据一定

[①] 宋永刚：《自我发展：高校学术人员管理的新视野》，华东师范大学 2003 届博士学位论文，第 12 页。

的社会要求，有目的、有计划、有组织地对受教育者的身心施加直接或间接影响，增进他们的知识和技能，提高他们的品德和智慧，把他们塑造成知识、能力与素质和谐发展的人。

2. 知识性

大学学者最大的共同之处是用知识工作，即利用自身所掌握的渊博知识和人生智慧，为社会创造、传播和应用知识。在当今知识经济时代，大学学者的知识性更加突出。他们已经不是一般性地具有劳动能力的人，而是知识的拥有者、传播者和创造者，是"知识生产资料"的所有者和使用者，"知识性"是他们的突出特征。

3. 专业性

大学是"学科"与"院校"交叉而成的"矩阵"，学者隶属于特定学科而产生的"专业性"是大学工作的重要特征。大学加工处理的知识是专业性的知识，是必须经过专门训练的人才能处理的高深知识；大学学者作为专业技术人员，从事的是高度专业化的工作，需要具备特殊的专业知识和能力。所以，大学及其院系在人员配置、运作机制和管理体制上，必须重视大学学者的专业性要求，遵循特定学科的发展规律。

4. 超越性

大学学者是社会的高层次人才，从事着具有较高社会价值的教育活动和科学研究活动。这些高级知识分子作为一个群体，普遍表现出一种超越的特性，包括对物质利益的超越和对自我的超越。有研究认为，教师的需要与普通人不同，各种需要的先后排序分别是：创造和成就的需要——自尊和荣誉的需要——学习和发展的需要——自主和公平竞争的需要——社会交往的需要——物质丰富性的需要。① 可见，大学学者在物质需要方面具有较为突出的超越性，带有典型的"重精神轻物质"的特征。另一方面，大学学者的自我超越性非常突出。他们以学术为志业，以学术劳动为生活方式。这种高智力性、高创造性、与人才成长密切相关的活动，要求劳动者不断地与自我对话，进行反思、内省、自我评价与激励，不断摈弃低俗而追求更高的境界，从而实现自我超越。

（三）大学学者的技术特性

1. 大学学术生产技术的内蕴性

在工业企业中，技术部门是单独设立的，绝大多数生产者只是进行技术分

---

① 陈乃琳：《师本管理初探》，南京师范大学2002届硕士学位论文，第2页。

解后的简单操作。对于他们而言，生产技术是外在的、相对固定和单一的，很少受到生产者个体的影响。但是，在大学组织中，并没有单独的技术部门与生产部门之分，技术与生产者是紧密相联不可分割的，每一个大学学者，或者说大学学术生产者，都是一个技术专家。从这个意义上讲，大学学术生产的技术具有内蕴性，是内在地附着在大学学者身上的，"技术"对于"生产者"具有一定程度的依附性。

2. 大学学术生产技术的多元性

"人人都是技术专家"的状况决定了大学学术生产技术具有多元性特征。大学的学科是多元的、学者是各具特色的，他们所拥有的技术当然也是各不相同、不胜枚举的。我们常常看到，同是一门课程，不同的大学学者在教学的内容、过程、方法以及对学生的要求上是差异巨大的，更不用说不同大学之间的差别了。

3. 大学学术生产技术的更新性

工业企业中普通生产者并不需要探索特别的技术，他们一旦掌握了符合技术部门要求的操作技术，就能在日常生产中不断重复，直至新的技术要求出台。因此，他们的技术更新往往是被动的、变化相对较少的。而大学学术生产者的技术主要是教学、科研和开展社会服务，这些技术与科学知识的更新、社会需要的变化紧密相联，要求学者紧跟科学前沿和社会急需来调整方案、不断进行技术更新。这种随时更新的技术需要是大学学术生产以高深知识为材料的特性所导致的，也是知识探索永无止境的必然要求。

4. 大学学术生产技术的不确定性

大学组织中的学术生产技术无疑是复杂的、不确定的。无论是教学、科研还是社会服务，都存在学科差异，也存在生产者的个体差异。大学学者在学术生产中的主观能动性非常大，他们所采用的具体技术常常带有个人偏好，并且受到个体的知识结构、才能学识与学术视野等客观条件的限制。大学学术生产技术一方面带有个体特色，另一方面也是"外行人士"所难以深入了解的。不论是其他学科的学者，还是大学行政管理人员等，对于每一种具体的学术生产技术都不可能完全了解。大学学术生产技术的这种复杂性、个体性与高度专业性，是组织理论中"技术不确定性"①的典型。技术的不确定性和复杂性要

---

① ［美］W. 理查德·斯格特著、黄洋等译：《组织理论：理性、自然和开放系统》，华夏出版社 2002 年版，第 215 页。

求较低程度的形式化和集中化，它不仅会增强大学组织结构的复杂性，而且更会带来"操作者复杂性"，即把所有的不确定性和复杂性交由专业学者自主处理。

（四）大学学者所面临的角色冲突

1. "学科"与"院校"的冲突

大学组织所具有的"学科"与"院校"交叉的矩阵性质，使大学学者成为矩阵中的一员，在工作角色上面临着某种无法弥合的冲突。"大学教师的成员资格很多，因而他们受到的影响也来自不同方面。他们常常既归属于一门学科，也归属于这一学科的一个分支学科。他们常常同时属于一门学科和一个多学科单位，如牛津大学或剑桥大学寄宿学院这样的本科生学院；或医学院和教育学院这样的多学科专业学院；或拉美研究、非洲研究这样的区域研究计划；或城市研究、环境研究这样的问题中心单位。学者们属于一门学科，又属于更广泛的学术专业。他们既归属于一所特定的大学或学院，同时也归属于全国整个高等教育系统。大学教师们被卷入各种各样的矩阵，有着多种成员资格决定他们的工作，号召他们的忠诚，分配他们的权力"[①]。

大学学者既从属于某一学科专业，又归属于一个事业单位。从属于学科要求他们对学科和专业忠诚，把学术发展作为最高目标，追求在本学科领域占有一席之地；归属于事业单位则要求他们完成特定的教学和科研任务，和其他同事一起实现学校自身的目标。这样，大学学者就要同时为"学科"和"院校"两位主人服务。不致力于学科发展，在学术界就没有地位，就会落后于同行，不被人尊重和重视；不对学校做出贡献，就不能获得学校的较高报酬和福利，就无法在学校立足和发展。在大多数情况下，"忠诚于学科"与"服务于院校"二者的矛盾并不突出，学科上颇有建树可以为院校争光；忠诚于院校事业同样是在学科发展上做贡献。但是，当二者的方向和目标不一致时，冲突也会随之加剧。比如，大学学者所进行的某些研究在学科发展上可能意义重大，但院校立足于自身现状和短期目标并不看重这样的研究；院校要求学者承担的某些工作可能并不具有学术性，对于学科发展并无太大意义；甚至院校为调整师资结构而要求学者转专业、转方向、开设其他学科的课程等，都体现了大学学者所面临的角色冲突。在这种冲突面前，大多数学者选择了学科至上，这也

---

① ［美］伯顿·克拉克著、王承绪等译：《高等教育新论——多学科的研究》，杭州大学出版社1987年版，第125页。

是学者看重学术的本性使然。

2. 教学、科研与社会服务三种活动之间的冲突

现代大学学者不同于传统教师的很重要的一点在于，他们既是教育者又是研究者，同时还要尽可能向社会提供直接的服务。作为教育者的大学学者，担负着传播人类文明的基本职能；作为研究者的大学学者，要开展一定的科研工作；作为社会服务者的大学学者，要用自己的学术知识为社区乃至社会提供服务。大学学者集三种角色于一身，必然会引起一定的行为冲突。比如，学者的教学任务过重，就没有时间开展科学研究、提供社会服务；与教学关系不大的科学研究会剥夺学者对教学的精力和时间投入；而诸如医学、法律等专业的大学学者如果过分热衷于社会兼职，他们的教学与科研就会受到影响。从一般性意义上讲，教学、科研与社会服务对大学学者造成的冲突主要是精力冲突和价值冲突。一方面，教学、科研与社会服务是三种性质不同、内容有异的活动，开展其中任何一项都需要学者投入时间精力。所以，三者的对立首先是大学学者在时间和精力分配上的冲突。另一方面，在价值取向上，教学是大学最基本、最本质的活动，理应在学术评价中得到最突出的强调。但它所具有的迟效性、难以精确评估的特性、对于学校和学者的经济收益贡献较小的特性，使其常常不受社会、学校甚至学者的重视，在大学的评价机制中处于不利地位。而科研所带来的名誉和利益往往多于教学，社会更关心科研成果所能带来的经济效益，学校也更倾向于用科研业绩装点门面；社会服务可以直接带来较大的经济收益，其功利性价值对于大学和教师都具有普遍的吸引力。这样，科研和社会服务吸引力的过强与教学吸引力的过弱就造成了一种对立，成为教学、科研与社会服务的利益冲突。当然，科研与社会服务之间也有冲突，比如基础研究与应用和开发研究之间孰重孰轻、相关激励制度和财务分配政策是否合理等，都是这种冲突的表现。

总之，大学学者及大学学术生产技术的诸多特性，以及大学学者所面临的角色冲突，都导致了"大学学术生产"在人力上的复杂性。这种复杂状况要求我们对"大学学者"给予更多的关注，在大学发展中理清整体思路、设计合理机制、制定有效制度、营造良好氛围，为大学学者提升学术生产力创造适宜的条件。

二、大学学者个体的学术生产力

大学学者所具有的上述各种特性使得他们成为一群相当特殊的"劳动者"，其"生产"的效率与效果和自身密切相关，而较少受其他外在因素的决

定性影响。大学学者属于知识工作者，与体力工作者相比具有不同的特点。因此，应该采取不同于提高体力工作者生产力的办法，来提高他们的工作质量和贡献率。

彼得·德鲁克（Peter F. Drucker）认为："以下6个主要因素决定了知识工作者的生产率。1. 要提高知识工作者的生产率，我们需要问这样的问题：'任务是什么？'2. 要提高知识工作者的生产率，我们要求知识工作者人人有责。知识工作者必须自我管理。他们必须有自主权。3. 在知识工作者的工作、任务和责任中必须包括不断创新。4. 对于知识工作，知识工作者需要不断受教育，他们同样也需要不断指导别人学习。5. 我们不能或至少不能只用产出的数量来衡量知识工作者的生产率。质量至少与数量同样重要。6. 最后，要提高知识工作者的生产率，组织应把知识工作者看作'资产'，而不是'成本'，并给予相应的待遇。在面临所有其他机会时，知识工作者需要有为组织工作的意愿。"① 这些内容分别指出了任务确定、自律自主、追求创新、持续更新、重质保量和待遇保障在提高知识工作者生产率方面的重要意义，对于我们探讨如何提高大学学者个体的学术生产力颇有启示。

（一）任务确定与大学学者的生产力

影响大学学者工作质量和贡献率的第一个问题是"任务是什么？"。在体力工作中，任务是事先规定好的，对体力工作者而言，最主要的问题是"我们应如何工作？""怎样才能做到最好？""但是，在知识工作中，关键性的问题是：'任务是什么？'原因之一是，知识工作与体力劳动不同，知识工作者的工作不是安排好的。而且，只有知识工作者自己才能确定他们应该干什么。因此，有关知识工作者的生产率的研究，我们应该首先问知识工作者自己：你的任务是什么？你的任务应该是什么？组织希望你应该做出什么贡献？什么事情妨碍你完成你的任务？你应该放弃哪些事情？"② 在大学中，只有学者自己才能清楚地确定自己的任务，管理者与学者相比，完全处于知识的劣势而不是优势地位，他们无法给大学学者明确安排具体任务，学者也不会按照外行的安排来确定自己的行动计划。对于大学学者而言，任务的确定也是选择职业发展路径的重大问题，需要他们进行反思、做出选择、进行设计。在确定任务的过

---

① ［美］彼得·德鲁克著、朱雁斌译：《21世纪的管理挑战》，机械工业出版社2006年版，第102页。

② ［美］彼得·德鲁克著、朱雁斌译：《21世纪的管理挑战》，机械工业出版社2006年版，第103~104页。

程中，学者所具有的责任意识、进取精神和动力水平会发生重要的影响；学术方向的选择、工作任务的确定，又会对学者的生产力发挥"目标激励"作用，影响其学术生产的最终绩效。

（二）自律自主与大学学者的生产力

大学学者在工作中必须有高度的自律意识和自主精神，对于学术的发展具有强烈的责任心和使命感，能够通过卓有成效的努力为学术发展做出贡献。无论是教学、科研还是社会服务，都需要学者的自主和进取才能取得好的成果。优质的教学，要建立在学者艰苦细致的智力劳动与深入钻研的基础之上；卓越的科研成果，要靠学者的知识积累、拓展学科边界和充满激情的学术探索；高效的社会服务，要求学者具有强烈的运用知识开启民智、服务社会的使命感，并将之付诸实施。可见，自律自主是大学学者追求进步的动力和条件，有了学术上的高要求，有了自我提升的动力和路径，才能够提高自身的学术生产力。

（三）不断创新与大学学者的生产力

大学是培养创新型人才的场所，也是知识创新的重要基地和国家创新体系的重要组成部分。大学学者不仅是知识传播者，更是知识的创造者，需要在工作中不断创新。无论是开出有深度的课程、进行启发性教学，还是履行探讨学问、追求真理、发现未知的研究使命，都需要大学学者具有不断创新的精神和能力。创新是学术发展的真谛，也是开发大学学者潜能的关键。为了提高学术生产力，大学应该充分保证学者的学术自主性，不断培育和扶植各种"创新点"，将大学学者的创新潜能变成现实。

（四）自我更新与大学学者的生产力

大学学者的劳动是富有创造性的脑力劳动，需要不断更新知识、提高素质。因此，进行自我更新、保持自身的知识渊博，是大学学者不同于其他劳动者的重要区别。所谓渊，是指大学学者对本专业的知识要有相当深度的理解，只有这样才能"深入浅出"地开展教学，提高知识传播的质量；所谓博，是指对本专业相关的知识有广泛的了解，这样才能"旁征博引"、"触类旁通"，发现一些交叉或边缘学科的问题，在学术工作中实现创新。而要达到这些目标，大学学者必须进行终身学习，通过不间断的"知识充电"来提高自身素质。[①] 大学学者保持自我更新是提高自身生产力的基础，也是学术职业以高深

[①] 宋永刚：《自我发展：高校学术人员管理的新视野》，华东师范大学2003届博士学位论文，第15页。

知识为材料特性的内在要求。

（五）重质保量与大学学者的生产力

彼得·德鲁克指出："在体力劳动中，质量也非常重要。质量不高是有缺陷的质量。我们必须为体力劳动设定某种最低的质量标准。……但是在大多数知识工作中，质量不能有最低标准，也不能是有缺陷的质量。质量是产出的精髓。在判断教师的绩效时，我们不能问教师教了多少学生。我们应该问有多少学生学到了什么知识，这就是关于质量的提问。……因此，在知识工作者的生产率方面，我们首要的目的是取得质量，即取得最佳的质量，在可能的情况下，能取得最高的质量最好。然后，我们才能问：'完成了多少工作量？'这不仅意味着我们研究如何提高知识工作者的生产率的出发点不是数量，而是质量，而且还表明我们将需要学会明确地了解质量的内涵。"① 体现在大学中，对于质量的正确认识，对于大学学者和大学自身的生产力提升同样具有非常重大的意义。事物的发展包括量的方面和质的方面，由于"量"的扩张表现更为明显和直接，它往往会受到外界更多的关注。但是，对于大学和学者而言，"质"是发展中更为重要的方面。大学之"大"不在于校园面积大、师生规模大、甚至发表论文的数量巨大，而在于拥有一流的学者队伍、能够培养出优秀人才、产生高水平的学术成果；大学学者的学术声誉和地位，也不是由学术成果的数量决定的，而是主要取决于他在学术上的独特贡献。所以，树立"重质保量"的意识非常重要，它能帮助大学及其学者克服急功近利的思想，潜心于真正的学术工作，而不是为了数量的虚荣而放弃质量的追求。对于学术生产而言，追求卓越是基本的准则，任何"重量轻质"的思想和行为，必定是舍本逐末、得不偿失的。

（六）待遇保障与大学学者的生产力

提高教师待遇、为大学学者的成长进行更多的投资，是提高大学学者生产力的重要保障。一方面，大学学者也有物质性需要，希望通过自身的劳动获得较好的生活条件。如果大学的待遇远远低于其他行业，学者就可能会选择离开学校；如果一所大学的待遇与其他学校差距太大，也可能会造成人才的流失。另一方面，大学学者在成长过程中还需要接受继续教育，参加进修和培训，在专业发展上也需要一定的扶持与资助。这些费用都应当被视为人力投资，它能

---

① ［美］彼得·德鲁克著、朱雁斌译：《21世纪的管理挑战》，机械工业出版社2006年版，第102~103页。

够通过学者工作的改进给大学带来更大的回报。所以,"以待遇留人、以事业留人"绝不是一句空洞的口号,待遇的提高有助于大学吸引人才、留住人才,使其安心于本职工作;"对事业的投资和扶持"也要求大学为学者提供更多的教育和培训机会、为学者的自我成长提供所需的条件。

以上六个方面都是提高大学学者个体学术生产力的关键,它们与前文所述的大学学者的特性是一脉相承的。比如,大学学者的生物性使待遇保障成为必要;大学学者的能动性使任务确定、自律自主成为可能;大学学者的知识性、教育性和超越性使得不断创新、自我更新、重质保量成为对其工作的基本要求。所以,从这六点出发来提高大学学者的学术生产力是符合学者特性的,同时也是符合德鲁克所说的"提高知识工作者生产率的正确方法"的。

三、大学学者群体的学术生产力

大学的学术生产具有组织化的特征,作为"劳动者"的大学学者虽然主要以个人的智力开展"生产",但他们的工作并不是孤立进行的,而是需要在各种学术组织中开展协作劳动。这就要求我们在关注学者个体的基础上,从大学学术队伍和学术带头人入手,激发大学学者群体的生产力。

根据行为科学的理论,一个工作群体取得高绩效的前提之一,是能够把自己的成员紧紧吸引在一起,内部有良好的团结状态,具有强大的群体凝聚力。这一点在大学学者群体中同样适用。而要增强大学学术组织的凝聚力,实现大学学者群体力量的最大化,就要充分发挥组织目标、组织规范和组织氛围的作用。目标激励、规范约束和氛围熏陶有利于实现大学学者的集群化,增强大学学者群体的生产力。

(一)充分发挥学术愿景的激励作用

共同愿景(shared vision)是学习型组织理论中的一个核心概念,它的最简单表述是"我们想要创造什么?"。共同愿景是存在于人们心中的一股令人深受感召的力量,它像一面旗帜,指引着组织成员前进的方向。大学学者群体是一种创造型的群体,普遍具有强烈的开拓意识和进取观念,所以通常能够把拓展科学知识新领域、培养高级专门人才作为群体的共同愿景。而且,各种具体的愿景是不断成形、不断发展、不断更新的。共同愿景的形成能够吸引和激励学者主动承担职责,为愿景的实现贡献自己的积极性和创造力;愿景的不断向前发展更显示出群体的持续进取态势,使成员感觉到事业前景美好,从而将自己的心理与行为导向新的境界、推向新的高度;学术愿景的不断实现,还会增强组织成员的荣誉感、自豪感和自信心,进一步增强群体的凝聚力。

（二）恰当运用群体规范的约束力

为了维持组织工作的正常运转，群体需要有一定的规范来约束组织成员的行为。群体规范通常会对其成员产生无形的影响，使他们自觉或不自觉地以一定的准则调节自身的行为。群体规范既包括外在的、有形的、强制性规定，也包括群体内在的、无形的、依靠自觉自律而实现的约束。一般的组织会强调群体规范的强制性和外在性，但是，对于大学学者而言，更为有效的群体规范却是自主的、内在的。大学学者有着共同的理想和价值追求，对于群体目标有着深刻的认同，因此往往能够为了群体的利益而主动约束自己的行为。所以，在大学学者群体中，这种自主管理、自我约束的内在规范效果更为显著。大学管理因而也需要强化学者的自我管理，淡化强制性管理痕迹，只把它作为一种底线性的规定。

（三）在良好的群体氛围中促进学者间的团结与合作

要提高大学学者群体的生产力，除了共同愿景的激励、群体规范的保障之外，还需要发挥群体氛围的重要作用。群体绩效的提升需要营造良好和谐的组织氛围，使成员在信息和情感等方面保持高效沟通。大学学者群体在学术生产中也需要形成和谐的气氛，保证群体成员之间感情融洽、心情舒畅、工作中相互帮助、协调一致。在团结和谐的组织氛围中，大学学者之间的合作与竞争才能取得好的效果：和谐的氛围促进了学者间的沟通与交流，使互助与合作成为可能；良性的学术竞争可以激发群体成员的工作热情和创造性，加速大学学术生产力的发展。

第二节　校内学术队伍

大学特定学科中的学术队伍包括学科带头人及其领导下的学术梯队。学科带头人是学科的旗帜，他们在相当大的程度上决定了一个学科的学术地位、学术声誉和学科发展方向。但是，学科的发展不能只靠学科带头人，学科发展目标的多重性要求有一个知识、年龄、学缘结构合理的学术梯队。学术梯队和学科带头人在学术组织中承担着不同的学术任务，对大学学术生产力的发展影响巨大。

一、学术梯队建设的意义

学术梯队在《教育大词典》中被解释为：按学科、专业或某一特定领域组成的，具有一定结构的教师（科研人员）队伍，由学术带头人、能独立指导他人进行教学科研工作的骨干、助手等组成。其职务、专长、年龄等结构能满足所从事的教学、科研等学术工作的需要。学术梯队是大学学者队伍的一种存在形式，是学者队伍整体建设的核心和关键，其中的学术带头人起着"脊梁"和"主心骨"的作用。

大学中的学术梯队作为学者队伍的一种形式，具有以下特征：① 首先，学术梯队是以学科为依托的。梯队所依托的学科，通常是其所从事研究的学术领域，与研究生教育的专业或研究方向大致相同，相当于二级学科或三级学科。其次，学术梯队通常具有相当大的学术凝聚力，包括研究方向的吸引力和学术带头人的权威影响力。这种凝聚力使得梯队的研究方向和研究队伍都具有相当大的稳定性。最后，学术梯队不是一种行政组织，它不负责行政事务，没有管理权限。但梯队中的学术带头人却能以自身的学识与威信影响梯队成员，在学术工作中发挥实际的指挥与管理作用。

学术梯队建设具有重要的意义：

（一）抓好学术梯队建设能促进学科的发展和高水平学术成果的产生

在当今知识经济时代，科学技术的发展在趋于精细化和专门化的同时，也特别需要多学科的集成与综合。大学是知识创新、技术创新的重要基地，大学所承担的许多研究课题涉及面广、工作量大，绝非一个人所能胜任。把学术精英集合起来，建立学术梯队，就能在校内构成一个微型的"学术共同体"。梯队成员在学术带头人的领导下不断讨论、争辩、针对不同的学术观点进行深入切磋，就能从不同的角度补充和完善新的理论观点，从而克服学者单打独斗、各自为政所带来的弊端，有利于培育新的学科增长点，促进高水平学术成果的产生。

（二）抓好学术梯队建设有利于创新型人才的脱颖而出

大学要建立学术梯队，需要坚持科学、公正、开放的原则，在海内外遴选学术带头人，精心选拔学术精英加盟梯队。在学术梯队中，学术带头人与学术成员构成一种类似"师徒"的特殊关系，学术带头人以自己的学识建树，为梯队成员提供榜样和指导，帮助他们开阔视野、提高技能，并在研究风格、研究方法、思维方式、治学态度等方面对成员发挥直接或间接的重要影响。学术带头人不只是把梯队成员看作是学生、合作者，而且还鼓励和扶持他们大胆开拓、推陈出新、探索新领域，从而有利于优秀人才迅速成长、脱颖而出。

---

① 唐余明：《论高校学术梯队》，《江苏高教》2002年第1期，第98页。

二、学术梯队的合理结构

大学学术梯队的形成和发展可以分为三个阶段。① 第一阶段是无意识的、自发的阶段,学术梯队一般是在教学和科学研究过程中自然而然逐渐形成的。第二阶段是主动自觉阶段。学者们逐渐认识到学术梯队的重要性,开始自觉形成梯队,主动向本研究领域的学术带头人靠拢;学术带头人自觉组织队伍,并有计划地组织成员开展研究工作;学校将培养学术带头人和学术骨干作为师资队伍建设的核心,逐步克服了师资队伍建设中的盲目性和分散性。第三阶段是完善、成熟阶段。学校制定学科发展规划,确定重点建设和新建设的学科专业名单及建设工作日程;学术梯队建设工作根据学校的整体规划进行调整和改善,有组织、有计划地补充建立和努力加强那些急需学科专业的学术梯队。在人才引进上加大力度,根据学术梯队在知识结构、年龄结构、学缘结构、层次结构等方面的要求,主动物色、引进或培养相应规格的人才。

这里所说的年龄、职称、知识、学缘、层次等,都是描述学术梯队结构的重要指标,标志着学术梯队结构的优劣。②③

(一)学术梯队的年龄结构

学术梯队成员的年龄大致呈正三角形或梯形是比较正常的,即年龄大的学者少一些,年轻学者多一些,这种结构可以使学术梯队保持正常的新陈代谢,增强梯队的可持续发展能力。反之,倒三角形或橄榄形的结构是不可取的,容易出现同步退休、同步晋升职称的不利局面。根据国外统计资料分析,杰出人才产出成果的最佳年龄段在 27 至 45 岁之间,其中最佳年龄值为 37 岁左右,因此,对中青年学术带头人的年龄一般要求 45 岁以下。合理的年龄结构强调老年、中年和青年学者相结合,实现资深学者把握方向、协调关系,中年学者承担重大研究和攻坚任务,青年学者深入一线、具体实施的良好格局。这样的年龄结构能够通过代际"传帮带"培养后继人才,有利于学科人力与实力的延续。判断学术梯队年龄结构是否合理的主要评价指标包括:1. 全部专职教师和研究人员的平均年龄;2. 正高职称人员平均年龄;3. 副高职称人员平均年龄;4. 四十五岁以下正高职称人员占全部正高职称人员的百分比;5. 三十

---

① 唐余明:《论高校学术梯队》,《江苏高教》2002 年第 1 期,第 100 页。
② 唐余明:《论高校学术梯队》,《江苏高教》2002 年第 1 期,第 99 页。
③ 赵坤:《大学重点学科核心竞争力形成与评价模型研究》,第三军医大学 2004 届硕士学位论文,第 32 页。

五岁以下副高职称人员占全部副高职称人员的百分比，等等。

（二）学术梯队的学历结构

在学术梯队的学历结构中要突出博士学位拥有者所占比重，通过青年学者和高学位学者的比重来重点反映学术梯队的后劲与潜力。主要评价指标包括：1. 具有博士学位的人员占全部成员的百分比；2. 具有硕士学位的人员占全部成员的百分比；3. 国（境）外学习一年以上人员占全部成员的百分比；4. 博士学位人员中名牌大学毕业生所占百分比。

（三）学术梯队的知识结构

学术梯队的知识结构是指梯队成员的知识组合情况。每个学科都有自己的理论系统和基本知识，这是从事该学科研究的所有人员都应当具备的。除此之外，学术梯队成员在特定研究方向上还需要有自己的特长，或者对其他学科的知识有较为广泛的了解。当前很多研究课题具有一定的综合性，需要使用不同的手段进行不同形式的研究，这就要求学术梯队具有广泛的知识基础。因此，一个学术梯队的知识结构，应该有主有从、有共同和不同部分，梯队成员从整体上既谙熟本学科知识又了解其他学科的最新进展，从而形成一个比较完整的知识体系，构建合理的知识结构。

（四）学术梯队的学缘结构

学术梯队的学缘结构反映了梯队成员的师承关系。如果所有成员都师出同门或者学缘相近，他们在学术思想和知识积累上容易形成系统，强化本梯队在学术研究上的独特性，在这个意义上也有一定的合理之处。但是，过多的近亲繁殖、清一色本校本专业的毕业生积聚在一起，或者虽然有一些其他大学的毕业生，但都处于边缘状态而不能发挥重要作用，更会引起梯队在学术上的退化，不利于知识互补交融与学科交叉，不利于学术梯队扩大创新成果。因此，"远缘杂交"是学术梯队构建合理学缘结构的基本原则。

（五）学术梯队的职称结构

对于大学而言，理想的职称结构当然是倒三角形最好，这意味着高级人才聚集、低级职称的学者较少，梯队的人才实力雄厚。但是，不同类型和水平的大学及其内部学科所需要的职称结构是不同的，正三角形或橄榄形职称结构在现实中更为普遍，也具有比较强的适应性，能够实现梯队内部的合理分工。

（六）学术梯队的层次结构

大学中的强势学科往往拥有庞大的学术梯队，有一个或几个学术带头人，下面按研究方向分成若干个子梯队，它们又有自己的学术带头人和骨干成员。

学术带头人、子梯队的学术带头人、骨干成员和一般成员就会按层次构成树形结构。学术梯队层次结构的评价指标包括：1. 有无院士或国务院学位委员会学科评议组成员担任学科带头人；2. 五十岁以下的新一代学术带头人数量；3. 四十五岁以下的中青年学术骨干数量；4. 博士生导师占正高职称人员的百分比；5. 正高职称人员占全部成员的百分比。

（七）学术梯队的能级结构

学术梯队的能级结构与层次结构较为接近，但它更能体现梯队的整体学术水平，同时也能展示一个学科未来的发展前景和方向。能级结构的评价指标主要包括：1. 国家级或省部级有突出贡献专家、全国优秀教师人数；2. 获国家杰出青年基金、国家跨世纪人才基金、全国百千万人才、省部级青年学术带头人人数；3. 国际学术机构兼职人数；4. 国家级和省级学会兼职人数［比如国务院学位委员会学科评议组成员或全国教学（课程）指导委员会委员，或全国性学会理事、省级学会副理事长以上职务，等等］。

三、学术梯队中的学术带头人

学术带头人并不具有职位权力，但其学术权威的影响力是非常大的。优秀的学术带头人能够凝聚人才、形成卓越的学术团队，从而推动大学学科向前发展。学术带头人直接影响到学术队伍的形成，很多学科因为学术带头人的包容性而引起学者聚集，又因学术带头人退休或离去而引起学科实力急速下滑；而一些大学学科本来水平不高，但通过引进优秀学术带头人并凝聚学术队伍，却能够在不太长的时间里提升学科专业水平、使其声名鹊起。所以，学术带头人是学术梯队的灵魂，其水平影响着学科发展的方向和力度。他们是学术群体的核心、开拓创新的先锋、聚贤纳士的旗帜，对于一所大学的学术成就和学术声誉有着重要影响。

在选拔和培养方面，学术带头人一般都是高学历学者，在选拔中往往是国内选拔和吸引国外优秀人才兼顾。大学普遍设立了较高的标准来选拔学术带头人，一般要求他们具有博士以上的学历；在某一领域中已经做出了突出贡献、取得了令人瞩目的成就；正在从事某一领域最前沿的研究，能够带领梯队成员在某一领域中抢占学术研究的制高点。这样选拔出来的学术带头人一般是某一领域公认的高级专家或学术权威，在国内外有一定的学术地位和声望，他们的水平是学术梯队质量的重要保障。

在能力和素质方面，有学者从学术水平、领导能力、协调能力等方面非常

详细地论述了学术带头人所应具有的能力与资历:①

（一）学术水平

学术带头人应该具有令人信服的学术水平，而学术水平是由突出的学术成就奠定的。学术成就主要表现为：1. 在所研究领域承担有国家级、省部级科研课题，有创新的研究成果，达到国际先进水平，能获得国家级或省部级一、二等奖；2. 出版学术专著，发表论文有较高的水平，每年能在国内核心或国际权威期刊发表论文并多次被人引用；3. 从事科技开发、推广，能对某行业某重要技术的进步做出重大贡献，创造显著效益；4. 有较深的学术造诣，国内外知名度较高，担任重要学术职务；5. 主持召开国际、全国性学术会议，在国外高校、科研机构有兼职学术职务。

（二）领导能力

学术带头人不但要具有较高的学术水平，而且还应当具备一定的领导能力：1. 能正确地把握学科的研究方向和主攻方向，指导梯队成员掌握该方向的最新知识和学术动态；2. 能制订出切实可行的近、中、远期学科建设规划并组织实施；3. 能激励并组织群体成员承接挑战性课题（国家自然科学基金，863、973等重大攻关项目）或对国民经济有重大影响的大项目，每年获得较多的科研经费；4. 能根据每个成员的特点进行合理分工，领导成员按期按质完成研究计划。

（三）协调能力

要带好学术梯队，具备协调内外关系的能力至关重要。协调能力包括：1. 胸怀博大，具有学术民主、合作共事的好作风，能正确处理个人与集体之间的名利关系；2. 能妥善解决学科成员之间的矛盾，营造团结协作的气氛；3. 能协调与社会、学校各有关部门之间的关系，为学科发展创造良好的外部条件。

以上这些能力要求具有非常浓厚的理想化色彩，在现实生活中可能很难完全实现。但是，学术带头人作为学术梯队的灵魂，确实需要努力提高自身水平与素质。学术带头人实力强大有助于形成个人感召力，使成员对工作充满信心，感觉到群体前景美好、值得为之付出努力。这种感召力还可以产生强大的凝聚效应，不仅能促使群体成员团结在学术带头人周围，而且还会吸引其他人才加入，愿意接受他的领导、成为群体一员。所以，学术带头人必须具有较高

---

① 赵坤:《大学重点学科核心竞争力形成与评价模型研究》，第三军医大学2004届硕士学位论文，第31页。

的学术造诣，具备渊博的学识和出众的能力，这样才能胜任学术"领头羊"的角色。

学术带头人想要发挥应有功能，必须通过自己的实际行动在科研队伍中起核心作用、在研究活动中起主导作用。首先，学术带头人要了解本学科专业的发展状况，开拓有意义的研究领域，制定本学科的发展规划并付诸实施。其次，学术带头人不仅亲自参加研究工作，而且还是整个梯队科研工作的领导者，他要寻找课题并组织实施，或者亲自担任课题组的负责人。再次，学术带头人要亲自承担教学任务并在课程设置、教材建设中起主导作用。最后，学术带头人要对梯队成员进行指导或培养，充分发挥成员的作用。可以说，没有优秀的学术带头人就没有卓越的学术梯队，学术带头人必须通过自身的实际行动和努力，真正发挥其应有的作用。

另外，学术带头人还要以自己的公正无私获得梯队成员的信任与拥护。学术带头人要公平地对待群体内部的每位成员，客观地评价他们的工作成绩，充分肯定成员的作用和价值，尊重他们的劳动和个性特征；要公正地处理各种利益关系，做到奖惩分明、以贡献论英雄。这样的工作作风才能赢得群体成员的拥护和尊重。学术带头人还要经常与组织成员进行思想沟通和情感交流，采取多种形式增进成员间的沟通，使大家能够团结一致地干好工作。总之，学术带头人权威地位的获得，一方面在于高深的学术造诣，另一方面也在于光辉的人格魅力。"学高德馨"是学术带头人的理想标准，只有这样才能对"人人都是技术专家"的大学学者产生强大的感召力，增强整个学术梯队的战斗力。

第三节　校外学术同行[①]

在当今知识经济和全球化、国际化时代，不同大学相同学科和专业的学者加强交流与合作，对于大学学术生产力的发展具有重要意义。大学学者具有高度的"学科忠诚"，他们虽然工作于不同的单位，但同一学科专业内部学者之间却交往频繁、联系紧密。从知识层面上讲，知识本无国界，更无学校之间的界限，知识的探求、发展和传播是通过学术界的集体努力而实现的，学术同行之间的交往意义重大。从组织层面上讲，不同单位的学术同行之间形成一种

---

① 陈何芳：《论大学教师角色交往的意义、困境与调适》，《湖北社会科学》2010年第1期，第176~180页。

"业缘"关系,这种社会关系能够为学者个体的成长提供重要的社会支持。大学学者的"业缘"关系和"亲缘"、"友缘"关系成为学者社会资本的重要组成部分。

一、大学学者交往概述

(一)大学学者交往的特性

"交往"简单地讲就是主体之间的相互作用、相互沟通、相互理解。普遍意义上的交往是人类的一种内在需求,能够满足人的心理需要。但普通的交往一般没有比较稳定而长期的目标,没有特殊的交往主体,没有外在的来自社会的期望与要求,因而交往的组织结构比较松散,人们在各自的需求满足之后就自然散去,以后也可以因为别的目的而再次聚合。而大学学者之间的交往则是一种相对特殊的学术性交往。"学术是一种群体性活动。你不可能单独地从事研究工作。你从事研究和出版著作,也就意味着你将把你所知道的东西教给别人。为了确保学术之火不断燃烧,学术就必须持续不断地交流,不仅要在学者的同辈之间进行交流,而且要与教室里的未来学者进行交流"[①]。通过学者之间的交往,学术得以传播,学者的学识才能得以增强,学术得到了发展。学者之间的交往不只是简单的相互认识的过程,更是一种包容、理解、认同和促进的过程。通过交往,大学学者在知识与情感方面实现了"对话"与共享,使相关主体共同在场、共同参与、彼此分享对方的知识经验和情感体验。所以,与普遍意义上的交往相比,大学学者之间的交往不仅有着特殊的交往主体和交往情境,而且交往目的更为明确、交往功能更为强大。大学学者交往的特殊性主要体现为:

1. 大学学者的交往是一种旨在分享经验技能的知识性交往

大学学者在交往中能够分享彼此从事学术工作的感受和经验,通过共同研究、相互支持来提高各自的学术水平。通过描述工作经验,大学学者能够与学术同行共同分享各自的成功经验或失败教训,并使之得以提升,形成能够指导工作的知识、技能或者原理、方法,成为学术的一部分。大学学者以学术工作中的问题为对象,围绕某些论题进行探讨与切磋,就能形成解决学术问题的行动策略;大学学者围绕文本知识进行探究与研讨,就能促进研究的深化和创新能力的提高,对于大学学者的发展都是很有好处的。

---

① [美]欧内斯特·L·博耶著、涂艳国等译:《关于美国教育改革的演讲》,教育科学出版社2002年版,第88页。

2. 大学学者之间的交往还是一种以情感为中心的心灵交往

交往是一种相互对话、相互沟通和相互理解的过程，交往主体由相互认识走向相互承认，进而达到相互理解和接纳。大学学者之间深入的沟通与交往虽然以探讨高深知识为基础，但同时也是情绪情感相互交流的过程，是思想、精神相互贯通的过程。心灵层次的交往超越了对知识的阐述和单纯地对学术的追求，更多地表现为对学者的现实生活的人文关怀、对存在的现实关切。正如雅斯贝尔斯①（Karl Jaspers）在《什么是教育》中所说，教育"是人对人的主体间灵肉交流活动"，"是人的灵魂的教育，而非理智知识和认识的堆集"。大学学者有着各自特殊的知识背景与价值倾向，相互之间差异较大，但是，通过一定的交往，他们可以相互沟通、理解，从而超越个人认识的樊篱实现更大程度的融通，这也是对单纯学术生活的一种补充和拓展。

总之，大学学者作为知识层次较高的"社会人"，社会交往对其心理需要的满足和个性的完善同样具有不可忽视的作用。拥有不同学科背景和知识经验的学者在相互交往中，可以探讨共同关心的社会问题、增长个体知识经验、了解其他学科方向的思维方式和价值倾向，这对于学者开阔知识视野、提高思维能力是很有益处的。从这个角度来讲，大学学者交往与普通交往的最大区别就在于它的教育性和目的性。学者之间的交往主要依托学术而进行，但又绝不仅仅止于学术，还要追求学者之间心灵的沟通与理解。知识交流与情感交融在大学学者交往中实现了很好的整合，使交往成为学者获取知识、获得学界精神支持的重要途径。

（二）大学学者交往的缺陷

大学学者之间的交往虽然意义重大，但它在现实生活中却存在诸多不足，致使交往的功能无法充分发挥。

1. 交往频率和交往深度的欠缺

交往频率和交往深度一般是互相促进的，交往频繁会加深人际关系，人际关系的深化又会引发更多的交往。但交往频率只是人际关系建立的基本条件，并不能代表交往的深度和性质。很多人表面上交往频繁，但感情却不一定真挚、深化，所以，对人际关系影响更大的是交往深度，它能忽略表面形式的亲疏，表征交往主体内心距离的远近。从目前大学学者之间的交往来看，交往频率不高是比较普遍的现象，其中的重要原因是大学学者在学术工作中具有相当

---

① [德] 雅斯贝尔斯：《什么是教育》，生活·读书·新知三联书店1991年版，第3页。

大的个体性，学者群体与其他社会群体相比交往意愿较弱。在交往深度上同样存在问题，很多学者不是自觉自愿地进入交往，而是迫于角色规定和工作需要而进行被动的交往，缺乏选择交往的时间、空间、内容和方式的自由，因而会缺乏热情，使交往变得机械而浅显，无法很好地实现交往的功能。

2. 交往范围的狭窄

大学学者之间的交往深受学科背景、年龄、个人爱好等因素的影响，因而这种交往主要局限于少数学者之间，视学术方向、喜恶程度而定。某些小圈子、小团体内部成员之间交往较多，但团体与团体之间界限分明，不同团体的成员很少会主动打破藩篱进行交往，从而使交往呈现"块状"结构，团体界限增加了人际疏离。另外，学者的交往还常常局限于同辈小群体之中。由于学识和威信的客观差异，大学学者之间的交往很难保持完全平等的关系。在交往者的实际地位差异较大的情况下，如果双方不能保持平等的态度，在交往中就很难做到民主与自由，就会使交往带有单方面的支配性。而同辈群体是建立在相互平等基础上的，成员更容易通过内在相近的情感保持接触，既能互相促进共同提高，也有助于学者保持自尊和自信感，因此颇受学者青睐。

3. 交往中的某些不平等现象

跟上文提及的代际交往类似，大学学者在交往中还存在某些不平等现象。比如，在跟学术权威进行"向上交往"时，学者通常会有意无意地表现得谦虚礼让，甚至隐藏自己的不同见解和反对意见；而在面对学界刚刚入门的新手时，可能会表现得较为武断或特别强调自己的观点。这些交往中的不平等并不完全是由学者的人品引起的，交往主体在学识才能和阅历等方面的客观差异，在"以学术为基础"的交往中暴露无遗。这种由知识能量差异而带来的交往不平等，似乎比普通交往中的不平等更难克服、更具有必然性。另外，学者间的交往还常常受到交往双方所属共同体的限制，尤其是受到个人在共同体中角色和身份的限制，这会导致双方在权力分配和享有权利方面的不平等，从而表现为一种自上而下的单向控制。所以，大学学者在交往中要尽量克服双方因地位、资历和权力等方面的差异所带来的心理压力，要以更加平等、自主和开明的态度参与交往，避免交往的异化。

二、大学学者的社会资本

在论述校外学术同行对于大学学者发展的促进作用时，我们很自然地会想到"社会资本"（social capital）这一概念，从社会资本的角度探讨影响大学学者学术生产的社会软环境，应该是一种有意义的尝试。社会资本是近二十年来，在社会学、政治学和经济学领域中应用频繁的一个理论。这一理论揭示了人与人之间的关系，如信任及规则在个人、团体和社会发展中的巨大作用。随着社会资本研究的持续高涨，有学者开始将社会资本理论引入到教育研究尤其是高等教育研究领域中。通过借鉴经济领域对企业社会资本的研究，人们认为学校也存在社会资本，合理运用和培养学校的社会资本对于学校发展意义重大。

"资本"概念最早出现于经济学研究领域，自斯密（Adam Smith）以来的古典主义和新古典主义经济学家均将资本定义为一种能够生产产品的产品，并将其和"土地"、"劳动"并列为最基本的生产要素。这时人们理解的资本的概念仅仅局限于物质资本。20世纪50年代，美国经济学家舒尔茨（Schultz）和贝克尔（Becker）率先突破物质资本的局限，将个人对教育、职业培训、保健以及迁移的投入视为一种投资，并指出这种投资将最终形成个人的"人力资本"（human capital）。人力资本是一种人格化的知识和技术，它对于个人和社会发展有着巨大的推动作用。作为一个概念和术语的"社会资本"最早是由洛里（G·Loury）于1977年首先提出来的，他在当时发表的"种族收入差别的动力学理论"一文中用"社会资本"的概念来说明城市中心区处于不利地位的黑人孩子与其他孩子在社区和社会资源上的差别。最早将社会资本引入社会学领域的是对文化资本研究做出突出贡献的法国著名社会学家布尔迪厄（Pierre Bourdiea）。

"社会资本"虽然是一个新概念，但不是一个新话题，古典社会学文献中就有一些对社会资本研究产生影响的理论：比如马克思和恩格斯"有限度的团结"的观点；齐美尔的"互惠交易"、规范和契约；迪尔凯姆和帕森斯所讨论的"价值融合"、"集体意识"等概念；以及韦伯的"强制性信任"思想。[①]因此可以说，社会资本完全重新继承了社会学先驱的真知灼见。但是，由于研究者各自知识背景的差异，不同学者对社会资本有不同的描述，因而尚没有形成一个权威性的定义。一般认为，当代对社会资本研究是从简·雅各布斯（Jacobs）、皮埃尔·布迪厄、让－克劳德·帕瑟仑（Jean Claude Passeron）、格伦·劳瑞（Glenn Loury）等人的研究开始的。在詹姆斯·科尔曼（James Coleman）、罗纳德·伯特（Ronald Burt）、罗伯特·帕特南（Robert Putnam）、A.

---

① 武考克：《社会资本与经济发展：一种理论综合与政策构架》，李惠斌等编：《社会资本与社会发展》，社会科学文献出版社2000年版，第215页。

波茨（Portes）等学者那里，这个概念和分析方法得到进一步完善，更倾向于把它作为一个广义的概念，包括所有的有利于以共同收益为目的的集体行动的规范和网络。① 概括地说，社会资本的研究者普遍注意到社会资本降低交易成本、提高效率的功能。社会成员彼此之间的信任、合作，以及在此基础上形成的个人及组织间的网络联系有助于降低经济运行的"交易成本"，通过信任和规范可以有效地减少组织内部的"搭便车"行为，解决"集体行动的逻辑"悖论。同时，社会资本可以促进信息流动，减少因信息不完全而带来的风险和不确定性，从而有利于经济的繁荣和发展。社会资本等非正式制度在很大程度上有助于正式制度的绩效作用的发挥。②

高等教育领域对于"社会资本"理论的研究目前主要集中于该理论对于大学生的就业、创业和人际交往，教育公平，大学管理制度建设、大学校园文化建设的借鉴作用。直接以"高校社会资本"为标题的研究主要以胡钦晓的《高校社会资本论》③ 一文为代表。该文认为高校社会资本具有社会融资、信息获取、合作创新等多项功能，高校社会资本的积累需要法律政策、高校领导、团体组织、社会责任等多重保障。但本文对于"高校社会资本"的界定很可能来源于吉林大学孙凯的硕士学位论文。

孙凯将"高校社会资本"定义为："处于社会共同体之中的高校组织通过与内部、外部的各种对象之间的长期交往合作、互惠互利形成的一系列认同关系，以及在这些关系中积淀的价值、规范、信任等行为范式和理念信仰"④。相应的，"高校教师社会资本"就是"高校教师建立在信任和互惠原则基础上，以获取回报为目的所利用的社会资源。在某种程度上，它是受高校社会资本影响的。操作化为学术威望、活跃程度（学术交流）、敏感程度和权力（含政治权力和学术权力）"⑤。高校社会资本不仅表现为学校与其内部和外部的个人、组织之间相互联系的广度，而且更加体现为这些联系的稳定性和扩展度。高校社会资本包括内部和外部社会资本两个部分。一方面，高校内部社会资本是学校内部存在的、有利于学校成员的信任与合作、促进学校各个部门间、各

---

① 刘英：《因特网与社会资本》，中国人民大学2005届硕士学位论文，第4页。
② 胡凌秋：《作为扩展秩序的社会资本》，浙江大学2004届硕士学位论文，第8页。
③ 胡钦晓：《高校社会资本论》，《高等教育研究》2005年第9期，第46～50页。
④ 孙凯：《高校教师人力资本和社会资本对科研绩效影响分析》，吉林大学2005届硕士学位论文，第10页。
⑤ 孙凯：《高校教师人力资本和社会资本对科研绩效影响分析》，吉林大学2005届硕士学位论文，第10页。

部门与教师间直接的沟通与协调,从而增强学校内部凝聚力的社会资本。具体包括存储于学校领导之间的社会资本、存储于学校领导与教师员工之间的社会资本、存储于学校教师员工之间的社会资本、存储于教师与学生之间的社会资本、以及存储于学校各个部门之间的社会资本。另一方面,学校外部社会资本是指学校与学校外部之间存在的、有利于学校发展的社会资本。它具体包括学校的纵向联系(指学校与上级政府部门、特别是上级教育行政主管部门之间的关系)、学校的横向联系(指学校与其他学校、科研院所、税务部门、金融机构、人事部门等之间的关系)以及学校的准亲缘关系网络(指学校与学校所培养的学生之间的联系,如校友会等)。外部社会资本主要影响学校获取各种稀缺资源的能力。①

在现实生活中,由于大学之间交流不多、学者之间交往不深,大学学者的社会资本还是比较缺乏的。因此,加大在社会资本方面的投资是大学学者寻求发展的当务之急。大学学者不仅要建立足够多的社会资本,更要善于使用这些社会资本,利用现代型社会资本来提升自身的人力资本。"个人在市场、社会中通过拥有和主动建立的社会资本来获得如何经营的诀窍、内部行规等隐性的规则,从而使自己的人力资本获得较大的提升,体现为自己的经营能力的上升,交易成本的下降、关键信息的获得等等;随着市场经济的发展,在市场、社会竞争中信息的获得是极其重要的,而仅依靠制度性的信息获得并不能满足个人的全部需要,重要的还应主动建立自己的信息关系网络。这些资本对个人在就业、升迁、获得更高的回报等人力资本方面有着重要的意义"②。

三、大学学者拓展社会资本的措施

从社会资本的角度来看,要提升大学学术生产力,大学及其学者需要积极培养和维持各种社会资本,同时也要避免对于社会资本的歪曲利用。③

(一)大学学者首先要主动处理好自己的人际关系

社会资本能够为大学学者的发展提供多样化的、重要的社会支持。为了进一步培育、维持和拓展社会资本,大学学者要主动处理好各种人际关系,积极和及时地回报那些对自己事业提供各种社会支持的人。因为并不是所有的社会

---

① 孙凯:《高校教师人力资本和社会资本对科研绩效影响分析》,吉林大学 2005 届硕士学位论文,第 10 页。
② 孙凯:《高校教师人力资本和社会资本对科研绩效影响分析》,吉林大学 2005 届硕士学位论文,第 25 页。
③ 张峰:《社会资本与教师科研发展》,华中科技大学 2005 届硕士学位论文,第 45~47 页。

支持都能持久不断,"假如接受别人支持的个体不能给予报答就会导致关系不平衡,甚至会引起帮助者的抱怨或者导致关系的崩溃"①。及时回馈有助于学者积累和巩固社会资本,为自身的学术发展创造良好的人际环境。相对于"血缘"关系和"友缘"关系,与本单位或其他单位学术同行之间的"业缘关系"是大学学者培育社会资本的重点领域。学界同行是大学学者职业发展中直接社会支持的主要提供者,是学者在事业发展中必须高度重视的交往对象。为了扩展和积累"业缘社会资本",大学学者要与学术同行加强交往、通过自身努力实现交往的多种功能。首先,大学学者要主动处理好自己的业缘关系,有意识地和同事、领导或外界同行加强联系、进行学术探讨和情感交流,建立坦诚的、友好的、亲密的人际关系网络。其次,在他人需要帮助时要积极热情地提供慷慨无私的帮助,这是投资社会资本的最佳时机,有望在未来获得直接或间接、显性或隐性的回报,对于个人声誉也能产生较大的影响。最后,大学学者要利用正当的、可能的途径,积极拓展自己的业缘资本,尤其是要注意结识更多的圈内人士和学术前辈,为展示自己的学术实力、在未来脱颖而出创造机会。

(二)大学要为学者社会资本的积累创造良好的外部条件

1. 大学要有良好的氛围和制度

良好的人际关系氛围、公正透明的用人和评价制度,能够为大学学者社会资本的形成提供良好的外部条件。大学要在学者之间营造轻松、良性的竞争环境,为学者的工作提供一个和谐的人性化的空间,使他们能够全身心投入工作,免遭不良风气、拙劣制度的负面影响。大学的管理工作要努力做到透明和公平,为学者提供一个公平公正的发展平台。良好的氛围和制度不仅可以让学者对组织和自身的工作充满信心,而且有利于形成组织群体内良好的人际关系,有助于校内业缘资本的形成与巩固。

2. 大学要加强科研团队建设

大学不仅要为学者个体的工作提供良好的环境,而且要为学者之间的合作提供条件。其中很重要的一个方面是组建科研团队,按照学科发展规律和科研要求将不同年龄、不同研究方向、不同学历的学者组织起来,形成稳固的学术团体和学术梯队。通过科研团队建设,大学能够改变学者各自为政的状况,实

---

① 杨冬雪:《社会资本:对一种新解释范式的探索》,《马克思主义与现实》1999年第3期,第55页。

现学者力量的整合，促进大学学者通力合作、互相支持、资源共享和共同发展。不论是遵循科技发展规律的跨学科科研团队，还是特定学科专业内部的科研梯队，都能够实现学者工作的集群化。大学学者要充分利用参与科研团队的机会，加强与其他团队成员的交往，形成"纵横交错"的联系和交流渠道，从而全方位、多层面地培育和维持自身的业缘资本。

（三）大学要为学者在学术圈内扩展影响创造条件

大学学者作为"矩阵"组织中的一员，肩负着两种责任，一是要对学校组织负责，二是要对学术界负责，学术界是学者发展的另外一种重要支持力量。从这个角度讲，为了促进大学学者的成长，学校应该主动帮助他们担负起学术界的责任，为大学学者在学术圈内扩展影响创造条件。一方面，大学要鼓励和资助学者走出去参加学术会议，增加和学界同行进行当面交流的机会。另一方面，大学还要鼓励和资助本校学者主动组织和承办学术会议，以扩展学者、学科和学校在学术界的影响。通过筹备和承办学术会议，不仅可以浓厚本校相关学科的研究气氛，增加与学术共同体的联系，加深与学界同行的友谊；而且也是对学科及学校的大力宣传，使外界学术组织和学术同行了解本校实力，为其在未来提供社会支持奠定良好的信息和情感基础。

当然，在充分发挥社会资本的正面作用时，也要特别注意防止社会资本的歪曲利用，以免破坏学者之间公平、公正的竞争环境，破坏学科和学者的健康成长。为了防止对正常人际关系的歪曲利用，学者和学校都要加强自律。一方面，大学学者要提高自身素质，严守学术道德，合理合法地使用社会资本，避免因一己之利而违背学术道德、滥用私人关系而不顾社会公平。另一方面，大学要完善各项学术管理制度、严格各种办事程序，通过科学管理来减少学术腐败的发生。大学和学术界在工作中都应当努力保持公平和透明，尽量减少暗箱操作，减少个人交易的空间和可能，使社会资本的歪曲利用无机可乘。

本章小结

本章分析如何开发"大学学者"资源。论文首先对大学学者的特性、大学学者个体和群体的生产力进行了基本描述；然后分别从学术梯队建设、学术带头人培养两方面，分析了"院校"角度的"校内学术队伍"；从大学学者交往、大学学者社会资本积累两个方面，分析了"学科"角度的"校外学术同行"。

大学学者是大学学术生产力中的劳动者。他们既有生物性、能动性、社会性等一般劳动者的共性；也有教育性、知识性、专业性、超越性这些职业特性；他们所使用的学术生产技术还具有内蕴性、多元性、更新性和不确定性的特征。大学学者通常面临"学科"与"院校"的冲突，教学、科研与社会服务三种活动之间的冲突等。在个体方面，大学学者的任务确定、自律自主、不断创新、自我更新等直接影响其学术生产率；在群体方面，为了实现大学学术队伍群体力量的最大化，需要充分发挥学术愿景的激励作用、恰当运用群体规范的约束力、在良好的群体氛围中促进学者间的团结与合作。

在校内学术队伍方面，应当采取措施加强大学的学术梯队建设。良好的梯队能够促进高水平学术成果的产生，同时也有利于创新型人才的脱颖而出。学术梯队要保持合理的年龄结构、学历结构、知识结构、学缘结构、职称结构、层次结构和能级结构等。学术带头人是学术梯队的灵魂，其水平影响着学科发展的方向和力度。学术带头人应当增强自身实力、擅长本职工作、赢得梯队成员的信任与拥护。

在校外学术同行方面，大学学者需要加强交往以积累社会资本。大学学者的交往既是一种旨在分享经验技能的知识性交往，也是一种以情感为中心的心灵交往。但当前大学学者交往却存在一些缺陷需要克服，比如交往频率和交往深度的欠缺，交往范围的狭窄，以及交往中的某些不平等现象等。大学学者社会资本的积累意义重大，这既需要大学学者主动处理好自己的人际关系，也需要大学创造良好的外部条件，包括营造良好的氛围、加强科研团队建设、为学者在学术圈内扩展影响创造条件。

第三章

增强"学科知识"实力

现实社会中有各种各样的组织,除了诸如大学这类学术组织之外,常见的还有政府组织、工业和商业组织、军事组织等。各种组织之间差别巨大,"政府部门的基本特征是权力的分配和运用,是以权力为核心;工商企业的基本特征是产品和营利,以营利为核心;军队的基本特征是使用武器和准备战争,以准备战争为核心;而高等学校则是以知识的操作为核心"[1]。知识的传授使大学成为一种教育机构;高深学问探究使得最早的大学与职业训练机构相分离;高深专门知识的应用活动大大拓宽了现代大学的生存空间,使大学逐步从社会的边缘走向了社会的中心。这些活动都是以学科知识为基本材料的。

第一节 "学科知识"概述

大学是从事教学、科研和社会服务的组织,"它的任务和工作围绕知识(或知识群类)而进行,知识专业是一切其他工作的基础"[2]。"知识群类可宽可窄,可围绕普通知识模式进行组织,也可围绕专门知识模式进行组织,但无论宽窄,学科都是重要的组织基础"[3]。

学科知识是大学学术生产的基本材料。伯顿·克拉克有一段关于知识与大学的经典论述:"高等教育的基层有着各种知识群(Bundles of Knowledge),这些知识群由专业人员掌握着。各种专业人员驾驭和运用各自的知识群。当他

---

[1] 陈学飞:《面向21世纪国际高等教育发展的基本趋势》,《辽宁教育研究》1998年第6期,第35页。

[2] [美]伯顿·克拉克著、王承绪等译:《高等教育系统——学术组织的跨国研究》,杭州大学出版社1994年版,第16页。

[3] [美]伯顿·克拉克著、王承绪等译:《高等教育系统——学术组织的跨国研究》,杭州大学出版社1994年版,第16页。

们进行科学研究时，他们就力图扩大知识群的范围，甚至重新构成知识群。当他们从事科研之外的学术工作时，他们就保存、批判并改造知识群。当从事教学时，他们力图把知识群的某些部分传授给我们称之为学生的'顾客'，鼓励学生们考虑知识群的性质，考虑怎样才能应用它，或许还要鼓励学生们从事致力于它的职业。大学的教学、科研人员被聘为'工厂'外的顾问、咨询专家或讲师时，他们就进一步传播知识，或力图说明知识的实用意义。大学教学、科研人员最大的共同之处是用知识工作。他们最小的共同点是普通常识，因为他们都是处在高级知识的专业化的尖端上。他们沿着不同的方向分道扬镳，取得成果。"① 这段文字生动地说明了高深专业知识是大学的基本材料，教学、科研和社会服务是加工材料的主要技术。

学科知识还是大学创造价值的关键要素。其他社会组织创造价值的关键要素是不断发展变化的，土地、劳动力、资本、知识等，都曾是这种关键因素。而大学创造价值的关键因素则相对稳定，一直以知识为其创造价值的核心资产。中世纪的大学及其学者漂泊不定、居无定所，但它依然能够吸引众多的学生追随，其根本的道理在于学者用他们的学识和智慧，让学生获得真知。在此之后，无论是洪堡强调科学研究的柏林大学，还是出现在美国的威斯康星大学，他们创造新的价值，也离不开知识的投入。在当前的知识经济时代，现代大学成为社会"轴心机构"，也是因为它拥有知识，能够通过这些知识培养经济和社会所需要的高级专门人才、能够通过科学研究在国家创新系统中发挥举足轻重的作用，能够为社会的各个方面提供咨询服务。②

总之，大学是以知识为材料，以学科为单元，以教学和研究为基本技术的学术组织。大学的特殊性就在于它的知识性，丧失了知识性，大学就不成其为大学，就失去了合法存在的基础。大学作为一种社会组织，是由于发挥其知识保存、知识传播、知识创造以及知识转化的功能而存在的，正是凭借这种知识权威的角色，大学才日益成为社会的轴心机构。

一、大学学科知识的特性

彼得·德鲁克指出："知识工作者掌握生产资料，即在他们大脑中存储的

---

① [英]迈克尔·夏托克编、王义端译：《高等教育的结构和管理》，华东师范大学出版社1987年版，第15页。

② 汪怿：《大学知识管理研究》，华东师范大学2004届博士学位论文，第65~67页。

知识，是完全可以带走的，而且是巨大的固定资产"①。这一点对组织的管理提出了重大的挑战，"管理的责任是管理组织的资产。当知识工作者个人的知识成为组织的资产，而且在越来越多的情况下成为组织的主要资产时，这意味着什么呢？对于人事管理政策，这又意味着什么呢？为了吸引和留住生产率最高的知识工作者，我们需要做什么？为了提高他们的生产率，并将提高的生产率转化为组织的绩效和能力，我们还需要做什么呢？"② 最重要的改革是基本态度的转变，"要提高知识工作者的生产率，我们需要改变我们的基本态度，而要提高体力劳动者的生产率，我们只需要告诉他们如何干活。然而，要提高知识工作者的生产率，不仅需要知识工作者个人改变他们的态度，而且还要求整个组织改变自己的态度"③。知识型企业已经对学者头脑中的知识给予了关注、进行了管理方式的反思，并有了基本的改革思路；作为高深知识生产、传播与创新基地的大学，更应当透彻了解"学科知识"的各方面特性，在遵循学者和学科规律的基础上提高"知识加工"的效率与效益。

学科知识的演进是大学学术生产力发展的基础。大学学科知识的发展不可能脱离人类总体的知识长河，它要以人类知识为背景和资源来寻求自身局部的发展。对知识总体的借鉴与发展能力在很大程度上代表了一所大学学术生产力的发展水平。相对于社会总体的"知识"或一般意义上的知识而言，作为大学学术生产基本材料的"知识"具有一定的特殊性。

（一）大学中的知识是一种高深知识

从中世纪大学的保存、提炼、传授知识，到后来的发现和形成新的知识，大学的知识材料都是当时社会中最高深、最先进的专门知识。比如，欧洲中世纪大学是在一定条件下出现的师生群体，他们以一定的方式连结在一起传授和讨论"高深学问"。"高等教育与中等、初等教育的主要差别在于教材的不同：高等教育研究高深的学问……教育阶梯的顶层所关注的是深奥的学问"④。最早的中世纪大学萨莱诺大学就由一些名医执教；波隆那大学的法律出名很大程

---

① [美]彼得·德鲁克著、朱雁斌译：《21世纪的管理挑战》，机械工业出版社2006年版，第107页。
② [美]彼得·德鲁克著、朱雁斌译：《21世纪的管理挑战》，机械工业出版社2006年版，第107页。
③ [美]彼得·德鲁克著、朱雁斌译：《21世纪的管理挑战》，机械工业出版社2006年版，第113页。
④ [美]约翰·S·布鲁贝克著、郑继伟等译：《高等教育哲学》，杭州大学出版社1987年版，第2页。

度上归功于伟大的法学家欧内部斯；巴黎大学以神学著称则与著名经院哲学家彼得·阿伯拉尔对共相总问题的解释和创造性地运用辩证法有关，有史学家甚至推断他是巴黎大学的创办者。① 大学的这种知识的领先性、高深性一直保存至今。

（二）大学中的知识是扎根于学科的专门知识

大学组织是学科与院校组成的矩阵，整个大学都是基于学科而形成的。而大学中的学科是多种多样的，没有任何其他的社会组织能够像大学那样，拥有如此广泛的学科领域。大学各学科之间差异巨大，不仅学科内容不同，在大学中的发展水平也不同，因此每所大学都必然存在优势学科与劣势学科、重点学科与非重点学科的区分。但各种学科都具有较强的独立性，一般不会对其他学科的发展造成很大的影响。学科对于大学和学者而言意义重大。大学的学术传统、学术规范主要是建立在学科基础上的，没有学科，大学的发展、学者的发展就失去了依托。大学的学术发展是在学科积累的基础上进行的，只有足够的积累才能达到一个比较高的学术水平；大学学者一旦离开自己的学科，就如同鱼离开了水，无法施展自己的能力和特长。因此，大学的发展最主要的是学科的发展，学科的发展为大学及其学者的自我发展提供了沃土。

（三）大学知识有相当一部分存在于大学学者头脑中

知识是大学最为重要的生产资料，但它并不完全是有形、可见可感的，相当大比例的知识掌握在大学学者头脑中，是一种活的、灵动的"知识工具"。大学虽然也需要很多物质性的、有形的学术资料，比如图书资料等学术信息资源。但这些知识在大学学术生产中往往只是"原料"，真正的"精加工"还需要大学学者倾注大量脑力劳动来开展。而大学学者的知识基础与结构、分析能力与学术水平等，是更为高级的"知识"形态，它们既是用于加工初级知识材料的"劳动工具"，在某种意义上也是"学术产品"，是大学所拥有的学者创造实力的象征。并且，这种学术"工具"与"产品"是螺旋式上升的，"工具"促成"产品"的形成，"产品"又成为新的"工具"，带来"工具"的更新，并外在地表现为大学学者分析能力和学术水平的提升。所以，大学的知识在载体上既有与一般知识类似之处，又在很大程度上依赖于学者的大脑，这也是"大学乃大师之学"的重要原因。

---

① 庞青山：《大学学科结构与学科制度研究》，华东师范大学2004届博士学位论文，第26页。

（四）大学知识的疆界是游移的

在一般的工商业组织中，以"核心技术"为标志的组织知识往往有较为固定的疆界。一方面，组织知识疆界的扩展需要较高的成本，必须投入资金购买或自主研发相关的知识技术、专利或发明，而极少可能在无投入的情况下拓展组织的"知识资本"。另一方面，"技术保密"是工商业的基本行规，相关的知识和技术作为"商业机密"是不允许无偿向外泄漏的，组织之间更不会开展实质性的"技术交流"。

不同于其他社会组织中知识数量与质量的相对稳定性，作为大学学术生产基本材料的"知识"，它的疆界却是游移的，能够比较容易地收缩或扩展范围。大学知识作为一种局部性的知识，与整个科学界或社会的知识总体存在着内在的联系，这种联系的紧密与松散、广度与频率，也就带来了大学知识在知识总体中所占有的数量或质量等"疆界"的变化。如果大学积极采取措施与外界的"学术共同体"进行交流与交往，就能大大拓宽大学的知识疆界；如果大学学者封闭保守，闭门造车地开展学术工作，就会与整个知识圈失去沟通渠道，被主流学术圈排斥在外，处于学术的"边缘"地带。因此，大学学者是否与外界的"科学共同体"保持沟通与交流，是其知识疆域大小的重要决定力量。从科学学的角度来讲，只有努力扩大大学的知识疆域，才能有利于知识的创造、传播与运用，因此，加强与相关学科"学术圈"的交流，就成为大学学者工作的一部分，是他们进行学术生产必须重视的一个环节。

二、大学学术生产所需的其他材料

学科知识是大学学术生产的基本材料，除此之外，还有其他实体性或物质性的生产资料。有研究表明，知识生产的要素有六点：一是知识生产的人才，二是科研器材，三是必要的信息，四是科研项目，五是正确的方法，六是科学管理。① 美国高等教育经济学家鲍温则详细地列举出，大学的资源包括"劳动力（教员的服务，管理者、勤杂人员的工作以及学生自愿付出的劳动）、土地和固定资产（校园、建筑物、仪器设备）、不固定的服务与物品供给（法律咨询、审计监察、艺术表演、水电、燃料、书籍、药品等等）。② 这种分析是非常具体的，我们可以把它划分为人、财、物和信息资源四种类型。

学术人力资源主要指教学科研人员和学生，他们直接从事知识加工活动，

---

① 周吉等主编：《管理哲学——系统学》，上海交通大学出版社1987年版，第155~156页。
② Bowen. H. R, *Investment in Learning*, San Foancisco：Jossey-Bass Publishers, 1997, p. 11.

是大学学术生产最重要的投入，对学术生产的成果产生最重要的影响；财政性资源主要指大学所具有的用于各项开支的资金，它是学术生产的物质基础，为学术活动的开展提供经费保障；物力资源是设备场所等学术性固定资产，包括"所有专用的实物资料，固定资产，直接用于教学过程的学校和实验室的房屋和其他科研设备，仪器、工具、运输工具，以及教学过程和科研工作所需的其他实物"[①]，大学的教学、科研和社会服务活动都需要以此为辅助性手段而开展；信息资源是指图书资料网络等，它们在大学学术生产中意义日渐增大，因为在当今信息时代，只有拥有充分的信息，才能有助于学术的创新。

在大学学术生产力的发展过程中，高水平的学者队伍、充足的科研经费、先进的仪器设备和丰富的图书资料是学者进行学术活动的基础条件。它们是有机统一的整体，其中任何因素的滞后都会影响大学学术整体水平的提高。当然，在大学学术发展的不同阶段，各种资源在学科系统中所处的地位和所起的作用会有所不同，所以在学科发展规划中也需要分清主次和轻重缓急。

第二节 校内学科谱系

每所大学都有自己的学科结构。"大学学科结构是指大学学科的组成要素以及各组成要素之间的构成方式。一般而言，各组成要素的数量、质量、性质、排列位置、时间关系、相互联系的方式、比例构成，直接决定大学学科的性质、功能和效力。大学学科结构比较复杂，既包括宏观结构体系和微观结构体系，也包括纵向结构体系和横向结构体系，还包括单体学科结构体系和群体学科结构体系，是一个宏微渗透、纵横交错、单群并存的立体结构体系"[②]。大学中某一学科的结构是以同一学科中不同的研究方向为基础的，学科体系结构包括学科门类、一级学科、二级学科和研究方向四个层次。一所大学往往涵盖几大学科门类，同一学科门类下设有数个一级学科，一级学科由若干个二级学科组成，二级学科由若干个学科方向组成。大学中的学科结构不是天然生成的，而是学科在大学长期发展的历史产物，学科结构的形成与完善依赖学科发展，同时也反作用于学科发展。

[①] 科斯塔年著、丁西成等译：《教育经济学的对象和方法》，教育科学出版社1981年版，第199页。

[②] 李枭鹰：《大学学科发展规划生成研究》，广西师范大学2005届硕士学位论文，第9页。

大学学科之间的结构与关联具有不同的状态。同一学科在不同大学的学科结构体系中可能处于或"中心"或"边缘"等不同的地位，相应地也可能会有或迅速或缓慢等不同的发展结果。不同学科在同一所大学之中具有不同的地位和作用，有的处于主导地位，在某种程度上决定着大学的影响力和社会声誉；有的学科则处于辅助地位，但对其他学科的发展具有支撑作用。学科之间的这些差异，反映了不同大学在学科门类、研究方向、力量配置、发展水平等方面的差异。

大学学科之间的结构与关联为学科的发展开辟了新途径。学科之于大学具有细胞的特征。细胞学理论认为，细胞是组成生命体的基本单位。大量的细胞互相协调，共同发挥某种或某些相同或相似的功能，并通过分裂得以繁殖。大学学科的发展也表现出细胞分裂与繁殖的特征：一个学科的发展最后繁衍出新的学科，一个学科可以为另一个学科的发展提供动力和营养，同时又不断从其他学科获得支持和吸取营养。从这个意义上说，大学中的学科不是孤立的，各学科之间存在"共生"现象。大学应该按生态规律生成学科发展规划，有效促进不同学科之间交叉、渗透、嫁接和迁移，充分发挥大学的综合优势和多学科之间的"边缘效应"，不断催生新的学科和新的学科方向，使大学永葆生机与活力。

一、国内外著名大学的"学科谱系"

（一）国外著名大学的"学科谱系"

国外著名大学的学科结构大致可以分为两种。[①] 一种是以美国麻省理工学院（MIT）和加州理工学院（CIT）为代表的以理工类学科占主导地位的偏振型结构，包括巴黎理工学院、墨尔本理工学院、东京工业大学、柏林工业大学等[②]；另一种是以哈佛大学、牛津大学为代表的理、工、文、管等学科齐全的均衡性结构。表3-1[③]和图3-1[④]是2000年美国十所著名大学学科点的个数。

[①] 王梅：《高等学校学科建设若干问题的探讨》，天津大学2003届硕士学位论文，第44~45页。
[②] 贺芳玲：《世界著名理工大学的特征》，《教育发展研究》1999年第4期，第74页。
[③] 周刚、曹群：《美国高水平大学学科布局研究》，《学位与研究生教育》2001年第5期，第42~43页。
[④] 王梅：《高等学校学科建设若干问题的探讨》，天津大学2003届硕士学位论文，第44~45页。

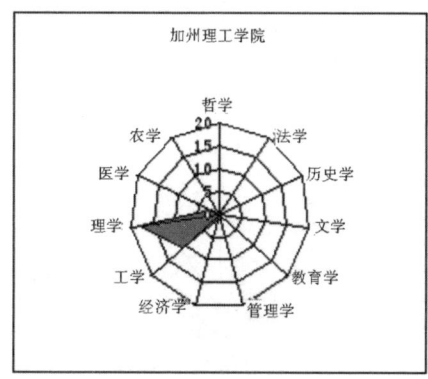

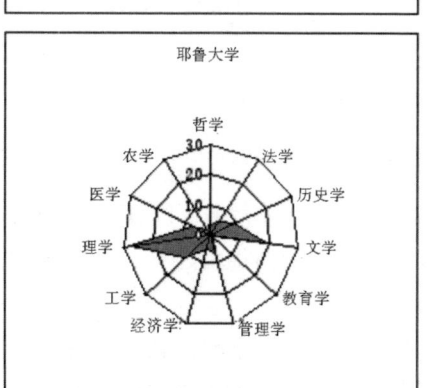

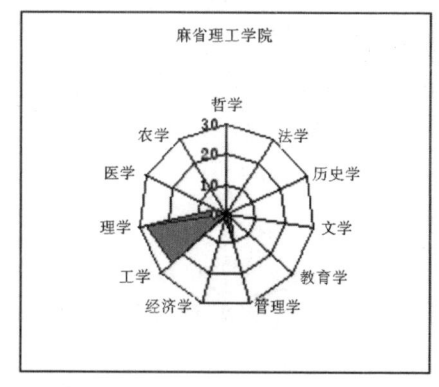

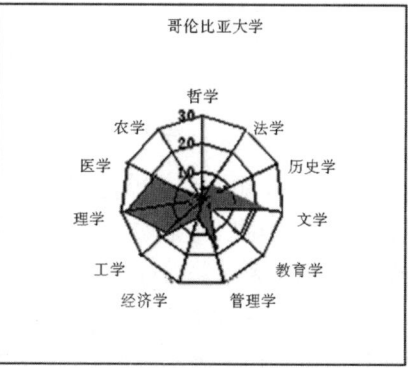

表3-1：美国十所著名大学学科点布局统计表　　　　单位：个

	哲学	法学	历史学	文学	教育学	管理学	经济学	工学	理学	医学	农学	总数
加州理工学院	0	2	0	0	0	1	1	11	18	2	0	35
麻省理工学院	1	2	0	2	2	10	1	24	27	4	0	73
耶鲁大学	3	5	9	18	1	6	5	11	27	7	2	94
哥伦比亚大学	2	5	8	22	3	16	5	19	28	20	0	129
斯坦福大学	2	7	4	17	15	9	3	17	15	5	0	94
宾夕法尼亚大学	2	8	8	14	13	15	5	17	18	16	1	117
哈佛大学	4	8	7	18	19	7	3	12	24	14	1	117
普林斯顿大学	2	5	6	8	3	2	2	18	22	1	0	69
杜克大学	4	6	6	8	4	5	5	10	16	17	1	82
约翰霍普金斯大学	2	4	9	9	12	11	6	12	22	19	0	106

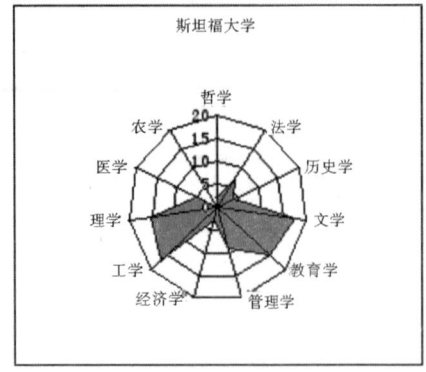

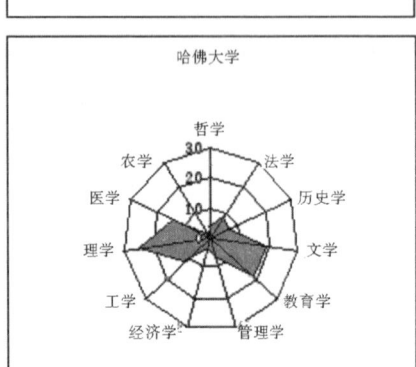

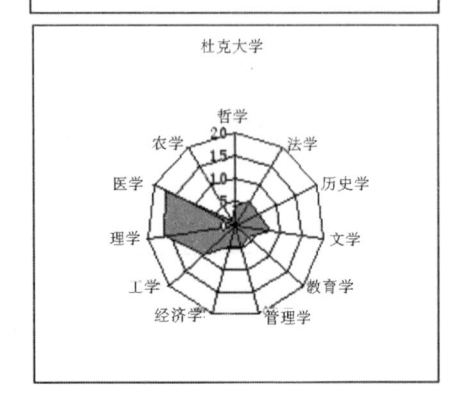

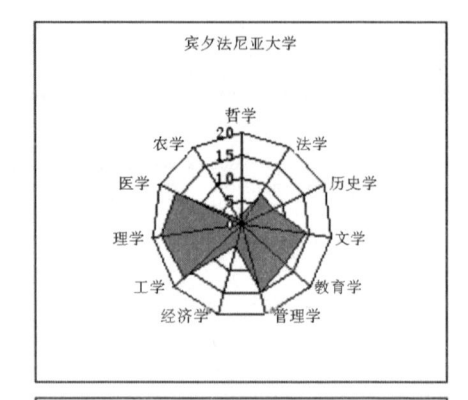

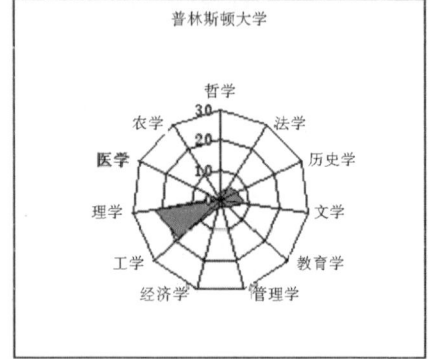

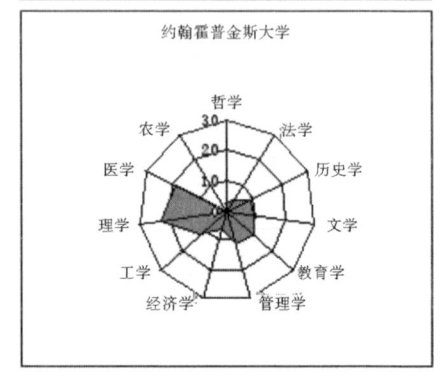

图 3-1：美国十所著名大学学科点布局图

从图 3-1 中我们粗略地将大学的学科布局分为两大类，即偏振型和均衡型。无论是偏振型还是均衡型，从其本质上来说无所谓优劣之分，而应根据学校的任务和人才培养目标来确定。

偏振型并不意味着只有理学和工学，只不过其理工学科的数量、规模、实力往往超过其他各类学科的总和，在学校发展过程中居于主导地位。而采取偏振型学科结构的大学在人文、社会科学和管理学科等大多也都与现代科技和社会发展关系密切,在理工学科和人文社会学科的结合部寻找发展空间,而不是传统的将同类学科简单重复。例如 MIT 是典型的偏振型结构,它没有医学院,力学和工学学科数占其学科总数的 70%,而其在管理领域取得的优势不是传统的管理学、市场学、财会学、国际贸易等学科,而是与工业生产、工程科学联系密切的生产运作管理、运输后勤管理、信息系统管理、房地产管理等新兴学科。① 偏振型的最大优点就在于特色的凸显。但它也有弊端,特别是当大学的学科战略仅以理工为主要目标时,容易忽视除理学、工学外其他学科的发展,尤其在资源有限的情况下,该现象更易于发生。

均衡型也不是完全意义上的学科结构"大而全",而是更多地强调大理科与大文科的对称性。当然不可否认,学科门类越多,其均衡的可能性越大。但均衡型学科结构最大的弊病就在于容易失去特色,尤其当不同学科间的关联度很差时,学科结构不仅会丧失已有的特色,更有甚者会因力量的分散而制约学科的整体水平。

(二) 国内著名大学的"学科谱系"

我国大学的学科结构从整体上来说是极为典型的"偏振型",是以工科为主的学科布局。表 3-2② 和图 3-2③ 列出了 2002 年我国 10 所重点大学硕士学位授予二级学科点的布局,表及图中的数据均代表学科个数。从图 3-2 中可以看出,除了南京大学、北京师范大学属于均衡型以外,其他高校均为偏振型,尤其以理工为主,而天津大学则是极为典型的"偏振型",是以工科为主的"单科突进型"。

表 3-2:我国十所著名大学学科点布局统计表　　　　　　单位:个

	哲学	法学	历史学	文学	教育学	管理学	经济学	工学	理学	医学	农学	总数
天津大学	1	0	0	2	1	5	1	56	8	0	0	74
上海交通大学	2	4	0	4	3	8	2	57	18	1	5	104

---

① J. File, "Course offering in higher education: Doctoral programs," *New Directions for Higher Education*. No. 75, pp. 77~86.
② 王梅:《高等学校学科建设若干问题的探讨》,天津大学 2003 届硕士学位论文,第 48 页。
③ 王梅:《高等学校学科建设若干问题的探讨》,天津大学 2003 届硕士学位论文,第 49 页。

续表

	哲学	法学	历史学	文学	教育学	管理学	经济学	工学	理学	医学	农学	总数
清华大学	2	10	4	12	3	7	7	67	29	0	0	141
北京大学	8	27	8	29	17	15	15	114	51	55	27	366
浙江大学	6	12	5	16	12	13	9	74	42	42	21	252
中国科技大学	2	1	1	2	1	3	1	32	36	0	0	79
华中科技大学	3	3	0	6	1	8	5	57	17	34	0	134
中国人民大学	8	21	6	12	2	13	16	4	4	0	0	86
南京大学	8	13	5	17	1	7	9	16	35	8	0	119
北京师范大学	7	6	6	15	15	5	6	7	30	0	0	97

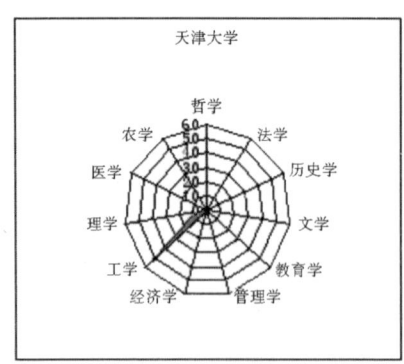

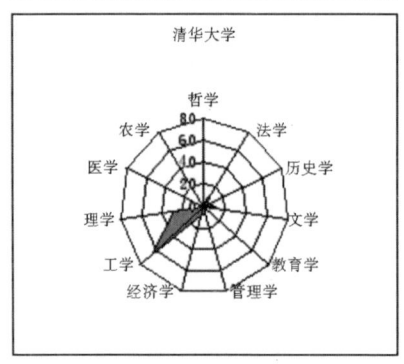

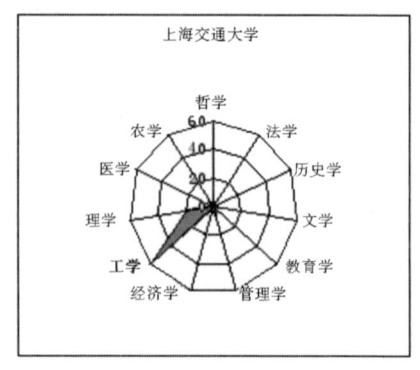

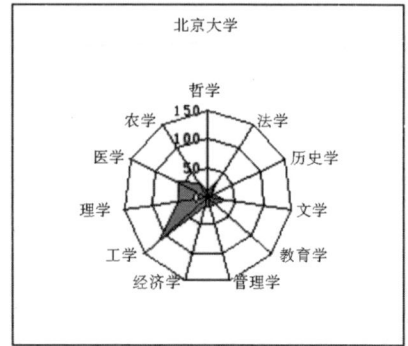

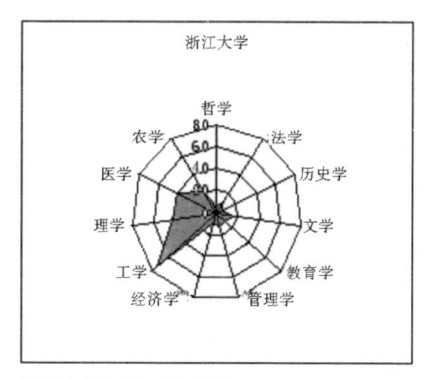

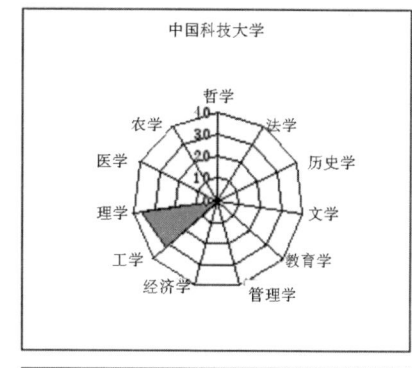

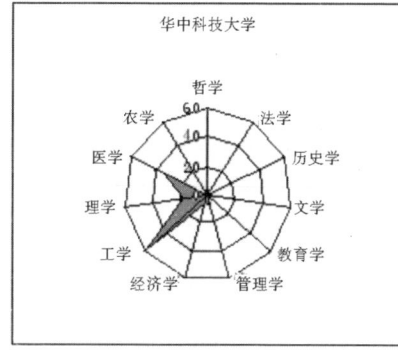

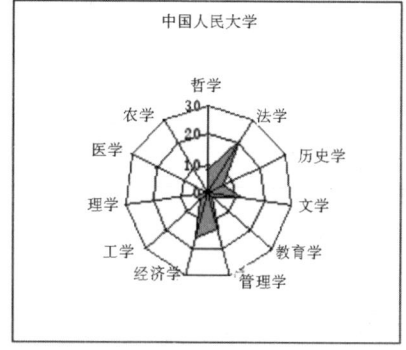

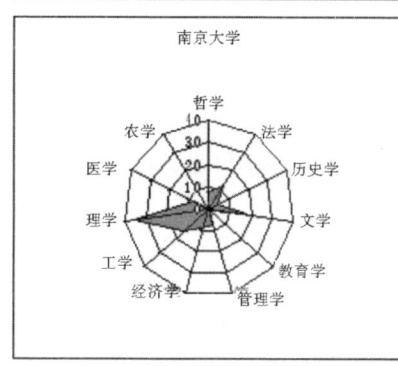

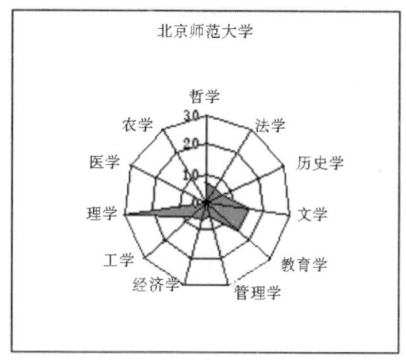

图3-2：我国十所著名大学学科点布局图

导致这种结构模式的产生是有历史渊源的。1952年至1953年，我国进行了全国范围的院系调整，初步形成了我国高等教育的办学模式。院系调整在一定程度上存在盲目照搬前苏联高等教育经验的问题，实行文、理、工、农、医分家，大量兴办单科性学院，多科性学院和综合大学只占少数，且将有基础的综合性大学一律调整为文理科，结果将高等学校纷纷办成了文理学院、工学

93

院,对文科教育较为漠视。院系调整的弊端在日后更加凸显。一是单调的学科结构无法形成综合化的学科环境,导致学科缺乏进步的动力,新兴学科、边缘学科和交叉学科因缺乏应有的学术生态环境而发展缓慢。二是在人才培养上,因受"有计划、按比例、窄口径"培养模式的影响,培养出来的人才不能很好地满足社会经济对人才综合素质的要求。

在这种背景下,20世纪70年代末80年代初,我国一批重点理工科院校开始向学科结构综合化转变。这种学科设置的综合化主要通过三种途径来实现:① 一是院校合并。世纪之交的这次院校结构调整的重要目的之一,就是组建一批学科门类齐全、规模较大的高等学校,操作思路与20世纪50年代的院系调整基本相反。通过院校合并,我国综合型大学数量增多,单科性大学则相应地减少了。二是学科调整。国务院学位委员会以拓宽学科面为主要出发点,对研究生的学科、专业目录进行了多次调整。新的学科、专业目录颁布之后,各校相应调整了学科布局,全国范围学科设置的综合化为学科结构协调发展打下了基础。三是自主发展互补性新学科。基于对大学协调发展问题的认识,一些大学开始利用自己的力量在学校中发展新的学科,一些理工院校开始发展自然科学基础学科以及人文、社会科学类基础学科。

即使有这些改革,我国大学的学科结构仍然存在较为严重的不平衡现象,既有显性的数量上的不平衡,又有隐性的学科水平和质量的不平衡。比如,有些理工大学虽然开办了人文社会学科,但却仅仅以此为点缀,并未从科技发展综合化、学科发展综合化的高度考虑问题,以致这类学科虽开办多年,却很难真正融入到大学整体的学科体系中。

二、大学学科融合的一般模式②

为了促进大学内部不同学科之间的融合,不同大学采取了适合自己的不同策略。在这些策略之中,带有普遍共性的措施如下:③

(一)通过双科交叉、多科交叉的方式发展综合学科、交叉学科、边缘学科和特色学科

学科交叉体现了学科思想的融会、学科功能的互补和学科层次的交错。在

---

① 晓东:《从分化走向综合》,《科技时报》2000年11月2日第2版。
② 陈何芳:《学科演进与大学学科的融合策略》,《内蒙古师范大学学报》2009年第3期,第1~6页。
③ 伍复康:《高等学校学科发展研究》,浙江大学2005届硕士学位论文,第8~11页。

具体类型上，学科交叉既可以是二元交叉也可以多元交叉，既可以是自然科学或人文学科内部的交叉，也可以是自然科学与人文学科之间的交叉。通过学科之间互相交叉、渗透与融合，一些新的学科得以产生。例如，二元交叉产生的制度经济学、法经济学、环境伦理学、空间与海洋科学，多元交叉产生的能源资源与环境地球化学、材料及环境矿物学、资源环境生物技术等等，这些学科都得到了国家的大力支持。为了进一步加强学科建设，调整学科、专业结构，促进新兴、交叉学科的发展，2002年国务院学位委员会颁布了《关于做好博士学位授权一级学科范围内自主设置学科、专业工作的几点意见》，开始进行相关的改革试点工作，学位授予单位可以在博士学位授权一级学科范围内自主设置学科、专业，并按照自主设置的学科、专业招生和授予学位。这一办法鼓励学位授予单位了解学科内涵和特色、按照有利于学科发展和人才培养的原则，以本单位两个或两个以上一级学科授权点为基础设置交叉学科。例如，2003年经教育部批准可以自主设置专业的北京大学等6所高校新增专业24个，调整专业9个，撤消专业2个。新增专业包括环境资源与发展经济学、资源环境科学、生物信息学、系统科学与工程、空间信息与数字技术、水质科学与技术等。①中国科大2003年自主设置了可再生洁净能源、空间环境科学、生物工程力学等专业，2004年自主设置了工程安全与防护技术、网络传播系统与控制、信息获取与控制等专业，这些均为急需发展的新兴、交叉学科博士点，它们对于促进不同学科间渗透和融合，取得原创性科研成果具有非常重要的意义。②

（二）理工结合或理工文结合

理科与工科在发展中存在着相互促进的关系，根据美国大学的发展经验，目前世界一流大学基本上都是文理工并存的综合性大学。作为基础学科的文科与理科，是众多应用学科的重要支撑。我国要适应国家建设与社会发展的需要，造就大批工程师、企业家，不但要重视工程技术领域、发展应用学科，而且要重视现代科学基础，大力发展理科与文科，夯实基础学科。当前，很多大学已经意识到理工文结合的重要意义，并以世纪之交的院校合并为契机来推动学科的交叉与融合。一些大学在学科结构的调整中做到了理工结合、兼容渗

---

① 佚名："北京大学等六所高校公布自主设置专业"，央视国际，www.cctv.com/news/science/20030405/100239.shtml，2003年4月5日。

② 伍复康：《高等学校学科发展研究》，浙江大学2005届硕士学位论文，第11页。

透，一些文科院校也有意识地增设理科或工科，或者加强后者的力量。文理渗透、理工结合也是培养拔尖创新人才的有效途径。人们通常认为，学理工的学生一般长于逻辑推理和抽象思维，而人文学科的学者则惯于直觉感受和形象思维。直觉与逻辑是科学思维和创造的两翼，人文艺术与自然科学是人类文明进步的两轮。正是在这个意义上，1999通过合并中央工艺美术学院而成立的清华大学美术学院被誉为"科学与艺术的完美结合"，代表了大学促进学科融合的一种尝试。

（三）理工医或文理医结合

世界一流的医学院绝大多数都建在综合性大学，同时，国际上有重要地位和影响的著名大学大多数都有高水平的医学院，比如剑桥大学、牛津大学、斯坦福大学、东京大学等。在世纪之交的高校合并浪潮中，我国多数高校都愿意寻找医学院合作，一大批学校都实现了跟医学院的合并。这些大学看到了医学学科对于理、工、文等学科的强大整合作用，与医学学科交叉融合将在很大程度上扩大理工大学的科学研究领域，提升融合学科的学术层次，扩大学校的社会影响。我国大学在合并医学院时都对此寄予了莫大的期望，把理工医或文理医结合作为世界一流大学发展的"规律"。但医学院和世界一流大学之间并没有绝对的关联，麻省理工学院、普林斯顿大学等都没有医学院，而这并不影响它们成为世界一流大学。所以，中国大学在理工医或文理医结合方面的尝试还处于起步阶段，其最终效果如何，还有待大学进行创造性的学科整合，这比合并更需要付诸艰苦细致的工作。

三、大学学科融合存在的问题

（一）满足于学科组合而不追求学科融合

当前，通过各种改革尤其是合并，很多大学的学科覆盖面拓宽、学科门类趋于齐全，这为学科的交叉融合及跨学科教学和研究提供了良好的条件。然而，齐全未必交叉，并列不是融合，学科组合并不必然带来学科融合。

"组合"主要是一个数学名词，指从 m 个不同元素中任意取出 n 个成为一组，称为一个"组合"。相应的，学科的组合就是将相关的学科放在一起组成一个"组合"，学科之间只是发生了数量的变化而没有产生新的质变。"学科融合"则是通过不同学科的概念、原理、方法和技术手段相互交融而形成的，彼此之间能够有机融合在一起，形成一个新的系统理论体系。学科融合的前提是要有学科的组合，但是多门学科简单地叠加在一起并不会自动产生融合的效果。学科的组合是一种较低层次的学术活动，不一定带来创新的结果；而学科的融合则是一种较高层次的创新,学科之间通过相互作用发生了质的飞跃,产生了"新质"。"一种创新的再组合,乃是把科学的若干部分融合为一。如同植物学中发生的那样,杂交是把知识的两个分支以如此的方式结合在一起,于是改良了物种"①。可见,学科组合是学科融合的初级阶段,在组合之后还需要借助学科交叉、学科移植、学科渗透等方式来推进融合。

(二)各学科孤立发展而忽视学科的整体优势

学科整体优势的发挥需要相关学科能够同步发展,营造出学术共生的环境。而当前很多大学的学科从形成过程上看,其学科结构不是按照学科发展的内在规律自然生长的,而是依靠外力的推动或利益的诱惑促成的。这样形成的学科组合,虽然也存在某些学科交叉互补的潜在优势,但若认识偏颇、处理不当,在现实中就会表现出学科之间的不协调、不匹配。比如,很多大学的博士和硕士学位授权点主要集中在某几个学科门类或某几个一级学科,学位授权的学科覆盖面过于狭窄,导致强势学科进一步发展所需要的其他支撑学科数量少、水平不高,使现有强势学科的发展缺乏后劲和突破力。所以,大学在学科发展中必须注重发挥学科的整体优势,学科力量的配置既要有利于保持和发展学校在若干学科上的优势,形成带头学科;又要有利于学科间的交叉渗透,营造有利于学科共生的学术生态环境。为了形成学科的整体优势,大学要形成基础学科与应用学科相结合、传统学科与新兴学科相促进、优势学科与特色学科相统一、多学科协调发展的格局,以现有学科为基础,组建出由带头学科(重点学科)、支撑学科、相关学科构成的学科群。

(三)学科水平参差不齐制约了学科的优势互补

20世纪50年代院系调整之后,我国大学主要是按单科或多科模式来发展的,即使经历了世纪之交的高校合并风潮,大学内部不同学科的发展水平仍然差距悬殊。以文理科为主体的大学在应用学科和工程技术学科方面发展相对较弱,而以应用性学科和工程技术学科为主体的大学在人文学科、基础学科等方面实力普遍不强。这就导致大学之中基础学科与应用学科、技术学科,自然学科与社会学科、人文学科之间发展水平失衡、比例失调,很难在同一个水平层次上交叉渗透。

造成学科水平差距悬殊、难以互补的状况,除了历史和学科自身的原因之

---

① [法]马太·多冈:《新的社会科学:学科壁垒上的裂缝》,《国家社会科学杂志》(中文版)1998年第3期,第151页。

外，也与大学在不同学科之间采取不适当的倾斜性政策相关。在现实生活中，大学所采取的一个普遍做法是人为地给各门学科不同等级的关注与建设。这样就使处于"优势地位"的学科不断得到政府、企业和学校的各种资助，学科精英也持续汇聚其中，使该学科在新思想、新著述、新人才的生产中形成优势积累。而那些处于"弱势地位"的学科在"倾斜政策"之下更会由于缺乏发展资源而日益走向衰落，由此使学科发展中的"马太效应"更加明显。这种不适当的政策倾斜所带来的单科独进、局部"繁荣"的发展模式，最终会导致大学学科生态失衡，使"学科链"出现薄弱环节，限制优势学科的进一步发展。发展水平相差悬殊的各门学科共存于大学系统，相互之间差距越拉越大甚至失去基本协调和良性互动，最终必然会损害大学学科结构的平衡。这种结构性的分裂使不同学科之间无法相互吸取营养，无法形成一个有机协调的大学内部学科体系。

（四）分散的校区不利于学科资源共享

我国大学在经历了世纪之交的院系调整之后，大部分成为校区分散、相隔一定距离的多校区大学，或者形成了以学科为基础的学院模式，即每个校区拥有一个或多个学科组成的若干院系，逐渐形成各校区不同的学科特色。不同校区拥有不同的发展历史，具有自身独特的学科结构、学科传统和学科文化，而且所处的外部环境也差别较大，这样就不可避免地制约了学科资源的共享。大学校区的学科布局基本上是以原有学科传统为主的，比如，新浙江大学将所有学科重组为21个学院，但是在学校的学科整体布局上并没有实质性的变化：理工科仍主要设在玉泉校区，人文学科和教育学科设在西溪校区，医科在湖滨校区，农科在华家池校区。这种分学科设置校区的做法，使各个校区内的学科与并校前相比几乎很少拓宽；而交通的不便也使得分校区的师生难以充分享受大学合并带来学科综合化的好处。

第三节 校外"学科树"

大学学术生产力的发展必须遵循学科发展规律，符合科学发展逻辑。"科学发展的内在逻辑，是科学自身矛盾运动的规定性。诸如科学知识在增长和发展过程中'量的积累'和'范式转换'，科学从基础研究领域向应用领域的延伸，各门学科在科学体系中的地位变换，科学在高度分化基础上的交叉与综合等，都是科学发展内在逻辑的体现"①。科学发展的内在逻辑是大学学科发展的内部作用力。每一门学科在某一时期的发展状况，例如是处在学科的快速发展期还是变革期，是作为带头学科还是作为一般学科，都受到科学发展内在逻辑的制约。

一、学科发展的树状结构

人类学科发展经历了古代学科混朦综合、近代学科细密分化、现代学科再综合交叉三大阶段。从自然科学与哲学相分离、社会科学的独立与人文科学的发展，到技术科学的出现，大学学科结构的发展随着科学技术的演进而不断变化。学科门类之下不断分化为一级、二级、三级等分支学科，大学中的学科体系由此呈现出一个多层次的树状结构。

学科结构的不断分化代表了学科的纵深发展与横向发展。一方面，在纵向上，随着人类认识能力的不断增强，科学研究的越来越深入，形成树状的学科结构模式；另一方面，在横向上，学科又相互交叉，成综合趋势，形成网状学科结构。

在学科的纵向分化方面，图3–3②是简洁的学科树状发展图，图3–4③是学科发展的梳齿状结构；图3–5④是以物理学为例的详细展示。

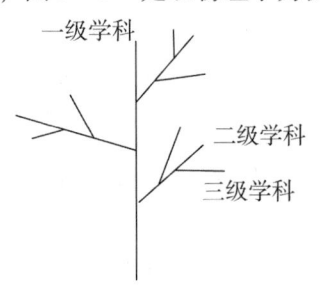

图3–3：学科发展的树状图

---

① 冯向东：《张力下的动态平衡：大学中的学科发展机制》，《现代大学教育》2002年第2期，第68页。
② 刘湘宁：《我国研究型大学学科建设目标研究》，中南大学2002届硕士学位论文，第4页。
③ 陈渭、刁承湘：《关于医学学科群建设的几点认识》，《学位与研究生教育》1996年第2期，第52页。
④ 王梅：《高等学校学科建设若干问题的探讨》，天津大学2003届硕士学位论文，第21页。

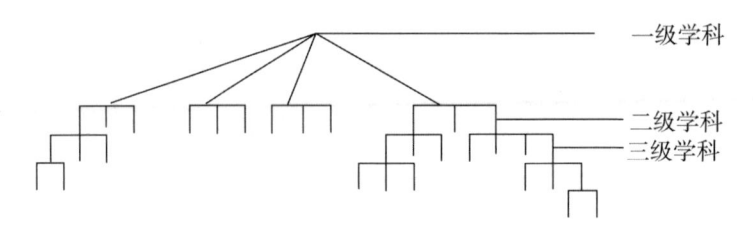

图3-4：学科发展的梳齿状图

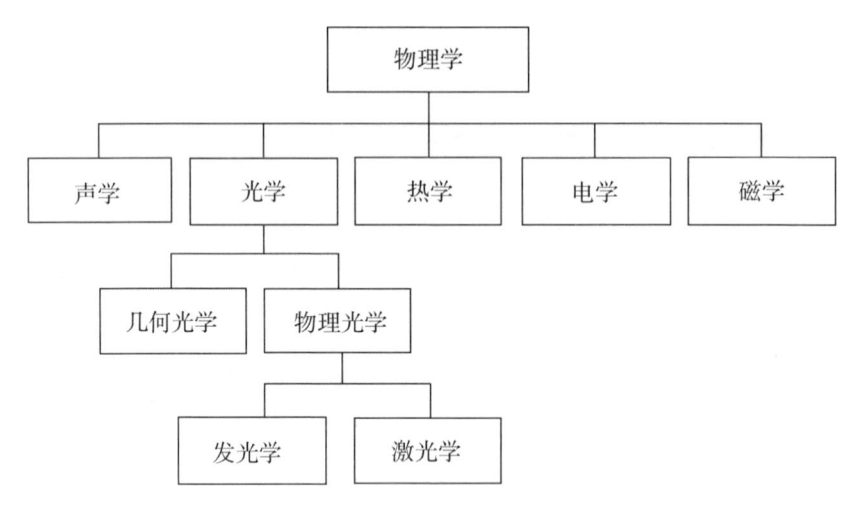

图3-5：物理学科的层次划分图

在图3-5中，物理学是以物质的物理运动形式为研究对象的一门学科，但物理运动可以通过不同的特殊方式和现象表现出来，如声现象、光现象、热现象、电现象和磁现象等。对这些物理运动的特殊形式分别进行深入研究就形成了声学、光学、热学、电学和磁学等物理学的分支学科。它们与物理学这个母体保持着一定联系，其关系的紧密程度可由距离母体的远近表现出来。随着研究的深入，学科在发展过程中不断得以分化、细化、具体化，从而在学科母体基础上形成若干分支学科，呈现出树状的学科层次。

在学科的横向交叉方面，图3-6[①]是学科相关性矩阵，图3-7[②]是简洁

[①] 陈德棉、刘云：《学科分类与学科之间的相关性》，《科学管理研究》1994年第4期，第52页。

[②] 陈渭、刁承湘：《关于医学学科群建设的几点认识》，《学位与研究生教育》1996年第2期，第52页。

的学科交叉关联图,图3-8① 是以自然科学学科分类体系为例的详细展示。

	S1	S2	…	Sj	…	Sm
S1						
S2						
S3						
…						
Si				Sij		
…						
Sn						

图3-6:矩阵法所描述的学科之间的相关性

图3-6是联合国教科文组织用于描述学科领域之间相关性的矩阵,矩阵元 S_{ij} 的大小表示学科 i 对学科 j 支持作用的强弱。

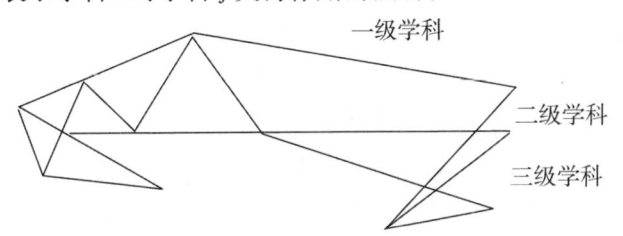

图3-7:学科交叉形成的网状图

图3-7展现了学科交叉综合而形成的网络状结构。

---

① 王方正等:《创新:学科建设的灵魂》,《科技进步与对策》2000年第7期,第147页。

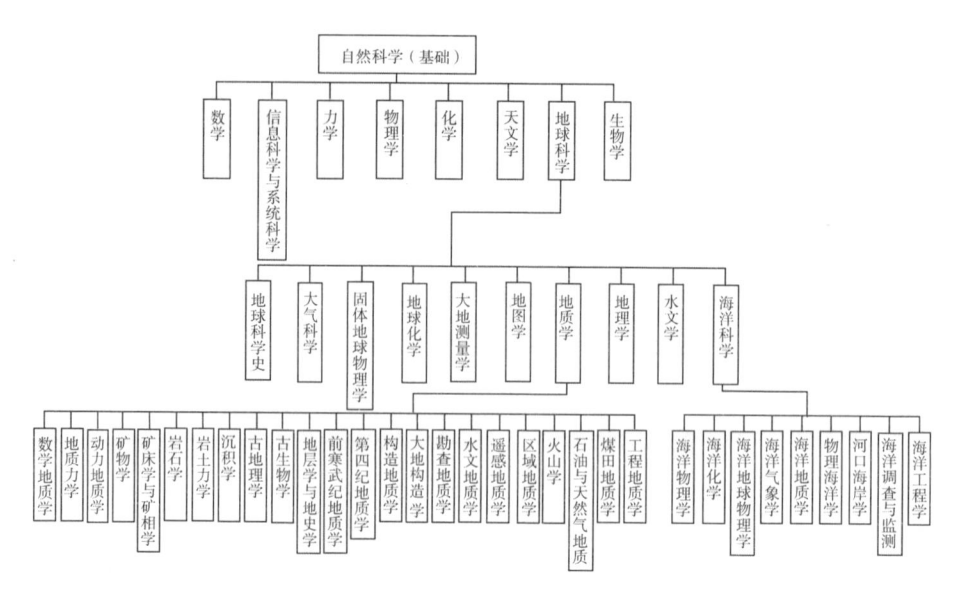

图3-8：自然科学学科分类体系图

图3-8是自然科学学科分类体系图，从中可以看出学科分类体系的多层次树状结构。在这一体系中，一级学科之间经纬分明，学科之间界限清晰；到二级学科中已有一些交叉，如地球物理、地球化学、生物物理、生物化学……而三级学科可以说是普遍地出现了学科交叉与渗透，其中学科的研究方向之间，已经是盘根错节，你中有我，我中有你了。

二、从单学科到交叉学科的演进

学科发展过程中，单学科不断向多学科、交叉学科演进。科学史表明，科学知识的分化过程和整合过程并不互相排斥，而是相互交织、彼此转化的。在单学科向多学科、交叉学科的演进过程中，学科结构的内部矛盾运动不断演化发展，成为学科结构更新的内部驱动力。具体表现为：①

第一，单学科的研究在日益深入地考察研究对象的过程中，总会达到一定的边界，表明本学科的研究对象客观上含有别的学科研究对象的属性和过程。如果不考察这些看来"毫不相干"的属性和现象，就不能进一步认识本学科的研究对象，这种矛盾必然导致一些边缘性交叉学科的建立。例如，在19世纪末出现了自然科学内部各学科间的交叉现象，如化学、物理学、地学之间的

---

① ［苏］斯米尔诺夫：《现代科学发展中跨学科发展的某些趋势》，《现代国外哲学社会科学文摘》1986年第8期，第16页。

交叉；20世纪出现了社会科学内部各学科间的交叉现象，如社会学、心理学、教育学之间的交叉等。

第二，由于学科研究对象的复杂性，每一学科在详尽地探讨研究对象的结构与属性时，必然会得出一些与外学科研究对象共有的成分、联系和相关性。而对于特定研究对象，任何单一学科都无法独立解释或认识其属性或过程，必须综合运用多种学科的理论、方法和技术，才能有效解决该问题，由此便产生了综合学科。例如，自然科学、技术科学和社会科学之间的相互交叉，形成了一些综合性很强的交叉学科。

第三，某些学科在自身独立发展的进程中，能够提出一些带有一般科学性质的观念、概念和原理，它们必然会被整个科学所共有，其本身往往也是学科交叉的产物。二战后出现的以系统论、信息论和控制论为代表的横断科学就是典型例子，它们一旦与自然科学、社会科学发生交叉又会不断生成新的交叉学科。

第四，某些学科作为一切科学的工具或方法，在向一切学科领域渗透的同时，又逐渐超越一般学科的层次，在更高或更深层次上总结出事物的一般规律。这种学科是完全意义上的交叉学科，又称超学科。比如，数学、哲学这种超学科可以渗透到自然科学、技术科学等一切学科领域，不断与其他学科交叉形成新的学科分支。

如上所述，我们可以清晰地勾勒出从单学科到交叉学科的发展轨迹：单学科、边缘学科、综合学科、横断学科和超学科按照交叉层次依次由低到高排列。这一演进过程也是学科融合的过程，其中的单学科发展为确立各门科学的联系和互动提供了依据；交叉学科的协同作用不断诱发新的学科构成物，加速了交叉学科的产生，推动了学科之间的融合。

三、大学交叉学科的发展

交叉学科的出现代表着当今科学发展的时代潮流。当代大学学科建设的时代背景是发端于20世纪中叶的新技术革命。这次新的技术革命不是从单一领域内对单项技术的突破，而是以高新技术群的迅速发展和广泛应用为突出特点，在各个领域取得全面的技术突破。传统意义上的学科从基本构成到研究内涵都发生了根本性变化，要求突破传统格式，由单学科逐渐发展到多学科交叉。交叉学科作为一种特殊的学科分支，是通过学科的交叉而形成的。学科的交叉是旨在促进学科之间的互补、吸附与融合而开展的一系列学术活动。在类型上，学科交叉可以是双向交融或多科杂交；在内涵上，学科交叉可能是学科思想的交融、学科功能的互补或者学科层次的交错,具体表现为学科概念、理论法则、测试方法、结构功能等方面的交叉。① 学科交叉产生了交叉学科,也就是具有交叉性质的学科,它是学科之间发生质的变化后而生成的新的学科类型。

面对科学界多学科交叉、综合发展的时代趋势,大学内部的交叉学科也得到了长足的发展。20世纪70年代以来,世界各国的著名大学在学科建设上都纷纷打破原有的组织机构,建立起跨学科的组织机构,具体的方式包括:以人才培养为结合点,建立跨学科的博士、硕士学位点;以重大科研任务为结合点,建立跨学科的课题或研究所;或者根据相关学科的需要,建立全校公用的中心实验室等。这些跨学科机构加强了学科与学科之间、系与系之间的横向联系,形成了一个源流结合、纵横交织、虚实得宜、灵活开放的立体型组织体系。② 世界知名大学普遍重视推动多学科的交叉融合与发展,把不同学科的学者组织起来进行多领域的大型综合研究,以解决科学技术和社会发展中涌现的综合性重大问题。比如,斯坦福大学实施的"生物学交叉学科"（Bio-X Program）研究计划,涉及生物工程、生物医学、生物科学三大领域,跨越文理学院、工程学院和医学院三大学院;哈佛大学、密西根大学设立的"合作基金"和"学科交叉专家委员会"等机构,推动了大学内部学科的交叉融合与发展。③ 1964年新设立的美国加利福尼亚大学迭戈学院采取了"学群制度"（cluster college）,把规模较大的综合性大学的优点和规模较小的学院的长处兼容并包,建立起一种新的教学组织和研究组织。既密切了人们的接触和交流,又排除了过去学科之间的壁障,有利于增强大学学科的开放性。④ 德国的鲍夫姆大学设立了以学群、学类为基础的跨学科组织,鼓励教师和学员既属于特定的学群、学类,又分别在几个学群、学类教课和学习。⑤ 我国大学在院校调整的基础上,为了进一步巩固传统学科、发展新兴学科,也必须积极建立和完善大学内部的跨学科组织,为相关学科在学术思想、学科理论和研究方法上的交流提供良好的观念环境,建立有效运行的学科交叉体制,为交叉学科、新兴学

---

① 谢沛铭:《论合并高校的学科融合》,中南大学2003届硕士学位论文,第24页。
② 伍复康:《高等学校学科发展研究》,浙江大学2005届硕士学位论文,第9页。
③ 谢和平:《综合性大学的学科交叉融合与跨越发展》,《国家教育行政学院学报》2004年第5期,第45页。
④ 周蕴石:《筑波大学》,湖南教育出版社1986年版,第23~24页。
⑤ 吴志功:《现代大学组织结构设计》,北京师范大学出版社1998年版,第141页。

科、横断学科、边缘学科的产生和发展创造良好的条件。

本章小结

本章分析如何增强"学科知识"实力。论文首先对大学学科知识的特性、大学学术生产所需的其他材料进行了基本描述；然后分别从国内外著名大学的"学科谱系"、大学学科融合存在的问题两方面，分析了"院校"角度的"校内学科谱系"；从学科发展的树状结构、从单学科到交叉学科的演进、大学交叉学科的发展三个方面，分析了"学科"角度的"校外'学科树'"。

学科知识是大学学术生产的基本材料。对人类知识总体的借鉴与发展能力，是大学学术生产力水平的重要标志。大学中的知识是一种高深知识，是扎根于学科的专门知识，其中的相当一部分存在于大学学者头脑之中，它的疆界是游移的。大学学术生产还需要人、财、物和信息等其他类型的材料。

在校内学科谱系方面，国内外著名大学的学科布局可以分为偏振型和均衡型，二者并无绝对的优劣之分，可以根据学校的任务和目标自行确定；但大学内部自然演变的结果一般要优于外力强制性的学科调整。大学学科融合的一般模式包括发展综合学科、交叉学科、边缘学科和特色学科，理工结合或理工文结合，理工医或文理医结合。但当前我国大学学科融合中还存在不少问题，比如满足于学科组合而不追求学科融合；各学科孤立发展而忽视学科的整体优势；学科水平参差不齐制约了学科的优势互补；分散的校区不利于学科资源共享等。

在校外"学科树"方面，人类学科发展经历了古代学科混朦综合、近代学科细密分化、现代学科再综合交叉三大阶段。学科门类之下的纵向分化形成多层次的树状结构；各学科层次上的横向综合交叉又导致了网状学科结构。从单学科到交叉学科的演进推动了学科结构的更新，大学也顺应这一趋势，采取多种途径推动交叉学科的发展。

第四章

改进大学"学术活动"

大学学术生产力本质上是大学学者的实践能力,没有"实践"和"劳动"就不可能有"能力"。所以,大学学术活动是生成大学学术生产力的直接途径,是发展的起点,意义非常重大。

第一节 大学"学术活动"概述[①]

一、大学学术活动的基本属性

大学学术活动的属性可能有很多种,但本文在此只提及其中的两点:隶属于"精神生产"的属性和"组织化"的特征。"精神生产"的属性要求大学学者实现"学术化生存";"组织化"特征要求大学学者按照"无形学院"的要求加强交流与合作,这样才能按照规律改进学术活动、提升大学学术生产力。

(一)大学学术活动是一种精神生产活动

正如第一章所述,人类社会的生产包括物质生产、人口生产和精神生产三个方面。随着科学技术突飞猛进的发展,精神生产的地位和作用日益凸显。为了使精神文化生产能够满足社会生活的需要,人类发明了各种方法和手段来提高自身精神生产的能力。大学组织作为一种主要从事精神文化生产和分配的社会组织,也是以这种社会需要为动力而产生和发展的。

精神生产活动是人们认识、反映和再现客观世界的过程,是在社会实践基础上以客观世界为对象和内容的创造性、探索性活动,是精神生产者自由地创造观念产品的生产性劳动。精神生产的主体是一个特殊的社会群体,主要由知

---

① 陈何芳:《论大学学术活动的特性与学术生产力》,《江苏高教》2006年第6期,第6~9页。

识分子或脑力劳动者构成；精神生产的对象是自然、社会和思维现象的本质和规律；生产的结果主要表现为一定系统化形式的精神产品，并以观念、理论、学说、科学知识、艺术作品、软件、光盘、唱片等表现出来，丰富着社会的精神财富。①

大学学者所从事的生产属于精神生产而不是物质生产，他们的劳动是创造性的、探索性的脑力劳动。这种劳动要想取得好的成效，劳动者不仅要具有良好的学识，而且要有坚定的学术信念、崇高的学术追求、求实的学术态度、独立创新的学术勇气，等等。缺少了这些内在品质，大学学者就很难有大的成就，只能成为一种教书"匠"，而无法成长为学术"大师"。同样，大学学者学术活动之成效、精神产品之多寡与优劣，也深受学者的学术品质这种"无形之手"的影响。那么，这里所说的学术信念、学术追求、学术态度和学术勇气等品质又从何而来呢？这种内在的修养显然不是外在的管理激励所能直接达到的，而是需要学者的自觉与自律，需要他们自我定位、自律自主、自我更新、追求卓越。精神生产对"生产者"内在品质的高要求，决定了大学学术活动也具有一定的层次性，它的基本内容是大学的教学、科研和社会服务这些有形的活动，高级形式却是学者的"学术化生存"，实现了"劳动"与"人之生存"的一体化。在"生产"与"生存"的相互渗透中，"学术活动"的"有形"带上了某种"无形"的色彩，并由此酝酿出巨大的内在力量，让智慧和灵感免于间断，让精神生产更具创新性和主体性，让生产者与生产工具、生产对象和劳动产品更加水乳交融。

（二）大学学术活动的组织化特征

在大学中，作为"劳动者"的大学学者虽然主要以个人的智力开展"生产"，但他们的工作并不是孤立进行的，而是需要在各种学术组织中开展协作劳动。"学术组织"（academic organization）是组织中的一种重要类型，它的字面意义是"学院的、学术的组织"，实际上是指各种"组织起来"的学科资源与力量，是从事教学和研究的各种"单元"和机构。大学、学院、学系、教研室、研究室（所、中心），以及其他各种从事教学和科研的机构，都是这种基于学科而发展起来的"学术组织"。大学的学术生产主要是在这些松散联合的学术组织群中进行的，无论是人才成长所需的集体培养，还是科学研究、社会服务所需的交流与合作，都使得大学中各种学术组织的涌现成为必然。

---

① 张华荣：《精神劳动与精神生产论》，经济科学出版社2002年版，第2页。

从总体上讲，大学就是一个由大学全体学者组成的宏观或整体意义上的学术组织。如果详细划分，不同的学科、工作任务又形成了各种各样的亚学术组织。而且，各个亚组织中的成员可以存在一定程度的交叉，即一个学者既是某个学科中的成员，同时也可能是某个项目或某一研究中心的成员。大学学者在多个亚组织中交叉存在的状况，显示出他们在工作方式上有别于其他组织成员的特殊性所在。一般而言，大学发展水平越高，其内部的组织化程度也就越高。因为不同的组织形式都是大学为适应各种不同的学术活动内容而创设的。这些学术组织既是大学实现自身目标的工具与手段，也是大学学者满足个体需要、实现自身价值的基本依托，它们使整个大学的学者之间可以根据工作需要随时进行调整，开展多种形式的互助与协作。这样，组织就成为大学学术活动的一种重要手段，使大学内部的分化与协调得以实现并形成互补，从而推动大学学术生产的健康发展。

二、大学学术活动的基本内容

"学术"一词的含义是不断发展的，人们对它的解释也是多种多样的。古希腊的亚里斯多德认为，除理论外，学术还包括实用和制造两类。其中"制造的学术"不只是指技艺，还包括思想的构创，是创造事物的学术。梁启超认为，"学也者，观察事物而发明其真理者也，术也者，取所发明之真理而致诸用者也"①。严复认为，"学者，即物而穷理，……术者，设事而知方"，"盖学与术异。学者考自然之理，立必然之例。术者据已知之理，求可成之功。学主知，术主行"②。蔡元培也指出，"学与术可分为两个词，学为学理，术为应用。各国大学中所有科目，如工商、如医学，非但研究学理，并且讲求实用，都是术。纯粹的科学和哲学，就是学，学必借术以应用，术必借学为基本，两者并进始"③。这三位学术大师的观点基本一致，都认为学是对基础理论的探究，即认识和发现自然和社会的各种规律、原理、定律、法则；术是指应用研究，是在已经掌握的理论基础上对知识的具体应用，即根据各种规律、原理、定律、法则进行技术性的应用或创造。

关于大学的学术活动，伯顿·克拉克和欧内斯特·博耶分别对此有过论述，值得我们好好体会。

---

① 林志钧编：《饮冰室合集》（第三册），中华书局出版社1989年版，第12页。
② 王栻主编：《严复集》（第四册），中华书局出版社1986年版，第885页。
③ 中国蔡元培研究会编：《蔡元培全集》（第四卷），中华书局出版社1984年版，第42页。

（一）克拉克论述的四个方面

伯顿·克拉克认为，高等教育的主要责任是保存和提炼知识、传授知识、应用知识、发现知识。伯顿·克拉克有一段关于知识操作的经典论述："只要高等教育仍然是正规的组织，它就是控制高深知识和方法的社会机构。它的基本材料在很大程度上是构成各民族中比较深奥的那部分文化的高深思想和有关技能。学者们从几个方面与这些材料打交道。当他们对历代留传下来的书面材料和口头材料进行思考、记忆和批判性评论时——正像几个世纪以来他们所做的那样，他们起了保存和提炼知识的作用。当他们教书时，他们总是在经过深思熟虑后把大量知识传授给他人：中世纪大学正是出于组织这种教学的需要而诞生的。直到今天，在各国高等教育系统中教学仍是主要的工作。当学者实际运用他们的知识为社会其他部门提供帮助时，他们所从事的是直接应用知识的工作。在过去两个世纪里，随着科学研究的任务进入许多国家的大学，学者们越来越致力于发现和形成新的知识成果。在教授和教师的许多特殊活动中，我们可以找到的共同内容就是知识操作，只是发现、保存、提炼、传授和应用知识的工作组合形式有所不同罢了。如果说工匠的工作就是手拿榔头敲打钉子的话，那么教授的工作就是围绕一组一般的或者特殊的知识，寻找方式扩大它或者把他传授给他人"[①]，"各种专业人员驾驭和运用各自的知识群。当他们进行科学研究时，他们就力图扩大知识群的范围，甚至重新构成知识群。当他们从事科研之外的学术工作时，他们就保存、批判并改造知识群。当从事教学时，他们力图把知识群的某些部分传授给我们称之为学生的'顾客'，鼓励学生们考虑知识群的性质，考虑怎样才能应用它，或许还要鼓励学生们从事致力于它的职业。大学的教学、科研人员被聘为'工厂'外的顾问、咨询专家或讲师时，他们就进一步传播知识，或力图说明知识的实用意义"[②]。从这种角度来看，大学的学术活动可以分解为保存知识、传递知识、创新知识、应用知识四个方面。对知识的保存、传递、创新和应用，是大学学者开展工作的具体内容，也是大学履行自身职责的基本手段，大学内部学术活动的拓展与大学相对于外部而言的职能完善，是内在统一、同步发展的。

[①] ［美］伯顿·克拉克著、王承绪等译：《高等教育系统——学术组织的跨国研究》，杭州大学出版社1994年版，第11~12页。

[②] 转引自［英］迈克尔·夏托克编、王义端译：《高等教育的结构和管理》，华东师范大学出版社1987年版，第15页。

1. 保存知识

在大学形成的早期,大学教师都是学识渊博的著名学者,他们收集、整理和保存各种各样的知识,以此更好的理解世界、认识世界,同时也用来培养学生,回答学生可能提出的各种问题。时至今日,知识保存仍然是大学学者的基本职责。这种知识既包括外显的、物化的知识,也包括非物化的、默会的知识,比如理智传统、研究方法和学术精神等。大学学者保存知识的意义在于提炼有价值的知识,为提高教学水平奠定基础,同时也为知识创新、发明创造提供足够的知识储备。

2. 传递知识

大学是一个以高深知识的教与学为主旨的组织,大学产生的动因就是通过组织教学来传授知识、培养人才,传递知识是其生存与发展的基础。在大学发展的过程中,传递知识是大学学者一以贯之的使命,洪堡将科学研究引入大学之前如此,在此之后还是如此。在当今知识社会,大学学者传递知识的对象已经不局限于象牙塔内的学生,而是扩散到大学校园以外的企业、公共部门和社会民众,向社会提供全方位的知识服务成为大学学者的重要职责。

3. 创新知识

通过科学研究创新知识是19世纪以来大学的显著职能。中世纪大学由于历史条件的限制,难以在创新知识方面有大的作为。19世纪,洪堡展开德国大学的改革以后,科学研究活动逐渐成为各国大学的主要活动之一,通过科研活动增进知识开始成为大学的一项基本职能。大学在增进知识方面所起的作用在历史上一直是有目共睹的。当前的大学尤其是研究型大学,已经成为知识创新的一支重要力量,在基础研究、科研后备人才培养方面,发挥着不可替代的作用;在人文和社会科学领域,绝大多数重要成果也出自大学。

4. 应用知识

大学学者还要积极推动大学的研究成果在社会经济生活中的应用,努力将基础理论与应用研究的成果转化为新材料、新产品、新工艺、新装置和新方法。应用知识的过程也是验证和校正知识的过程,大学能够通过知识的应用来改善研究成果或者开展新的研究。大学知识的应用为经济增长和社会发展增添了动力,大学也能从中获得额外的经费和有价值的回馈,同时也能让学生从中获益,增进他们对社会的理解、增强其实践动手能力。

(二)博耶论述的四个方面

纽约州立大学前校长、卡内基教学促进基金会前主席欧内斯特·博耶认为，大学学术包括相互联系的四个方面，即探究的学术（scholarship of discovery）、整合的学术（scholarship of integration）、应用的学术（scholarship of application）和教学的学术（scholarship of teaching）。① 这四者不仅是内在关联的，而且体现出大学学术的使命："首先是探究的学术。我们认为大学应当继续通过科学研究来发现新的知识，拓展人类的知识领域。在我看来，这是不容置疑的。我们反对学术研究工作过分地从大学向政府机构或者企业转移，因为这种做法可能直接或间接地减少学术思想的自由交流。虽然研究工作非常重要，但仅有研究工作还不够。为了避免墨守成规，我们提出了第二种学术，即整合的学术。我们认为，把科学发现置于一个更大的背景、促进更多的跨学科交流和对话、发挥几个不同的相邻学科的综合优势，是当前学术界的一种急迫的需要。事实上，正像在一家高级研究机构工作的克利福德·格尔茨（Clifford Geertz）所指出的那样，我们需要一种新的知识范式，因为旧的知识体系既不适应我们面临的新问题，也不适应把不同的学科联系起来这一新的社会需要。除了探究知识和整合知识的学术以外，我们还提出了传播知识的学术。学术是一种群体性活动。你不可能单独地从事研究工作。你从事研究和出版著作，也就意味着你将把你所知道的东西教给别人。为了确保学术之火不断燃烧，学术就必须持续不断地交流，不仅要在学者的同辈之间进行交流，而且要与教室里的未来学者进行交流。最后，为了避免理论和实践的脱节，我们提出了应用知识的学术。在这里我得补充说明的是，尽管'做好事'很重要，但我们所说的应用知识并不是简单的'做好事'。我们认为，通过应用的学术，应该使教授变成麻省理工学院的唐纳德·舍恩所称的'反思的实践者'，使他们从理论到实践，然后又从实践返回理论，从而使理论更加真实可靠。这种情形就像我们在教育、医学、法律和建筑等领域所看到的那样。此外，通过知识的应用，不仅可以在不同的学科之间，而且可以在科学与艺术之间建设更好的桥梁，进而建设更好的生活"②。

在博耶所论述的四种学术中，"发现"最接近于传统概念的"研究"，重在发现新知识；"运用"是把知识和方法加以推广运用；"综合"则是指将已知的知识和方法进行综合整理从而建立知识体系；而"教学"，即教师在课堂

---

① Ernest. Boyer, *Scholarship Reconsidered: Priorities of the Professoriate*, New York: Princeton University Press, 1991, pp. 15~25.

② [美] 欧内斯特·L·博耶著、涂艳国等译：《关于美国教育改革的演讲》，教育科学出版社2002年版，第88页。

上授课的活动也被看作是学术活动的一种。博耶所说的学术不仅指纯科学，它还包括跨学科的研究、学术性服务和富有启发性的教学活动；虽然参与研究是学术活动最基本的要素，但作为学者的大学教师还必须寻求科学之间的相互联系，在理论与实践之间建立桥梁，并把自己的知识有效地传授给学生。"我们应该意识到，学术意味着通过研究来发现新的知识。但是，我们应该意识到，学术还意味着通过课程的发展来综合知识。我们还应该意识到，有一种应用知识的学术，即发现一定的方法去把知识和当代的问题联系起来。之外，还有一种通过咨询或教学来传授知识的学术。"① 从知识发展的四种类型来看，探究是居于首要位置的，个人所保存、传递的知识是别人创造性劳动成果，是别人研究的成果，同时个人学术研究的成果也被别人所保存传递。学术的探究是其他三个方面的基础，"对学术的探究乃是学术生命的心脏"②。只有不断地对知识进行探索，进行学术研究，方能不断保持学术的生命活力，否则，知识的保存、传递、应用都成了无本之源。总之，"学术工作包括相互联系的四个方面，探究的学术是开端。研究工作应该继续成为知识分子生活的中心"③。

博耶所提的这四种学术是互相区别、互相交叉而又相互促进的四种活动，大学及其学者都应当努力在这四个方面做出贡献。大学担负着为社会培养高素质人才和知识创造、扩散和应用的任务，应该将这四种不同形式学术很好地融合于一身，而不能厚此薄彼；一个称职的大学学者应该具备从事这四种学术活动的能力，实现自身学术工作在内容与类型上的整合。

1. 探究的学术

高深知识的探究活动是大学的本职活动，在大学的形成与发展中发挥了核心作用，可以把它看成是大学的生命基础。大学应当继续通过科学研究来发现新的知识，拓展人类的知识领域。

2. 整合的学术

随着科学技术的迅猛发展，人类进入了知识爆炸时代，每一位学者的研究领域越来越小，学术活动的相互依赖越来越强，旧的知识体系既不利于解决时

---

① ［美］欧内斯特·L·博耶著、涂艳国等译：《关于美国教育改革的演讲》，教育科学出版社2002年版，第65页。
② ［美］欧内斯特·L·博耶著、涂艳国等译：《关于美国教育改革的演讲》，教育科学出版社2002年版，第75页。
③ ［美］欧内斯特·L·博耶著、涂艳国等译：《关于美国教育改革的演讲》，教育科学出版社2002年版，第78页。

代面临的综合性新问题，也不利于把不同学科联系起来。由此，"整合的学术"变成学术活动的重要内容，多种类型、多种形式的大学学术活动适应了大学学术发展的多样性和复杂性需要。把学术活动置于一个更大的背景、促进更多的跨学科的交流与对话、发挥相关学科的综合优势，成为学术发展的重要趋势。知识的整合满足了学科分化基础上加强各门学科之间联系的要求，也有利于当代各种综合性、复杂性社会问题的解决。

3. 应用的学术

随着科学技术的发展，高深学问逐渐向探究和应用两个方面发展，高深知识用于解决现实社会中的问题时会形成大量的"中间知识"，这些中间知识的学习与应用逐渐导致了"应用的学术"的形成与发展。知识的应用能够将理论研究与社会需要联系起来，学科知识与现实世界的结合能够避免理论与实践的脱节。

4. 教学的学术

大学学科的基本知识材料是高深专门知识，当学者们对历代留传下来的知识材料进行思考、记忆、整理、批判的时候，他们起了保存和提炼知识的作用，以此为基础，他们将经过深思熟虑的知识，以一定的教学技巧传授给学生，就能保证学术之火世代相传，使学术队伍得以延续和扩展。因此，大学的学术活动还体现为高深专门知识的授受，师生之间研究性的"教"与"学"也是大学学术的组成部分。

上文列出了学者从不同角度对于"学术"的不同理解，对于我们全面理解大学的学术活动具有重要的启发意义。概括地讲，大学的学术活动在历史发展中已经有所演变，"学术"也有狭义与广义、名词与动词之分。梁启超、蔡元培所说的学术相当于狭义的学术，克拉克和博耶所说的学术相当于广义的学术；名词的"学术"可解释为比较专门、有系统的学问，动词的"学术"则是认识主体或学术组织结合比较专门和系统的学问，围绕知识创新而从事的各种活动，与"学术活动"含义相同。除了从保存、传递、创新和应用知识，或者从探究、整合、应用和教学的学术对"大学学术活动"进行系统性的理解，大学学术活动在日常生活中还有丰富多彩的具体表现形式。比如科学研究（做实验、撰写学术论文与学术著作），召开或出席各种学术会议，出国考察访问，举办或参观同行的实验室和科技展览，举办学术报告会、讨论会，学者之间就科研工作所进行的联系和对话（包括互访、交换信件及非正式出版的预印本和手稿），论文、著作的发表，成果的评定，等等。

113

第二节　校内日常学术活动

一、教学、科研与社会服务活动

大学学者的学术劳动是依靠智慧而进行的劳动，是大学学者在一定的学科、专业领域里所从事的知识加工活动。大学学者的学术劳动既表现为传授科学知识、培养人才的教育活动，也表现为认识客观世界、探索客观规律的科学研究活动，还可以表现为应用知识、为校外机构提供教育培训和参谋咨询的社会服务活动。教学、科研与社会服务，构成了大学学者日常学术劳动的三个中心。

（一）大学学者的教学活动

大学学者的工作领域非常广泛，但其中一项最重要的任务是培养人才，教学则是他们有别于其他学者的一种特殊活动。如何将青年学生培养成有一定专业技能、有较强创新精神和实践能力的人才，是大学学者工作的一个重要方面。

在教学活动中，大学学者承担着引导者、推动者和共同思考者的角色，而不是简单的知识传授者和答案给予者。通过知识传播活动，学生们不仅从学者身上学到专门知识，更要从他们的教诲中学到积极的人生态度和科学的思维方式。因此，大学学者的知识传播活动也体现为一种复杂的教育过程，他们要以系统的知识、正确的态度、科学的方法和高尚的品行，对学生发挥全面的影响。要培养学生积极的学习态度，鼓励他们进行批判性和创造性思维，使他们获得大学生活结束后能够继续学习的能力。

（二）大学学者的科学研究活动

大学拥有门类齐全的学科专业，拥有思想活跃、富有创新精神的各类人才，拥有能够进行科学研究的先进设备与图书情报资料，这是任何专门科研机构所无法比拟的。因此，大学具有发展知识的优越条件，应当积极开展科学研究活动，为社会提供足够数量和较高质量的知识，在知识创新上做出更大贡献。另一方面，进行科学研究是大学学者和大学自身获得发展的重要途径。大学学者学识、能力和水平的培养，离不开长期开展科学研究活动的实践锻炼与学术积累。学者通过科学研究而培养出来的学术水平，不仅有助于提高他们在学术组织中的地位与作用，促进其学术职业的发展，而且有利于增强学校的学术实力，为大学学术生产力的发展积蓄力量。

（三）大学学者的社会服务活动

知识的创造与应用是密不可分的两个方面，知识只有应用到实际生产和生活中去，才能体现出应有的价值。因此，大学学者的学术劳动也包括知识应用活动，他们可以运用本专业的知识和技能指导工业生产、提供技术支持、为企业发展出谋划策，同时也可以将自己的研究成果推广到生产实践中去。对于大学学者而言，从事知识应用活动或者说开展社会服务，不仅可以补充科研经费的不足，而且能有效地推动理论研究与实践应用的紧密结合，使二者相互促进、共同发展。社会服务能够帮助科研和教学寻找"目标"，了解社会需要什么样的学术成果和人才，使大学的工作更加有的放矢。① 这对于大学学者和大学自身，都是非常有意义的。

二、大学学者的"学术化生存"

大学学者的学术生产与其说是有形而常规的生产劳动，不如说是无形而非常规的生存方式。大学学者通常不是把学术当作单纯的谋生手段，而是把它看作人生的追求和志业。因此，大学学者的学术劳动和学术化生存都属于广义的"学术活动"，是大学学术生产力发展的基本途径。

"学术"曾经以其独特的品格，在大众的心目中树立了高尚的形象，成为理性、自由、独立、纯洁、高尚、求实等字眼的同义语。以"学术"为职业、劳作于学术园地的学者，被视为智慧的化身、真理的代言人、社会良知的守护者。这些受人崇敬和仰慕的学者，他们在工作中是否也如人们所期望的那样，有超凡脱俗之处呢？答案是肯定的，大学学者在从事学术劳动之余，确实在相当大程度上做到了学术化生存，这与体力劳动者是有较大差异的，也是精神生产的必然要求。

大学学者的"学术化生存"包括两个方面的含义，一是指大学学者要超越把学术当作谋生手段的较低级的境界，把学术当作自己的生活方式，发自内心地热爱学术、献身于学术；另一方面，"学术化生存"也意味着大学学者不仅要在工作中具备学术知识、能力与技艺，而且要使自己的整个生活与生存都体现出学术的味道，符合学术的要求，实现"生存的学术化"与"学术的生存化"。这实际上也是大学学者的学术精神、学术追求在人生中的"内化"。

大学学者的学术劳动与其他劳动一样，具有双重的性质：其一是劳动的手

---

① 王怀宇：《教授和教授群体与中国研究型大学的发展》，华中科技大学 2003 届博士学位论文，第 50 页。

段性。学术劳动是大学学者赖以生存的一种手段。他们作为现实世界而非真空中的人，首先必须满足吃、穿、住、行的需要，学术劳动就是满足这些基本物质性需要的手段。其二是劳动的目的性。如果大学学者仅仅视学术劳动为一种手段，他又称不上是一个真正的学者。对于一个真正的学者而言，学术活动的意义不仅仅局限在满足学术活动之外的需要。学术活动对于学者的更重要意义还在于：这种劳动本身就是人的自由生命的体现。如果学者仅仅是为学术活动之外的一切来奉献自己，只是用学术活动来换取金钱、地位、名誉和权利等"商品"，就无法真正体验到作为"人"的自由、劳动就不能超越手段而成为目的。

大学学者能否做到学术化生存，直接影响着大学的学术生产。他们如果能视学术为天职，就能赋予学术活动以超越现实的含义，从而把所从事的学术活动与自我实现联结起来，释放出探索学术的热情。可见，"学术生产"除了与物质劳动类似的学术操作之外，它对学者的品格也有更为高级的要求，这也是大学学者必须由"学术劳动"提升到"学术化生存"境界的内在原因。没有大学学者的学术化生存，学术生产就会失去最为宝贵的内在动力与本真意义，大学学术生产力的发展也会因此而受到影响。

那么，这种"学术化生存"如何能够实现呢？它是否与崇高的道德境界一样缺乏现实性和普遍性，或者是可遇而不可求的呢？本文认为答案并非如此。大学学者工作与生活高度关联的特性，以及他们对于学术职业的深刻认同，使这种"学术化生存"最终得以实现。

大学学者是高级知识分子，他们的工作与生活富于探索性和反思性，这种不间断的思索，也使得学者的工作与生活难以截然分开，不存在"工作日"和"休息日"、"工作内"与"工作外"的鲜明区分。"教师的生活与工作很难划分为截然不同的两块，即便在家庭生活中，他们可能仍在思考着，很多创造性乃至日常性的工作并不完全在办公室和教室里完成。表面看起来教师的工作是自由的，但并不是清闲的。他们可以支配自己的时间，但绝大部分时间都用来思考。教师在社会生活中持有双重态度，往往以善意的眼光看待人，又以批评的眼光看待社会，本性上有一种乐观的精神，现实又常使他们忧国忧民"[①]。这种高度的责任感也使大学学者们即使在工作之外也难以停止自己的思考。这是一种时间和空间意义上，或者说物理意义上的"学术化生存"，是大学学术劳动范围在学者生活中的拓展和延伸。

---

① 赵文华：《试论高等教育系统学术活动主体》，《江苏高教》2000年第6期，第8页。

大学学者工作与生活中不间断的思索特性，使得他们的生活在外人看来非常艰辛和枯燥。那么，这种"学术化生存"又如何能够被大学学者所认同与选择呢？这又与大学学者的超越性密切相关。"学者全是这样一种人，他们的活动本质上并不追求实用目标，他们是在艺术、科学、形而上学思考中，简言之，是在获取非物资的优势中寻求乐趣的人。也就是以某种方式说'我的国度不属于这个世界'的人"①。"许多人从教学工作中可以得到最大的满足。对另一些人来说，研究活动则是关键；它能满足知识分子的好奇心，培养科学发现的快乐感和荣誉感"②。对于大多数学者而言，学术劳动的最大魅力就是充实的精神生活本身。不仅是学术生活的吸引力，"大学"本身对于学者而言也是极具魅力的。大学拥有宜人的风景、优雅的氛围、奋发上进的青年学生、有所成就的各类人才，更有丰富的精神文化生活。这种优裕的人文地理环境和充实的精神生活，使大学学者沉迷于其中，忘却了劳动与生活的界限、谋生与求智的区别，大学因而就成为他们实现学术化生存的"飞地"。

从心理学上分析也同样如此。大学学者作为社会的学术精英，基本上都有强烈的"自我实现"需要，他们所追求的往往是精神需求的最大满足和个人价值的充分体现。有研究表明，受过高等教育的教师心理比较成熟，具有一种延迟满足感——即甘愿为更有价值的长远结果而放弃即时满足的抉择取向——以及在等待中展示的自制能力。事业对于他们来说是第一位的，真正的人才永远是事业型的。③ 正是由于这样的特性，大学学者才能"两耳不闻窗外事"地沉浸于"象牙塔"内的学术探究，才能甘坐冷板凳、十年磨一剑，为了心中的理想而无视现实中的艰辛与困难。他们在学术之外所追求的东西并不多，只是希望自己的劳动价值得到承认，人格受到尊重，能够和一群志同道合者共同开展学术活动，追求创造的乐趣和成功的欣慰。为了这种精神上的满足，他们常常可以降低或放弃一些物质利益。对于大学学者而言，最为重要的是学术活动所能带来的精神和感情上的充实感和愉悦感，这是他们能够实现学术化生存的最主要动力。在实现各种学术目标的过程中，他们的创造欲望可以得到极大的满足，个人价值能够得到充分的体现，这种内在的成就感更会强化他们对自

---

① ［美］刘易斯·科塞著、郭方等译：《理念人——一项社会学考察》，中央编译出版社2001年版，第1页。

② ［美］亨利·罗索夫斯基著、谢宗仙等译：《美国校园文化——学生·教授·管理》，山东人民出版社1996年版，第141页。

③ 黎海兰：《谈"引进人才优惠政策"》，《煤炭高等教育》2001年第1期，第18页。

身生存方式的认同。所以，这是一种精神意义上，或者说情感意义上的"学术化生存"，是大学学术劳动在学者精神生活中的延伸和拓展。有了物质意义上的工作与生活浑然一体，以及精神意义上的对学术生活的深刻认同，大学学者的"学术化生存"也就有了实现的可能性与现实性，大学学术生产也就有了强大的内在动力。

第三节 学术交流构筑"无形学院"

正如上文所言，大学学术活动的精神生产属性，使大学学者的学术化生存尤为必要；大学学术活动的组织化特征，也要求学术活动超越个体劳动的状态，促进学者之间的交流与合作。但是，在大学学术发展中，与这种交流与合作背道而驰的学术分工却是一个最基本的现象。从学科的发展来看，学术分工带来了学科专业的形成，导致了学者的专业化，是有利于人类知识的生成与发展的。但是，过度的专门化也带来了一定程度的狭隘性，又反过来妨碍了学科的发展。比如，体现在学者上，学术分工使大学学者成为一个狭小专业领域的从业者，其学术生活呈现出高度专门化的色彩；体现在组织上，学术分工造成了大学学术组织内部的割据状态，在沟通与合作上存在一定的学科或人为障碍；体现在学科知识上，学术分工既是推动知识不断专门化和深化的力量，也是造成知识体系走向封闭与割裂的重要原因。所以，学术的分化虽然带有很大的必然性和积极意义，但它的消极影响也是不容忽视的，而"无形学院"就是克服过度分化、促进学者交流的重要途径。"统计资料表明，大约有1/3的科技信息是通过非正式渠道传递的，而通过面对面交谈所获得的科技情报又占全部的53%。难怪美国著名的科学史专家 D. 普赖斯反复呼吁，科学交流的非正式渠道十分重要，它是开发科技人员智力资源、激发创造发明火花的广阔天地。受人推崇的'无形学院'就是其中独具魅力的'绿洲'"[①]。

一、"无形学院"的形式与功能

"无形学院"（invisible college）是科学社会学经验研究的成果之一，也是这个学科概念创新的范例之一。默顿（Robert K. Merton）在回顾科学社会学发展历史的时候指出，在科学社会学使用"无形学院"这个概念以前，科学史

---

① 刘钢：《他们如何成为学术精英——"无形学院简介"》，《世界教育信息》1998年第8期，第20页。

家早就熟悉这个名词了。在十七世纪的英国，在皇家学会正式成立以前，就有不止一个推崇科学的团体存在，他们的活动促进了英国皇家学会的成立，他们的主要成员成为皇家学会的第一批会员。"那么，皇家学会的前身是怎样获得'无形学院'这个雅号的呢？这个称谓来自当年只有20岁的波义耳。威尔德所著《皇家学会史》选入了波义耳在1645年和1646~47年的两封信的片段，信中提到了'我们的无形学院'，'无形学院的基石'。但是，信件中没有无形学院的参加者的名单，也没有提及活动地点"①。但这一提法的出现，却以非常偶然和有趣的形式，为科学史以至科学社会学提供了一种思考方式。

美国科学史学家普赖斯（Derek de Solla Price）最早对这种非正式组织进行了研究，并在其《小科学、大科学》一书中把它称为"无形学院"，借用这个词来指那些从正式的学术组织中派生出来的非正式学术群体。② 普赖斯看到了在络绎不绝的信息交流中所形成的"无形学院"。如果把科学家通过各种正式的、确定的机构与期刊杂志所进行的学术交流活动看作是有形的确实的，那么还存在着一种非正式的、无形的交流过程。他指出，在一个学科内部，我们常常可以看到，有一些人并不满足于几年一度的正式学术会议，或正式期刊发表文章交换信息。他们之中有些人互相寄送尚未最后定稿的文章，通过巧妙的安排，使得某些研究中心向他们的若干人发出邀请，从而有了短期合作的机会，接着可以又去另一个研究中心与另一批人员合作，最后仍然回到自己所属的机构中去。所以说，存在着一条由研究所，研究中心和夏季学校联系成的交换路线，经过几年的时间，这一批人中每个人都获得了彼此合作的机会。这样的一些小组组成了一个无形学院，他们所做的正像那些在1660年聚在一起建立皇家学会的那些第一批非正式的先驱人物一样。③

自普赖斯开创了"无形学院"这一研究领域之后，许多人在这方面进行了工作。从17世纪60年代，到20世纪60~70年代，经过三百多年的努力，"无形学院"从科学史上偶然出现的名词及由此引起的史实争论，演变为不折不扣的社会学概念，由研究具体的历史事件（包括人物）转变为研究科学家的集体行为及他们的相互关系，取得了丰硕的研究成果。其中非常值得一提的是黛安娜·克兰（Diana Crane）的《无形学院》一书。这本书的研究重点是

---

① 刘珺珺：《关于"无形学院"》，《自然辩证法通讯》1987年第2期，第34页。
② 郝晨：《科学共同体的社会组织与科学知识的增长——＜无形学院＞述评》，《自然辩证法通讯》1987年第5期，第78页。
③ 刘珺珺：《关于"无形学院"》，《自然辩证法通讯》1987年第2期，第33~35页。

科学（主要是基础科学）知识的增长和生产这些知识的具体社会组织的关系。克兰综合了库恩关于科学发展的范式理论和科学共同体学说、普赖斯关于科学知识增长的定量研究，再运用本人及他人的许多经验调查成果，用以说明随着科学知识的增长，必然出现科学共同体的一系列变化，这些变化表明科学家之间存在着非正式的、具体的社会系统，正是这种"无形学院"的组织形式，决定着科学知识的发展。① 克兰对"无形学院"概念进行了新的拓展，她把普赖斯的"无形学院"概念所指的某一领域中非正式交流群体再划分为两部分：一类是由合作者群体组成的团结一致的亚群体；另一类是由这些亚群体中的领袖人物们通过彼此之间的非正式途径、横向跨学科所进行的信息交流传播而组成的交流网络群体。克兰把这类学术领袖之间形成的交流网络称为无形学院，这种无形学院把许多合作者群体联系在一起。

学者们普遍认为，无形学院的形式有"科学沙龙"、"假日聚会"、"周末茶话会"、"学术车间"、"业余闲聊"等非正式的学术交流团体。其中最著名的有意大利伽利略首创的"山猫学会"、德国物理学家劳厄喜爱的"卢茨咖啡馆"，爱因斯坦为"院长"的"奥林匹亚科学院"，日本科学家汤川绣树组织的"混沌会"，英国剑桥的"三一中心"和"卡文迪许实验室"等。②"'无形学院'之所以被世人注重，是由其特点所决定的。其特点之一，'无形学院'并非是来无影，去无踪，虚幻缥缈，神秘莫测的，而是指它既无高楼深院，也无校牌校徽，名为'学院'实无师生之分，在探索科学真理面前人人平等。其特点之二，'无形学院'研讨的学科和专业，取决于爱好和兴趣，没有条条框框的束缚，研讨问题的自由度很大。其特点之三，'无形学院'只恋科学，不求名利，潜心研讨，来去自由。人们在良好议论环境中，能更好地打开思路，激发创造力，让智慧之火熊熊地燃烧起来"③。

"无形学院"是同一学科乃至不同学科的科学家之间学术交流的重要形式，普赖斯之所以把它称为"无形学院"，就是要强调这种交流的作用，即它的影响不亚于正规的学术研究机构。黛安娜·克兰对不同学科领域的研究也"明显地揭示了无形学院的存在，或者说将领域内分离的合作者群体联系起来

---

① 刘珺珺：《关于"无形学院"》，《自然辩证法通讯》1987年第2期，第37页。
② 刘钢：《他们如何成为学术精英——"无形学院简介"》，《世界教育信息》1998年第8期，第20页。
③ 刘钢：《他们如何成为学术精英——"无形学院简介"》，《世界教育信息》1998年第8期，第20页。

的多产科学家网络的存在"①。无形学院的组织形式灵活多样、小巧精致；学术氛围轻松、自由而愉快，因此非常有利于学术交流。通过这种交流而形成的科学成果的传播，尤其是科学思想与方法的传播，加快了各门学科的发展，促进了各学科之间的交叉与渗透。无形学院的学术领头人具有强大的人才凝聚功能；学术成员在知识背景方面有互补功能；在学术工作中具有竞争与共生功能；良好的组织氛围具有潜人才开发的功能，②这一切都非常有利于学术的发展。

"无形学院"所具有的功能充分说明，学术交流是学术发展和繁荣的重要动力。英国著名科学家贝弗里奇（W. I. B. Beveridge）就曾注意到，"多数科学家在孤独一人时停滞而无生气，而在群集时就相互发生一种类似共生的作用，这正如培养细菌时需要有好几个有机个体，生火时必须有好几根柴一样。这就是在研究机构工作的最大有利条件"③。黛安娜·克兰也指出，"当一个研究领域的成员是和其他科学家处于互动状态中的时候，就会有一个指数增长的时期，……如果一个研究领域的成员彼此之间并不互相作用，也不与那些在领域中还没有发表作品的科学家发生互动，那么，这个领域的增长率就应该是线性的"④。由此可见，学术交流能够在科学活动中发挥强大的智力优势，对于学术发展是至关重要的。

实际上，大学的学术交流不论是对于大学内部学术活动的完善，还是对于大学外在学术声誉的获得，都发挥着极其重要的作用。从大学内部来看，学者之间的交流很有意义。"大学任务的完成还要依靠交往的工作——学者之间、研究者之间、师生之间、学生之间以及在个别情况下校际之间"⑤。交流是探索真理的一种手段，"如果大学人都小心翼翼地把自己封闭起来而不与他人交流，如果交流变成了仅仅是社会交际，如果实质性的关系因习俗而变得朦胧不清，那么大学的智力生活就会衰落"⑥。因此，一定要充分发挥交往和交流在学术发展中的重要作用。

---

① [美]黛安娜·克兰著、刘珺珺等译：《无形学院》，华夏出版社1988年版，第50页。
② 刘钢：《他们如何成为学术精英——"无形学院简介"》，《世界教育信息》1998年第8期，第20页。
③ [英] W. I. B. 贝弗里奇著、陈捷译：《科学研究的艺术》，科学出版社1979年版，第161页。
④ [美]黛安娜·克兰著、刘珺珺等译：《无形学院》，华夏出版社1988年版，第22页。
⑤ [德]雅斯贝尔斯著、邹进译：《什么是教育》，生活·读书·新知三联书店1991年版，第149页。
⑥ Karl Jaspers, *The Idea of the University*, London: Peter Owen Ltd., 1965, p.77.

从大学外在学术声誉的获得来讲，学术交流也是确立大学学术地位的最直接、最基本的手段。大学中的各门学科和专业都有相应的学术群体，他们既是大学学者的组成部分，同时也是所属"科学共同体"的成员。他们所处的学术地位、所能获得的学术声誉与他们是否开展和是否擅长学术交流密切相关。如果这些学术群体与大学内外的其他学术群体（包括本学科和其他学科的）保持广泛的学术联系、积极参与"科学共同体"的各项活动，他们就能争取到"科学共同体"的认同和接纳，获得较好的学术声誉。所以，与"科学共同体"的其他成员进行广泛的、经常的和平等的学术交流，是大学学科保持自己的学术生命、与所属学科同步发展的重要条件。只有通过主动的联系、交流与寻求合作，大学各学科才能在"学术圈"中显示出自己的力量，在学术界发挥一定的影响，从而获得更好的发展机会。实际上，学者间的互动和追随科学共同体，都是科学发展逻辑在大学中的体现，是大学学术发展的重要机制，它再次显示了学术交流的重要作用。

所以，大学应当允许各种学术流派在校园里自由交流、自由争论，在思想的交流碰撞中产生创造的火花。大学是学术组织，是由若干个知识群体组成的。这些知识群体中的学术人员往往具有不同的思想风格，不同的学术观点，运用不同的专门方法和手段观察事物，进行科学研究。这些知识群体与单个的个体的生命力在于它的开放性和吸纳性，在于它们相互之间不断的学术交流与思想碰撞。为了促进大学的这种知识群体之间的思想交流和碰撞，大学应该组织学术交流活动，提供思想交流机会。学术交流的途径有学术报告、学术研讨会、学术讲座、辩论会等。这些高水平的学术讲演和报告迅速传递着科学领域最新的信息，将学者个人的思想变为彼此共同的思想财富。

另外，从情报学的角度来看，"无形学院"中的交流同样意义重大。在由专业技术人员、专家和权威形成的金字塔结构中，"随着塔身的升高，利用图书馆各项服务的人数呈递减状态，到了塔尖，其利用率几乎为零。亦即，这些权威们几乎不利用图书馆。根据对美国麻省理工学院有关学科权威们的调查，他们获得本专业的情报，以及与同行进行信息交换的方式，主要是通过电话、信件、学术报告会或者利用方便的交通工具直接面谈，而不是通过通常所说的图书、期刊、科技报告等情报源来获取情报。有时他们也使用联机数据库，但只是进行一般性的浏览，或者是核对一些事实。对他们来说，这些成形的东西早已失去了情报价值，因为书刊报道信息的时差一般都在六个月以上，对他们来说，这实在是无法接受的。由于他们的特殊地位，要获得相关学科的情报，通常是与另一'无形学院'的权威们联系；如果要获得某一学科比较完整的知识，一般会经过该学科权威的介绍，在这所'学院'比较适当的层次求得帮助，而不会成为该'金字塔'的底层中的一员而完全依赖于图书馆的帮助。一般来说，金字塔的相邻层次之间的关系比较密切，但超越层次，关系就显得松散。各层次人员只能与临近层次人员交换信息，他们之间的交住非常多，不过很少有机会越层求教，因为低层次人员所提出的问题，临近层次的同行即可解决，而高层次人员向较低层次人员求教更是不可思议的。就如同一位微电子专家与一位中学物理教师很难在一起探讨共同感兴趣的专业问题一样。各层次之间的界限是比较严明的，但这条界限看不到、也无法衡量，它是由影响人们交流的知识结构这条鸿沟来体现的。各层次的人员也不是固定不变的，对于不同层次的专业人员来说，他们获得'升层'的方法只有潜心攻读，努力创造，这样才能为上一层次的人员所认可。……当他们的理论、知识和技能提高到一定程度，就会逐渐减少对图书馆的使用，相应地，对'无形学院'的依赖性增多，亦即改变获得情报信息的渠道，以至完全依赖于'无形学院'"①。这段文字准确地描述了学科专业共同体中信息情报的流通路径，特别强调了"无形学院"对于学界权威和专家人士学术生产的重要意义，突出了学术创新对于"无形学院"的依赖性。这对于我们改进大学学术活动、加强学者间的学术交流也具有重要的启发意义。

总之，加强大学学者间的交流与合作，是完善大学学术活动、发展大学学术生产力的一个基本要求和技巧。大学学术生产需要前人知识的积累和同侪间观点的碰撞，没有这种直接或间接的交流与互助，大学学者单枪匹马、闭门造车，必定很难取得突破。有学者形象地指出，学术交流是"研究能力的粘合剂"，通过"粘合"，实现科学劳动者之间的智力协作；学术交流是"智力的弹性碰撞"，通过"碰撞"，激发出各种"学术思想火花"；学术交流是"知识的播种机"，通过交流，使新的科学知识得以广泛传播。② 所以，大学学者应该具有交流与合作的自觉意识，让自己的学术劳动"活"起来、"动"起来；让自己的"学术化生存"在与同行的交往中获得尊重、信任、理解和赞赏，在强烈的群体归属感和荣誉感的激励下，更有效地投入精神生产活动中，促进大学学术生产力的迅猛发展。

---

① 王战林、徐宽：《情报交流与"无形学院"》，《图书馆建设》1992年第2期，第51~52页。
② 朱九思等：《高等学校管理》，华中工学院出版社1983年版，第216页。

二、相关的理论支持

(一) 教师的显性知识与隐性知识

"隐性知识"的概念是由英国科学家兼哲学家迈克尔·波兰尼（Michael Polanyi, 1891~1976）于1958年在其代表作《个人知识》中首次提出的。这一概念突破了过去人们对知识的片面认识，认为知识具有个人性和隐含性。隐性知识是基于个人经验的长期积累，依赖于特殊背景的知识，是存在于个人头脑和行为中的那部分尚未用也很难用逻辑工具语义明确表达和文献化的知识。

大学学者的知识也可以分为显性知识与隐性知识。林崇德教授（1996）对教师的知识结构进行了总结，并将教师的职业知识概括为本体性知识（即学科知识）、条件性知识（即教育学和心理学方面的知识）和实践性知识（即教学经验）三个方面，并认为上述三方面知识是教师认知活动的基础[①]。其中，本体性知识和条件性知识是外在的、易于表达且能够从书本中找到的显性知识，而实践性知识多是内隐的，不宜于口头表达的隐性知识。教师的隐性知识在教师专业发展的过程中起着十分重要的作用，因此，促进教师隐性知识的增长是大学的重要责任。

隐性知识又称模糊知识或默会知识，指高度个人化的、只可意会难以言传的、很难公式化的知识，包括关于如何做的知识（know-how）和关于信息知识来源的知识（know-Who）。存在于大学学者头脑中的模糊知识常深置于其行动和经验之中，如那些非正式的、难以明确表达的教学诀窍、科研经验等。它常与学者教学、科研的行为、规程、日常活动、信念、理想、价值和情感联系在一起。模糊知识的高度个性化和难以规范化，决定了它不易交流和共享。隐性知识虽然具有独特性、不易言传和模仿的特点，但它和显性知识没有优劣之分，二者相互补充、相互作用、相互转换。这里说的显性知识又称明晰知识，指可以形式化、制度化和用语言传递的知识，包括关于事实的知识（know-what）和关于原理的知识（know-why），具有规范化、系统化特点，可以用数据、科学公式、说明书、书籍、手册、计算机程序等形式来共享，容易被处理、传递和储存，如工作规范、职位说明、图书资料、论文、研究报告、电子

[①] 转引自张学民、申继亮：《国外教师职业发展及其促进的理论与实践》，《比较教育研究》2003年第4期，第31页。

文件等。① 显性和隐性知识的区分要求我们在教育中要重视弘扬独立、怀疑、创造性的科学精神；要求我们把显性知识和隐性知识的学习结合起来，而不再把学习仅仅局限于显性知识的学习；知识的隐含性要求我们注重认识主体在知识获取过程中的地位和作用。

在促进大学学者显性和隐性知识增长方面，基于网络的学术交流具有非常重要的作用。通过建立相关的网络社群，即以专业知识领域为主的讨论区、专栏区、留言版、聊天室、读书会、研讨会等，能够让大学学者选择特定的专业领域，与其他同行或对该专业领域有兴趣的学者进行互动并分享知识、创造知识。网络社群是开发学者隐性知识的重要机制，它可以实现即时的跨空间的学术交流，让不同学者所掌握的最新知识得以在讨论区迅速呈现并引起讨论，为参与者积累充足的知识能量。网络社群加快了大学学者间知识转移、扩散和利用的速度，有利于学者交流思想、激发灵感、实现创新。

（二）教师专业学习共同体

教师专业学习共同体产生于20世纪80年代美国的教师教育改革运动，是一种以教师自愿为前提，以"分享（资源、技术、经验、价值观等）、互助"为核心精神，把教师联结在一起互相交流共同学习的组织。在这样的学习共同体中，每位成员都是知识的接受者和给予者，能够互相取长补短获得共同进步。

学术界对教师专业学习共同体已经有了一定的研究，但在构建基本理论体系方面还不成熟。"教师专业学习共同体的概念实质可追溯到'学习共同体和共同体'理论，它具有'相互支持和共享的领导关系、集体创造与实践、分享价值观和共同愿景、提供支持性的条件、分享知识与经验'五个特点；民主观念、合作文化的思想理论和协同、互动的社会理论是它产生和发展的理论背景；教师专业学习共同体的基本要素主要包括'共同促进教师专业化的愿景、合作文化氛围、学习共同体的内部成员结构、教师反思与实践性的循环学习方式'。教师专业学习共同体的存在与发展，提升了教师自主性，生成了教师学习的动态环境，最终促进学生的学习与发展"②。张建伟从网络协作学习的角度，对"学习共同体"概念进行了较为狭义的界定，认为它是"一个由

---

① 冯国锋：《"学习型组织理论"视野下高校学习机制研究》，河南大学2005届硕士学位论文，第12页。

② 商利民：《教师专业学习共同体研究》，华南师范大学2005届硕士学位论文，第1页。

学习者及其助学者（包括教师、专家、辅导者等）共同构成的团体，他们彼此之间经常在学习过程中进行沟通、交流，分享各种学习资源，共同完成一定的学习任务，因而在成员之间形成了相互影响、相互促进的人际联系"①。无论学习共同体的定义和具体形态存在怎样的差异，它基本上都是由在某领域或某主题上有相似兴趣、通过自然的愿望聚集在一起的人组成，他们通过相互交流、共同分享知识而形成动态的共同学习，以此促进参与者的共同发展。

教师个体认知的局限性使得教师专业学习共同体的建立非常有意义。普通教师对教育科学理论的理解往往并不深刻，在思想上对于一些教育问题和现象也存在一定程度的认识偏差，这就影响了教师对问题的深入分析和准确表达；同时，这种认识水平和价值观念的局限还会影响教师的科研发展，使他们在个体性的研究中很难取得突破性成果。而"学习共同体"的建立既可以让教师在相关专业人士的指导下更加正确地认识教育现象和教学行为，又可以促进共同体内教师之间的合作。这样就能打破教师个人知识和思维的局限性，学习其他成员的优点、汲取集体智慧，促进个人专业的发展。学习共同体的建立还可以提高组织的共同体绩效、建立和完善共同体内部学习机制，是促进教师专业发展和学术组织发展的一种有效方式。

学习共同体的核心是学者协作，是学者群体性的相互交流、共同学习。从知识的角度来讲，每一位大学学者都不是一个自足的点，而是浩瀚知识网络上的一个小小节点。他们拥有自己独特的知识结构，在与其他学者的交流中，既可以拓宽自己的视野，又能为他人的知识建构提供资源。这种交流持续下去，就能形成一个越来越庞大的知识共享资源。不同领域、专业、年龄的学者加强交流，还能带来多方面多角度的激发，有利于学者提高处理复杂事务的能力，使之在讨论与交流中不断发展和修正自己的认识。学习共同体内部的交流促进了学者个体之间、个人与群体之间的知识传播、获取与分享，有利于促进组织内群体性的学习。拥有共同学术兴趣的学者之间不断进行交流，事实上也就形成了一种"圈子"，这种学术圈以特定的思想、观点、话题为中心，自发地进行着无边界的学习。

从大学学者思维过程来讲，学习共同体的建立也具有非常积极的意义。大学学者在学术问题上的思考刚开始往往都不会有清晰的系统结构，基本都是无

---

① 张建伟、卢达溶：《关于网络协作探究学习及其影响因素的实证研究》，《电化教育研究》2002年第8期，第42页。

序的、片断的、零散的。如果能够及时地、持续地与学术同行进行交流，就能使各种思维路径更加清晰，凸显思维发展中的每个关键点，这对自己或他人都是一个巨大的财富。有相同学术兴趣、或者开展合作研究的大学学者不断加强交流，就可以互相借鉴，沿着前行者的思维足迹继续向前，或者从某一点发展出分支的思路。这样，共同体内部的每个学者就不必总是从最初的起点开始探究大家关心的论题，这种"接力棒"式的思维交流，加快了知识传承和学术探索的速度，也促进了学者学习策略和思维方式的不断更新与发展。

总之，建立和维护一个知识共同体是知识生产的有利条件，知识只有不断汇集并加以共享，才能被不断优化、实现创新。知识具有社会性，知识只有在社会化之后才能被广泛地认可、学习和交流；学习也具有社会性，大学学者除了自己努力学习知识之外，还需要与身边的同事、专家交流，从他们那里学到好的经验并转化为自己的知识。教师专业学习共同体能够通过内部充分的知识共享，保证组织学习的自我组织和自我优化，因此是一种有利于知识创新的重要组织机制。

三、信息时代"无形学院"的拓展

在当今信息时代，信息技术的发展尤其是计算机的广泛运用，带来了人们交往方式的巨大变化，人们不仅借助传统的语言、文字等媒介进行交往，而且通过无时不有、无处不在的网络进行沟通与交流。通过这些交往，人们不仅生存于现实的社会关系之中，而且还存在于由自我构成的网络社会。大学学者作为社会的高层次人才，在信息技术上也处于社会前沿，虚拟的网络交往也逐步成为中青年学者的主要交往方式。网络实现了大学学者交往手段的更新，使学者之间的交往跨越时空的限制，延伸到世界的各个角落，从而使学术交流具有空前的开放性和延展度。在信息技术的帮助下，学者之间不需要直接见面就能及时有效地交往，也可以以匿名的方式跟其他学者展开激烈的商榷，或者公开表达内心最真实的感受和观点。在新时代新技术的背景下，传统的以通信、面对面交流为主要方式的"无形学院"，也会焕发新的生机、采用新的途径和方法，实现自身形式与功能的拓展。

（一）充分利用信息技术促进大学学者之间的交流

发展大学学术生产力需要高效率地"加工知识"，也就是要对知识进行收集与存储、交流与共享、使用与再创造。这些知识加工过程都离不开信息的流通，相应的信息技术可以为大学知识的创新循环提供先进的技术保障。

大学的知识交流从技术上讲，古代是师生之间的口耳相传、面面相授、或者通过笔墨纸砚进行交流；现代大学则引入了以计算机和互联网为标志的现代信息技术，大大促进了知识的传播与交流。但是，现代信息技术在大学之中只是得到了初步的使用，如运用多媒体教学、使用互联网交流等，并没有像企业那样，对现代信息技术进行深层次的开发和宽范围的普及和使用。而且，多数大学对现代信息技术的使用大多缺少系统性。这些因素都造成了大学知识交流的慢速度与低效率，不利于"无形学院"功能的发挥。

知识信息的加工包括获取、传播、记忆等步骤，信息技术在这些方面都能发挥支持与整合作用。[①] 首先，现代技术促进了大学之中的信息获取。因特网、电子数据交换等新的信息技术使大学能够不断地收集、整理和吸收来自外部的教学、科研、管理、服务等信息。各种电子数据处理、管理信息系统、决策支持系统、数据仓库和数据挖掘技术等技术手段，能够持续不断地整理与应用已经存在的大学内部信息，实现信息资源的整合与共享。比如，对各种课堂教学、实验、实习、讲座、报告、研讨会、会议等的录像类资料，可以通过信息技术的处理在网络上共享和交流。但是，当前很多大学只限于利用因特网从外界获取一般性的信息，而缺少高层次的信息技术来扩大信息交换的宽度和深度，大学内部信息处理、优化和重组的力度也不够强大，妨碍了深度信息的获得。其次，现代技术促进了大学之中的信息传播。大学在获取信息的同时，也要在学校内外进行信息传播，尤其是它作为终身教育的场所，还要向社会各界实施远程教育、网络教学等。电子邮件、卫星电视等技术具有速度快、容量大、性能可靠等特点，可以大大提高信息共享的程度和信息传播的效率。群件技术不仅能够促进大学组织纵向各个层次平等地进行交流与学习，而且能够提高学校横向各部门、各院（系）、团队和教职员工之间的学习效率。多媒体技术则能够把文本、图形、声音和图像等进行综合，形成丰富多彩的、多层次的、更具感染力的信息形式，提高信息传播的接受和吸收效率。但是，当前的大学普遍缺乏高层次的信息系统与技术，使知识寻求者很难发现与特定需求相关的知识结构，也不易从外部贮藏中提取知识。这些都阻滞了大学内外信息和资源交流与共享，也降低了大学学者个体或群体的学习效率。最后，现代技术促进了大学之中的信息记忆。信息数据的存储和调用是信息加工的重要方面，可以通过使用数据库系统、内容管理系统、文档管理系统、搜索工具、数据库

---

① 冯国锋：《"学习型组织理论"视野下高校学习机制研究》，河南大学 2005 届硕士学位论文，第 20 页。

仓库和知识地图等组织记忆技术来完成。这些技术的应用代替了传统的档案和资料管理，不但使信息的存放和管理简单化，而且查询效率也成几何倍数提高。因此，信息技术能够极大地促进大学对于数据、信息和知识的处理。但很多大学仍然没能普及这些技术，不能对信息进行很好的数据总结、分类、聚类与关联，也不能对已记忆的信息进行高效查询。总之，信息技术在大学知识加工过程中能够发挥强大的功能，但目前很多大学还缺乏健全的、网络化的信息技术，尤其是对高层次技术运用不够，致使技术对于学者学习的促进作用无法充分发挥。所以，今后改革的方向是要建立完善的大学信息网络，尤其是要引进各种高层次的信息技术，在知识信息充足、网络技术普及的基础上促进学者及时、方便、迅速、准确地获得和传递各种信息，为学者持续地交流与创新提供更好的条件。

（二）教师专业发展网络平台实例介绍

教师专业发展是教师专业知识和专业技能自我成长的过程，是内在专业结构不断更新、演进和丰富的过程。这一过程既需要教师自身的不断努力，也需要外界给予适当的支持，相关的网络平台就是支持的内容之一。基于计算机信息处理技术、计算机网络资源共享技术和多媒体信息展示技术的网络平台，能够拓展学者交流的广度与深度，是"无形学院"在新技术背景下的新形态。

大学学者由于工作内容、工作时间和地点的不同，平时很难有面对面讨论的时间，很多经验和观点得不到及时而充分的交流。但是，在相应的网络平台中，登陆同一平台的学者之间可以相互表述经验，并就对方的观点做出评论，这样就能相互取长补短，增进彼此的学术经验，促进学者的自我反思与成长。

"首都师范大学教师专业发展支持平台"就是一个很好的由网络技术支持的学习平台。[1] 该平台以协作学习理论、学习共同体理论为依据，运用计算机支持的协同工作（CSCW）技术，根据教师专业发展培训的特点，加强平台内部的协同工作机制和系统智能性，将"工作流管理技术"、"Agent 技术"、"群组通讯技术"应用于其中，构建起适合教师专业发展培训的协同工作机制和培训流程。平台为教师专业发展培训提供了支持协作学习的"小组学习"工具、支持教师反思的 BLOG，"教师档案袋"等反思工具、支持教师进行课堂教学案例分析的分析工具、以及支持课堂案例观摩的视频案例管理系统等。

---

[1] 韩旭：《基于网络的教师专业发展支持平台研究》，首都师范大学 2005 届硕士学位论文，第 1 页。

在该平台中，参加培训的专家和受训教师构成了教师专业发展学习共同体的主体，受训教师在培训专家的指导下学习教学理论、进行教学实践、反思教学事件与案例、总结研究心得，进而掌握与活动主题相关的专业技能和知识，提高自身的专业素质和能力。

在这种教师专业发展平台中开展的培训活动体现出非正式学习的特点，因此更具有优势和效果。[1] 在教学的组织方面，平台中开展的培训活动多是开放或半开放的，感兴趣的老师都可以参与，平台中开设的活动依据内容选择方式，活动的组织形式灵活多样；在学习内容方面，平台中提供的资料有些是学科知识型的内容，而更多的则是受训教师或培训专家总结出的、用于共享的实践性知识，这些知识的内容和形式是多种多样的；在学习进度方面，不同的个人和学习集体有着不同的时间安排，没有严格的学习时间限制，培训的组织者在充分照顾不同教师时间安排的基础上统一协调培训活动的时间和进度。该平台的工作流管理系统可以有效地支持不同学习进度的统一管理，方便培训专家制定培训任务、监控学习过程，从而提高了培训活动管理的灵活性。这种技术加强了受训教师在学习时间和学习进度方面的协同，方便受训教师与培训专家之间的沟通和协作，既减轻了专家管理培训活动的工作强度，使每一位参加培训的教师都能得到个性化的指导。

国外的教师专业发展网络平台当然更为发达，许多大学、专业研究机构以及公司都致力于在网络环境下整合教师专业发展资源，开发了各种类似的网络平台。比较典型的平台有 Math Teacher Link, California Visual Campus, Tapped In, North Central Regional Educational Laboratory 等。[2]

Math Teacher Link 是美国伊利诺伊大学开发的用于 9~14 年级数学教师培训的网络平台。该平台为数学教师提供如何促进技术在数学课程中应用的短期培训课程。教师在该平台中学得的课程可以折合成教师继续教育的学分或该大学硕士课程的学分，参加培训的教师可以共享以前培训课程中完成的各种数学教学资源或相互共享教学资源。该平台中包含的培训项目有几何课程、代数课程、统计课程、计算机和网络设计课程、数学教法等内容。在每个培训项目中都有详细的项目计划、内容和目标，教师可以下载相关的软件进行学习，如果

---

[1] 韩旭：《基于网络的教师专业发展支持平台研究》，首都师范大学2005届硕士学位论文，第18页。

[2] 韩旭：《基于网络的教师专业发展支持平台研究》，首都师范大学2005届硕士学位论文，第10~12页。

遇到问题还可以通过电子邮件的形式获得专家的指导。

California Visual Campus 是一个综合型的培训平台，需要用户注册才能取得学习的权限。该平台主要是为参加培训的大学教师提供与网络教学相关的教育学理论和教学方法辅导课程，培训结束后给参加培训的教师颁发证书。平台中讲授的课程包括网络环境下的教学方法、网络课程资源的组织与建设、网络安全的基础知识和案例讲解等，还提供大学课程目录等教师专业发展工具和大量的文献资料以供参加培训的教师参考。

Tapped In 是美国 SRI（Stanford Research Institute International，国际斯坦福研究所）开发和运营的网络支持平台。该平台提供课堂教学之外的教师专业发展学习资源、在线支持工具等，并且为参加培训的教师提供专业成长伙伴和足够的专业支持。这一平台为教师提供独自学习、小组学习、集体学习的学习空间，平台管理者可以在平台中创建和管理小组学习，参加培训的教师可以采用文字聊天、电子邮件、内部短信等方式相互交流。Tapped In 是一个提供终身专业发展学习服务的平台，其中的培训组织者来自世界各地，活动的内容多种多样，参加培训的教师和培训组织者组成了专业发展的共同体。

综合国内外各种形式的教师专业发展网络平台，其共同点都是利用网络建立能够支持多种交流与学习方式的教师学习共同体。这种网络平台对于"无形学院"的拓展是非常必要的，它可以实现各种学术资源的整合与共享、吸引更多的专家和教师组成更大规模的学习共同体，构建更为宏伟的"无形学院"。

本章小结

本章分析如何改进大学"学术活动"。论文首先对大学学术活动的基本属性、大学学术活动的基本内容进行了基本描述；然后分别从大学学者所从事的教学、科研与社会服务活动，大学学者的"学术化生存"两方面，分析了"院校"角度的"校内日常学术活动；从"无形学院"的形式与功能、相关的理论支持、信息时代"无形学院"的拓展三个方面，分析了"学科"角度的"学术交流构筑'无形学院'"。

大学学术活动是大学学术生产的根本途径。大学学术活动的基本属性在于，它是一种精神生产活动，而且具有组织化的特征。关于大学学术活动的基本内容，克拉克论述了保存知识、传递知识、创新知识、应用知识等方面，博耶提出了探究的学术、整合的学术、应用的学术和教学的学术四个方面。

在大学内部常规的学术生产方面，大学的知识传播、科学研究和知识应用活动，构成了大学学者学术劳动的三个中心；大学学者工作与生活高度关联的特性，以及他们对于学术职业的深刻认同，使得大学学者的"学术化生存"有了实现的可能。

在学术交流构筑"无形学院"方面，要实现大学学术活动的优化，就要克服大学学者专门化、学术组织割据等弊端，在"无形学院"的诸多启示下，保障学者间的学术交流与合作。"无形学院"具有多种形式与功能，并且受到相关理论的强力支持，比如关于教师的显性知识与隐性知识的理论、教师专业学习共同体理论等。为了拓展"无形学院"，人们应当充分利用信息技术促进大学学者之间的交流，在已有的各种"教师专业发展网络平台"中寻求借鉴经验。

第五章

完善大学"学术体制"

大学学术体制确定了大学学术生产的组合方式与运作规则，是大学学术生产力的体制性影响因素。

第一节 大学"学术体制"概述

大学学术体制是大学学术工作的体系与制度，包括大学学术组织结构和大学学术制度两个方面。

一、大学学术组织结构

组织结构是组织的框架体系，它是特定组织内部的部门组合及其相互间的权责关系的反映。正如罗宾斯（Stephen P. Robbins）所说："就像人类由骨骼确定体形一样，组织也是由结构来决定其形状。"[①] 大学作为一种组织，也具有特定的组织结构，有其内部的部门组合及其关系状况。大学内部的各种机构从功能上看，可以大致分为学术性机构与非学术性机构。学术性机构由各种形式的学术组织构成，它们以发展大学学术为目标，按照特定的方式直接从事相应的学术生产，使大学的教学、科研与社会服务工作得以完成，大学的学术职能得以实现。学术性机构主要表现为大学的学部、学院、学系、研究所、研究中心、教研室、研究室等，它们从事着大学的目的性工作，在大学中处于核心地位。除此之外的各种机构与组织都是为大学发展服务的，是支持性的、手段性的机构，它们的工作直接或间接地为教学、科研与社会服务的发展提供条件和保障。相对于学术性机构而言，这些非学术性机构及其工作在大学中处于从属性地位。

[①] [美]斯蒂芬·P·罗宾斯著、黄卫伟等译：《管理学》，中国人民大学出版社1999年版，第229页。

与这种学术性与非学术性机构的划分相类似，张燮教授把大学的组织结构划分为教学系统、科研系统、社会服务系统和支持系统四种，并把前三个系统称为主功能系统，与支持系统相对应。① 这种"四分法"在学术机构的界定上更加具体明确，特别突出了教学、科研和社会服务这三者在大学中的地位。朱国仁教授则把大学的组织结构分为决策与协调性组织系统、保障性组织系统和职能性组织系统三部分。在这三大组织系统中，决策与协调性组织系统对社会资源输入、加工与转换、大学成果的输出这三个步骤具有监督、管理、决断与导向作用，在整个大学与社会之间起着"边界"性作用；大学的保障性组织系统则根据已有决策直接与外部环境发生作用，承担对输入资料的分类、储存与保管，为大学职能性组织的运行直接提供人、财、物、信息、安全等保障；大学的职能性组织系统则对已有"输入"开展各种形式的加工，然后向社会输入它们"加工"后的成果——专业人才、知识与服务。② 这种大学内部组织的"三分法"主要是按组织的功能与任务划分的，同时也清晰地显示出大学从"输入"到"加工"到"输出"的学术生产过程，显示出协调和保障机构对于这一生产过程的支持作用，因而对于我们认识大学的运作机理是很有帮助的。

大学与其他组织的重要区别就在于它所拥有的学术性机构。大学是不同学院（学部）、不同系所（或讲座）等学术性机构共同组织而成的一个联合体。这些组织是大学学术机构的核心部分，它们的构成、排列与组合状况就是大学的学术组织结构。它为大学学术生产力的发展提供了重要的组织平台，能够对它的发展产生巨大的促进作用，这在大学的教学、科研和社会服务中都有体现。

首先，良好的大学学术组织结构有利于大学教学中的共同培养。大学是培养高级专门人才的教育机构，而教学则是人才培养的基本手段。作为大学最基本的、目的性的活动，教学贯穿于大学全部的运行过程之中，需要从大学的组织形态上获得支持。大学中的各种学术组织都是与教学直接或间接相关的，都承担着人才培养的某一部分功能。从大学整体的人才培养规模与类型等战略规划，到学院一级的人才培养规格确定，学系的培养计划与方案，直到教研室一级的具体教学实践，都是大学学术组织在教学上的分工与合作。当然，大学作

---

① 张燮：《高等学校管理心理学》，人民教育出版社1993年版，第5页。
② 朱国仁：《高等学校职能论》，黑龙江教育出版社1999年版，第175页。

为一种底部厚重的组织，在人才培养上主要由基层学术组织来发挥基础性作用。教研室是处于最基层的学系，是专门研究教学设置、教材建设、教学方法、教学过程、教学管理等问题的最基层单位，是把好教学质量的第一关，也是监督检查教师教书育人工作最直接的组织。处于这种学术组织中的学者们可以通过互相听课，开展经常性教学研究活动，对各个任课教师的教学内容、教学方法、教学设置进行充分讨论等方式，促进教学工作的改进和学者个人的成长。可见，优良的大学学术组织结构，不仅能够保证各级组织合理分担教学和人才培养的任务，而且必须以基层组织为重心，充分发挥学系和教研室等基层组织的作用，强化组织底层的功能。

其次，良好的大学学术组织结构有利于大学科研中的交流与合作。近代科学由简单到复杂、由普遍到专门、由分支到交叉的迅猛发展，已经促使我们进入了一个"大科学"时代。这一时代的科学研究需要大规模的仪器设备、充足的资金保障和多学科的知识储备，是"小科学"时代科学家个人"家庭作坊式"的独立研究所无法胜任的。这就决定了科学研究人员必须加入各种学术组织，以"集群"的方式探索知识的未知领域。作为社会科研体系的一部分，大学的科研生产也同样符合"大科学"时代的发展特征。比如，社会需要解决的往往是一些难度较大的综合性问题，而且只追求"问题的解决"，不考虑大学内部"各学科是怎样分析问题的"。这就决定了大学在开展科学研究和社会服务工作时，必须寻求不同专业、不同类型学者之间的合作，通过特定的组织聚集各类专业人才，使之能够集体攻关，对课题进行全面研究，得出整体的结论和建议。与这种协作要求相反的是，大学虽然具有学科林立的优势，但各学科之间却是松散联合的，没有天然的密切联系与合作；多学科学者间的交流与融合，也不是学者个体能够完成的，而是需要各系、各学院有意识地打破学科界限、采取切实措施促进协作。因此，良好的大学组织结构，应该能够打破大学学科封闭、各自为阵的局面，按照"大科学"时代科研发展的要求，促进学科的交叉、学者的交流，为大学中的科研协作提供各种形态的组织准备。

最后，良好的大学学术组织结构能够促成社会服务中的联合签单。为社会提供直接的教育培训和咨询服务是大学学术生产力的重要内容，大学的组织设计也要为此做出贡献。正如前文所述，大学学者个体虽然也能完成一部分社会服务工作，但毕竟势单力薄，在申请项目、做课题时，常常因为硬件、软件上的不足，而难以承担重大的科研项目与课题。因此，联合起来成立学术组织就显得非常必要，它能够实现集体力量的整合，为大学的社会服务工作另辟蹊径。良好的大学组织结构，能够通过设立这些学术组织来增强社会服务的实力与水平，从而拓宽服务面向，获得更多更好的服务项目，促进大学社会服务生产力的发展。

总之，良好的学术组织结构能够促使大学内部各种学术机构密切配合，紧紧围绕学校共同的学术目标与任务，协调一致地开展活动，达到上下畅通、左右协调、信息及时反馈、实现大学学术生产力的健康快速发展。

二、大学学术制度[①]

（一）大学学术制度概述

制度是影响大学学术活动和发展的关键性因素。《辞海》对"制度"一词的解释是："要求成员共同遵守的、按一定程序办事的规程"[②]。制度作为一种规范人的行为的方法，具有强制性、工具性和时效性，是一定范围内和特定时间里每个人都要遵守的。新制度经济学派认为，制度作为社会的游戏规则，是一种稀缺性资源，是合作的前提，能够有效化解纠纷，降低经济活动中的交易成本，抑制机会主义蔓延，因而成为社会发展的内生变量。制度所具有的诸多社会功能，已经得到了理论研究和社会发展实践的证实。

但是，制度有优劣之分，优良的制度才能充分发挥积极的作用。诺斯（Douglass C. North）认为，有效率的制度具有如下两个特征：第一，有效率的制度能够使每一个社会成员从事生产性活动的成果得到有效的保护，从而使他们获得一种努力从事生产活动的激励。用经济学的术语来说就是：制度应能够最大限度地消除人们"搭便车"的可能性，从而使每个社会成员的生产投入的个人收益率尽可能地等于其社会收益率。第二，有效率的制度能够给每个社会成员以发挥自己才能的最充分的自由，从而使整个社会的生产潜力得到充分的发挥。而无效率的制度则恰好相反：第一，它不能够使每个社会成员从事生产性活动的成果得到有效的保护，不能使个人收益和社会收益趋于一致，从而它不仅不能鼓励人们的生产性活动，而且在鼓励人们的搭便车等损人利己行为。第二，它不能给予每个社会成员以从事生产活动的充分自由；同时，既然广大社会成员的自由受到了不合理的限制，那么一定是存在着某种凌驾于社会大多数人利益之上的特殊权力集团，而这种特殊权力的存在又必然会诱发大量

---

① 陈何芳：《论大学学术制度的意义及改进》，《教育学术月刊》2009 年第 3 期，第 27~29 页。
② 夏征农等：《辞海》，上海辞书出版社 1989 年版，第 210 页。

的寻租行为,把大量的资源引入寻租领域,从而降低整个社会的生产率。①

应用于教育领域,制度教育学派也认为:"一方面,'好'的教育制度是重要的教育资源,它可以增强人的权利意识、自主意识,提高人的主动积极性,提高人自我发展的责任心,从而提高人发展的层次,塑造健康和谐的人格。另一方面,'坏'的教育制度则是人身心发展的牢笼或框架,它一是压抑人的天性,使个人的欲望得不到满足,天生的才能得不到扩展;二是控制人的发展方向,使之向不利于自身的方向发展,在这种条件下,发展就是对个人资源的一种掠夺性开发,其目的是使人成为别人手中的工具;三是摧残人的创造性,受到鼓励或强调的只是局限于工具能力的发展,个人的批判意识、独立意识、怀疑精神、探究精神都受到压制,因而也就丧失了过民主生活的能力"②。

具体到大学学术生产力方面,制度也同样具有重要意义:"从制度角度而言,大学组织就是有关大学的种种制度的具体形式体现或称作制度的化身。而对大学组织制度的设计和革新,又从根本上影响着大学本身的生存、高等教育系统内外的一切关系和高等教育的发展"③。"合理的制度安排可以提高大学创新的内驱力,充分释放知识生产力。影响大学发展的制度安排和其他制度形式相比,具有自身的特点,被称为知识制度……知识制度的提法真实地反映了影响大学发展各种制度安排的典型特征,因为这些制度安排是多元主体为了满足各自的知识需求,通过互动的方式建构的关于知识分工、知识选择、知识评价和知识分配的游戏规则以及执行规则的组织实体"④。

在大学组织中,健全的学术制度包括与有关各学术组织及其成员相对应的各种规章、要求、原则和规定等,它们是对各学术组织及其成员职责的规定,或者说是对其行为的要求与规范。大学学术生产的正常开展需要这些制度发挥规范和保证作用。只有具备了健全的制度,并且各组织及其成员能够在相应制度的规范下各尽其职、充分发挥自己的作用,整个大学的学术生产才能顺利地进行,大学学术生产力才能得到充分的发展。

---

① [美]诺斯等著、张炳九译:《西方世界的兴起》,学苑出版社1988年版,第152页。
② 康永久:《"制度教育学"管窥》,《华东师范大学学报》(教育科学版)2001年第1期,第36~37页。
③ 刘慧珍:《制度创新与有效大学组织的建设》,北京师范大学1997届博士学位论文,第35页。
④ 朴雪涛:《论知识制度与大学发展》,华中科技大学2003届博士学位论文,第2页。

（二）大学学术制度的意义

在大学发展的过程中，制度是一种关键性的影响因素。大学规模、质量、结构、效益、学术声誉等方面的发展，都离不开大学学术制度的推陈出新。因此，良好的学术制度既是促进大学发展的重要因素，也是大学发展的标志性成果。很多后发外生型国家的大学所面临的发展困境，不仅在于经费的匮乏，更表现为优良制度的缺失。大学学术制度对于大学发展的意义主要表现在以下两个方面。

1. 大学学术制度对学术活动具有重要的协调与规范作用

大学的学术生产活动是以人的自由思考为基础的智力活动，它与一般的社会生产活动差异巨大。大学制度作为调节大学生产关系的"纽带"，必须适应学术生产或"知识生产"的需要。大学制度创新的实质就在于不断打破不适应知识生产的旧的生产关系，以激发学术活力、解放大学的知识生产力。大学每一次有较大意义的制度创新都可以概括为以提高学术活力为根本动力的创造性活动。制度创新能带来大学组织的活力，能使大学适应不断变化与发展的生存环境。

一方面，大学学术制度具有协调大学"二元结构"的作用。大学存在一种教师与学生、学术人员与行政人员、教学与研究之间对立统一的二元结构，导致了大学不同利益主体间的特殊关系。教师、学生和行政人员在价值取向和行为方式上存在很大差异，他们之间的矛盾与冲突是不可避免的；松散联合的大学组织处于一种"有组织的无政府状态"，不同学科、不同学者之间由于学术文化的差异，彼此存在不同的观点、误会和偏见，造成大学学者之间交往关系的淡漠和不稳定；教学与研究的关系十分微妙，两者之间的矛盾时有发生。而大学学术制度规定了处理教师与学生、个人与集体，以及个人与个人之间复杂关系的基本原则，在协调大学组织"二元结构"的矛盾，调节各种学术活动主体间的权力和利益关系方面，具有不可替代的作用。

另一方面，大学学术制度对各种潜在可能的失范行为具有规范作用。大学就像一个小社会，其组织成员是多种多样的，他们的需要和利益也各不相同。在学术活动中，大学内部各种主体在自身利益的诱致下，都有可能产生机会主义倾向，导致学术失范和越轨。而学术制度是集体意志的体现，它规定了各项学术工作需要遵守的基本规范，这样就能减少活动中的机会主义倾向，降低学术活动中的道德风险。因此，立足于学术制度来强化大学的激励与约束，对于大学的健康发展是非常必要的。

2. 大学学术制度可以物化办学理念与组织文化，成为思想与行动相互转化的中介

一方面，大学的办学理念对大学的发展影响巨大，它从观念层面决定了一所大学的发展方向和办学策略。但这种决定作用虽然是深层次的、内在的，却具有一定的间接性。理念要从思想变为行动，转化为物质力量，还必须借助制度所特有的中介作用。制度有助于促进思想与行为之间的相互转化。制度安排是特定组织内在精神与理念的外在表现，同时又反过来培育和营造了组织内部所特有的文化氛围，进而内化为组织成员的精神人格和价值诉求，决定了他们的行为表现。因此，大学学术制度是大学办学理念发挥直接影响作用的中介，同时也有利于办学理念的进一步更新和发展。

另一方面，大学组织文化是学校集体的心理定势，是特定学校的精神标志，对于个体的态度和行为具有潜移默化的重要影响。而学术制度明确规范着相关机构与人员的行为，是显性的、物化的行为规范。大学作为主要由学者和"准学者"构成的高文化层次的专业组织，无疑更加青睐组织文化的"软性"管理的作用，而对组织制度这种硬性管理怀有天然的抵触情绪。但优良组织文化的形成又必须以制度管理为前提，通过学术制度对师生员工的行为发挥明确的导向作用，进而升华为一种组织氛围与文化。从这个意义上说，学术制度与组织文化是由低级向高级阶段发展的两个管理层次，只有抓好学术制度建设，才能促进良好组织文化的形成。所以，无论是大学的办学理念还是组织文化，它们的形成及其作用的发挥，都离不开大学学术制度的中介作用。

（三）大学的教学、科研与社会服务制度

大学学术制度可以有不同的划分方法，如果仅仅从"学术"的内容来看，它可以细分为大学的教学制度、科研制度和社会服务制度，是关于大学教学、科研和社会服务活动的制度与规范，直接影响着大学学术活动的开展和大学职能的实现。

1. 大学教学制度及其改进

教学工作是大学的中心工作，教学工作的质量直接影响着大学人才培养的质量，决定着大学教学生产力的水平。因此，教学制度如何，能不能通过制度的创设，充分调动教与学两个方面的积极性，充分挖掘教与学两个主体的潜能，就成为大学教学管理成败的关键。教学制度的对象是教师、学生、课程、教学方法等要素。教师教学积极性的激发、教学质量的提高、对学生专业素质的培养，都要从这些要素着眼，来建构科学规范的教学制度。要对教学制度进

行系统的思考，就要弄清楚教师层面、学生层面、课程层面、课堂教学层面的具体情况。比如，在教师层面可以思考以下内容：一是大学教师应该具备怎样的师德品质，如怎样尊重学生，怎样爱护学生，怎样为人师表等；二是大学教师应该遵循怎样的基本教学规范，如怎么备课，怎么上课，怎么组织考试，怎么指导实验等；三是如何对大学教师的工作进行评价，如按照什么标准来判断哪些教师是不合格教师、合格教师或优秀教师等；四是对评价结果如何使用，如对不合格教师如何惩戒，优秀教师如何激励等；五是大学教师如何晋升，如助教、讲师、副教授、教授的聘任条件分别是什么，如何正常聘任，如何破格聘任等。① 经过这样的系统分析，就能创设出比较科学的有关教学层面的制度。当然，这些制度还要与大学的科研、人事、学科建设、思想政治工作等其他制度相衔接，协调一致地发挥作用，形成整体的运作机制。

2. 大学科研制度及其改进

进行科学研究、探索新知识新技术是大学学术生产力的重要表现。近年来，我国各大学为了促使大学学者从事科学研究，多出成果、出高水平成果，制定了许多有关科研的规章制度，比如科研奖励制度、科研人员考评制度、甚至科研惩戒制度等。不少大学对教研人员进行年度考核，规定了每年需要完成的任务指标等。这些制度为大学的科研生产提供了一种标准，并据此进行考核，确实在相当大程度上实现了激励与约束的作用。它增加了大学学者从事科研的压力与动力，无疑会促进大学科研产出的提高，尤其是短期内较低水平的科研成果的产出。但是，正如很多学者普遍担忧的那样，对科研产出所做的各种数量化的制度规定，对于大学科研生产力的发展未必是好事，尤其是不利于大学科研水平的长远提高。若遵循这种过于数量化的考核制度，在某种意义上就会扼杀真正高水平的科学研究，是对学术浮躁和学术腐败的制度性诱导，是适得其反的。因此，大学科研制度的构建一定要相当谨慎，它不能一味地刺激科研工作在数量上的产出，而要认真研究学科发展规律、科学研究规律和科研人才的成长规律，要注重制度的导向性、长效性和实效性。

优良的大学科研制度，至少要关注以下四个方面：首先是要全面关注大学学者的行为、品格和绩效，把促进科研人才的成长作为重要目标。这不仅是因为学者是大学科研发展的人力基础，更因为大学的科研对于大学教研人员和学

---

① 范跃进：《论制度文化与大学制度文化建设》，《山东理工大学学报》（社科版）2004年第2期，第5~9页。

生而言，都应当具有教育性功能；其次是要全面关注大学的基础性研究、应用性研究和开发性研究，根据它们的不同要求给予不同的制度支持；再次是要鼓励各种综合性研究，支持各学科、专业之间的研究协作、促进大学跨学科研究的发展；最后是要协调好个体研究和集体研究之间的关系，在评价制度上对二者一视同仁，使集体研究得到制度性支持。总体而言，大学的科研优势主要在于基础性研究、跨学科研究和集体性研究，这在大学的科研制度中都应当得到关注和加强，而不能背道而驰，仅仅刺激学者个体科研产出的速度和数量。

3. 大学社会服务制度及其改进

社会服务作为大学学术生产中一项周期较短、经济和社会效益显著的活动，在当前各大学都受到了普遍的重视。社会服务是教学与科研活动的延伸，是通过教育培训和应用性研究成果的推广来直接为社会提供服务，并以此获得社会的经济回报和资源支持。因此，社会服务与教学和科研的显著不同是，它具有资源上的自我补偿性，而不是像前两者那样是资源依赖性的。这也决定了社会服务的功利性更强，很容易对正常的教学和科研造成冲击。因此，在大学的运行过程中，一定要有优良的制度来协调社会服务与教学和科研之间的矛盾，减少它的负面影响。但是，令人遗憾的是，当前很多大学对于教学和科研不仅没有给予必要的制度性倾斜，反而规定了社会服务创收的数量与任务；不考虑学科差异和院系的现实情况，一律鼓励甚至硬性要求各院系从事社会服务活动以增加财政收入。这样的制度显然是舍本逐末的，对于大学学术生产力的健康发展是极为不利的。

而要解决这些问题，就要建构合理的社会服务制度，从制度上抑制这种过于功利化的倾向，保证大学社会服务的全面性和有效性。大学在社会服务中不仅要重视自身的经济收益，更要注重它所带来的社会效益；大学支持有偿服务，但更要鼓励各种义务性或非有偿性的服务；不仅要为经济建设服务，更要为社会的方方面面服务；不仅要为地区服务，更要着眼于更大的区域和国家的整体利益；不仅要提高社会服务的数量，更要保证质量和水平，防止因质量低劣或行为失范而败坏学校声誉。有了这种正确的认识，我们在制定大学社会服务制度时，首先就要完善社会服务系统，加强日常的联络、组织、管理与协调工作；其次要制定必要的规划，有一种长远和系统的视野，而不能目光短浅、随心所欲；再次是要确立基本的规范，比如对有偿性服务的经济收入进行较为统一的管理、保证其有效使用、缩小不同参与者之间分配悬殊等；最后是要运用合理的评价机制，减少服务在性质、形式和范围上的偏差，实现"全面服

141

务于社会"的目标。总之,大学社会服务的首要特点是手段性。它是为教学和科研服务的,既为二者提供一种感性体验和实践反馈,又在某种程度上给予一定的经济反哺;同时它更是为大学的声誉服务的,要扩大学校的影响力、提升学校的社会威望、力争在社会舆论中得到好评,从而在生源、资金和就业市场上占据更为有利的位置。只有充分认识到社会服务对于"学术"、"学校"和"社会效益"的"手段性",才能制定合理的制度,抑制其单一的"经济手段性"。

第二节　大学学术管理体系与制度[①]

一、大学组织的纵向层次结构

（一）学系—学院—学校的三级结构

关于组织的结构,帕森斯（Parsons）区分了三个主要的组织结构层次。"底层的是技术体系（technical system）,在那里处理组织的实际'产品'。这一层次的例子有流水线的工人、实验室的科学家和教室中的老师。在技术层之上的是管理系统（managerial system）,主要功能就是协调组织和任务环境之间的关系,任务环境则包括消费组织产品、提供组织原材料以及控制组织内部事务的系统。高层是制度系统（institutional system）,功能是将组织与更大的社会联系起来:即'意义、合法性或更高层次的支持资源,制度使组织目标的实施成为可能'"[②]。帕森斯还把这三个层次提升为一般组织的三个层次,即技术层次（technical level）、管理层次（managerial level）和战略层次（strategic level）。技术层次完全处在组织内部,可从理论上视为一个封闭状态。它不与社会环境发生直接关系,其目的是达成组织目标;管理层次的主要任务是协调机关内部各单位的工作活动,以确保机关成为一个完整的工作体;战略层次主要负责制定决策,它处于组织与环境的交界地,要与外界进行广泛的接触和交流。[③]

用这种分类来分析大学,系属于技术层次,学院属于管理层次,大学属于

[①] 陈何芳:《创新大学学术组织结构,提高大学学术生产力》,《高等工程教育研究》2005年第6期,第25~28页。

[②] [美] W. 理查德·斯格特著、黄洋等译:《组织理论:理性、自然和开放系统》,华夏出版社2002年版,第69页。

[③] 张新平:《教育组织范式论》,江苏教育出版社2001年版,第169页。

战略层次。它们在学校发展过程中所发挥的作用是不同的。第一个层次系是按学科组建的，在教育事务方面（例如教师的录用、评价、晋升）有相当的决策权。第二个层次是学院，它是系的组合，是大学预算的基本单位。学院负责评价各系的课程建设情况、人员聘用和晋升情况、工资和预算情况、学生咨询情况，并提出设备需要。最后一个层次是大学，其责任在于处理全校教师共同关心的学术自由、学术声誉、质量标准、目标等事务，并处理与周边环境的关系。[1] 大学组织的"底层"和"顶层"追求不同的文化，具有不同的逻辑，底层的个体强调出于自己的兴趣、意志来发展知识，不同的个体表现出各自为政的倾向，而高层更多关注战略，更多将精力投诸知识远景的规划上，并希望整合组织内的各种力量更好地实现组织目标。如果将大学组织的底层和高层分别理解为连续体的两端，那么处在两端中间起桥梁和纽带作用的就是大学组织的中层，因此处于组织中层的学院一定要在两极之间发挥充分的协调作用。

现代西方大学的组织结构一般都分为三个层次，即学校之下设学院，学院之下设学系。比如，美国和英国大学最低一级组织都称为系；中间一级英国称为学部，美国称为学院；学校一级是最高层次。而德国大学则以"学校—学系或研究所"的两级组织结构而闻名。在此，我们可以通过这几种主要的学术机构来分析大学的学术组织结构。

1. 学系

学系是英、美等国大学教学与研究的基本单位，它是在借鉴德国讲座模式的基础上建立起来的。相对于德国的讲座而言，学系涵盖的知识领域更为宽泛，在建制上也更为灵活。它改变了讲座围绕学术权威而建立的作法，更倾向于根据知识本身发展的需要而创建或撤并。学系在大学学术生产中处于举足轻重的地位。作为大学基层的操作性的组织，它承担了大学最基本的教学、科研和社会服务工作。正如伯顿·克拉克所说："就系统本身以知识任务为中心而言，有关系统操作的一项重要的事实是，学科和院校的联系都会聚在基层操作单位，即学术界的基本工作群体。学系、讲座或研究所既是学科的一部分，也是院校的一部分，它们将两者合二为一，并从这种结合中汲取力量。这种结合使得操作部门既能显示出强大的势力，又能成为系统的核心。"[2] 大学基层学

---

[1] J. D. Millett, The Academic Community: An Essay on Organization, New York: McGraw-Hill Book Company, 1962, p. 231.

[2] ［美］伯顿·克拉克著、王承绪等译：《高等教育系统——学术组织的跨国研究》，杭州大学出版社1994年版，第37页。

术组织由学术生产者个体组成，他们多为在某一方面或者几个方面术业专攻的专家和技术人员，其主要职责正是传授知识、发展和创新知识以及应用知识，这恰恰是大学组织的根本使命。由于他们处在高深知识的最前端，对"教学应该教什么？从事什么方面的研究？研究的进程和思路如何？"等属于技术层面的问题方面持有更多的个人主张，所以不应该受到外界的干扰或者院系行政层直接管辖。

世界各国大学之间由于学术传统的不同，学系一级的结构也并非完全一样。美国大学的学系主要由教授集体享有学术事务的管理权，系以下设学术专业小组（Academic Unit）作为非正式的学术交流组织。教师的自治主要体现在系里，因为系主任的任命在很大程度上是由教师决定的，实际上很多系主任是由教师轮流坐庄。在系里有浓郁的学术气氛，教师们能够就学术问题进行自由探讨，使系成为组织具有相同志向和兴趣的人共同工作的最简单的途径。随着科学技术的发展，跨学科的研究成为必然，因此出现了许多被称之为"矩阵组织"的研究中心。这些研究中心主要是依据研究课题而成立的，它不是一级行政组织，大多挂靠在某一系级单位。在研究中心里，成员可能属于不同的系科，同时接受行政单位和中心两方面的领导。

2. 学院

大学学院制的出现最早可追溯至中世纪的大学，比如巴黎大学就由神学、医学、法学和人文四个学院组成。早期的牛津大学和剑桥大学也设有学院。近代以来，由于知识领域的全面拓展，知识总量迅速增长，知识在高度分化的同时，又出现了综合化的趋势，导致各种横向学科、交叉学科和综合性学科不断涌现。"围绕着知识内部逻辑结构的调整和变革，以及对知识外在的应用价值推崇，人们在继承传统学院制模式合理内核的基础之上又进行了新的改革尝试，在高度分化的系所建制基础之上，逐步形成了具有现代意义的多种模式的学院制组织结构"①。因此，现代意义的学院制是适应知识综合化趋势而采取的一种组织变革。

学院的设立有力地促进了大学学术生产力的发展，其作用主要表现在以下三个方面：

首先是有利于人才的综合培养。传统的狭隘的系科分裂格局，不利于学生拓宽学习领域和发展空间。因此，打破系科分割，实行学院制模式是加强学生

---

① 阎光才：《识读大学——组织文化的视角》，教育科学出版社2002年版，第80页。

通识教育的有效途径。20世纪以来各国大学普遍设立的综合性本科生学院和部分文理学院,其目的便在于此。这些学院往往重视加强对各系科的统筹管理,由学院根据现代社会发展对人才培养的要求,统一设立综合核心课程,并全面组织实施。有些学院还做到了与其他专业学院合作,根据不同系科的需要,开设相关的选修课程,以打破学院间彼此分割的局面,开阔学生的知识视野。

其次是有利于科学研究上的横向联系。现代知识高度综合化的发展趋势,引起了人们对传统的以系所为中心的研究组织形式的反思与责难,即系所组织往往在满足了专业化需要的同时,却忽视了不同学科间的横向联系。因此,在系所建制基础上,建立旨在加强各系所之间横向联系的学院制模式,不失为一种理想的选择。这种学院制模式以开展文、理科的基础研究和研究生层次的学术人才培养为主,强调在多个学科高度分化基础上的相互间的交叉、横向交流和综合。① 这样非常有利于大学开展跨学科的课题研究,发展交叉学科,促进大学科研的发展。

最后是社会服务上的领域拓展。大学为了拓宽自我生存和发展的空间,巩固和提高自身在不断加剧的院校竞争中的有利地位,近年来纷纷加大了应用性和开发性研究的力度,并不断推动基础研究成果向社会的转化。这也导致了各种专业学院的设立与发展。专业学院偏重于知识的开发和应用,与社会间的联系更为直接,因而能够吸纳大量社会部门的资金。作为一种责、权、利相对集中和统一的实体机构,专业学院使内外部的人、财、物和信息的流动更为频繁,促进了各种资源更为合理的配置和利用,② 这对于拓展学院和大学的服务领域、增强大学实力是非常有益的。

3. 学校

大学组织结构中的"高层"或者"顶层",指的是学校一级,它是大学最高的一个层次,他们属于战略层次(strategic level)在组织与环境的交界地,它必然要与外界进行广泛接触和交流,其主要负责制定决策。学校的统筹绝对必要,否则大学就失去了作为规范型组织所得以存在的基本依据。大学从整体上讲也是一种学术组织,但它对大学学术生产力的影响主要是战略、制度和环境意义上的,是一种宏观的、外在的影响。学校一级的管理是至关重要的,而

---

① 阎光才:《识读大学——组织文化的视角》,教育科学出版社2002年版,第81页。
② 阎光才:《识读大学——组织文化的视角》,教育科学出版社2002年版,第84页。

学校一级管理机构的设置又是各具特色的。美国所有的大学均设有董事会作为本校最高决策机构，负责批准本校的大政方针，而私立学校的董事会权力更大。但董事会并不介入大学的具体事务管理。校长是大学行政管理的最高负责人，是董事会的法定代表和执行官员，又是学校的学术领导。而在我国高等教育中，学校层次的管理由党委机构、校行政机构和校民主管理机构共同组成。校党委是学校管理的领导机构，实施政治领导并对各方面事务进行监督；以校长为首的校行政班子由于实行校级集权管理而承担着繁重的管理职责；校民主管理机构虽然有教职工代表大会、学术委员会、教师职务（称）评审委员会、学位评定委员会等形式，但却处于从属地位，更因为各方面的不完善而难以充分发挥其应有的作用。校长作为最高行政长官没有必要介入大学的学术层面的学术事务，因为在技术层面的知识创新领域中，仅可能是某一领域的专家，在另外一个领域可能是新手，但大学领导其基本职责在于作为组织的领导者，用知识远景来维系组织的存在和发展，促进大学的知识共享，创造和改善知识环境，营造一个相对自由和宽松的氛围，并激发大学成员的创造性，满足其求知的愿望和个人自我实现的需要。

从国际范围来看，按三层次原理设置的大学学术组织结构更为普遍，因而大部分的改革都是从"两层"结构走向"三层"，或者拓展层次空间，使其更具灵活性和包容性。

（二）我国大学学术组织结构的弊端

我国尽管很早就有专门培养高级人才的机构，但严格意义上的现代大学却不是中国传统高等教育的自然延伸和发展。一般认为，1895、1896 和 1898 年分别成立的天津中西学堂、上海南洋公学和京师大学堂被认为只是现代大学的雏形。而真正由旧入新、实现由传统向现代大学的转换，大致发生在"民国"成立之后，其主要标志是蔡元培主掌教育部，并颁布《大学令》以及对北京大学的现代性改造。1929 年颁布的《大学组织法》最早规定，具备三所学院的高等教育机构称之为大学（综合大学）、其他称之为独立学院（即单科大学），大学内设学院，学院下设系，一般不设专业。新中国成立初期，大学或专门学院的系仍然是教学科研的基层组织，1950 年《高等学校暂行规程》中规定："大学及专门学院设若干学系，其设立或变更由中央教育部决定之"；"大学如有必要，得设学院，并在学院内设若干学系；学院或学系的设立或变更，由中央教育部决定之"；"大学及专门学院的系，为教学行政的基层组织"。同年，《关于实施高等学校课程改革的决定》中指出："高等学校应以学系为培养人才的教学单位"。但仿照苏联模式，通过院系调整改变了综合大学"大学——学院——系"的基本组织制度，取消了学院设置，系科可设专业，并普遍设立了教学研究指导组（教研组）。① 这样，大学组织制度就由原来的"校——院——系"三级体制变为"校——系——专业（教研组）"三级体制，人才培养和教师活动领域进一步专门化。学校按照专业招生，学生入学后按照专业分班组织活动；教师所在的基层组织就是教学研究指导组（教研组），是由一门课程或性质相近的几门课程的教师组成。教研组既是开展教学活动的组织，又是从事教学研究的基本单位。20世纪50年代的大学管理体制改革，奠定了当前大学管理的基础和基调。

1. 我国大学传统组织结构的特征②

第一，沿袭传统的官僚组织结构。我国大学基本上都是以职能部门划分工作任务，实行幅度狭窄的集权化管理，往往通过命令链进行决策，以维持组织的正常运行。大学组织普遍划分为行政后勤和教学科研两大块，行政后勤部门又按照工作职能进行细分。这种划分与我国的行政官僚组织体制联系非常紧密，地方党政机关具有的职能部门基本上都能在大学里找到相对应的位置。这种官僚制组织结构容易削弱部门间的横向合作，导致部门之间产生利益冲突，甚至为保护部门利益而牺牲大学组织的整体利益。在教学科研组织方面，大学虽然设立了诸如教学科研院所等组织，有些也具有矩阵结构的特征，但由于目前我国大学行政思维过于强烈，行政权力干预过多，这些组织本该拥有的权力往往也被纳入到行政权力的命令链当中，学术自主权得不到保障，矩阵式结构的功能也没有得到很好的发挥。

第二，组织集权化程度较高。集权化是与分权化相对立的一个概念，它是指"组织中的决策权集中于某一点的程度"③。高集权组织结构的优势在于决策效率比较高，它在官僚组织结构中的特征十分明显，这一点在我国大学中也得到了充分的体现。大学的行政部门都是按职能进行划分的，部门在其职能领域拥有较多的决策权。但是，这些部门往往只是简单地从方便自身管理的角度进行决策，很容易忽视决策对象的特性和要求，不考虑这些决策在基层是否可

---

① 马延奇：《大学组织的变革与制度创新》，华中科技大学2004届博士学位论文，第59页。

② 易斌：《我国高校教师科研创新的组织机制研究》，湖南师范大学2004届硕士学位论文，第5~6页。

③ [美]斯蒂芬·P·罗宾斯著、郑晓明译：《组织行为学精要》（第5版），机械工业出版社2000年版，第286页。

行和有效,这就很容易增加决策的盲目性;这种决策沿着行政命令链自上而下进行传达并要求执行,即使要重新纠正也要耽误很长的时间。大学的教学和科研组织本应是大学组织的核心,在学术事务上享有决策权,但这些组织却常常因为受到行政权力的压制而丧失了参与决策的权力,沦为决策的被动执行者。

第三,部门间呈现相对封闭状态。由于大学行政后勤部门的设置主要参照党政机关的部门设置,工作分工过于细化,这虽然有助于明确工作责任、提高工作效率,但也造成部门之间协作程度降低、利益纠纷增多。当党政机构的这些特性进入大学之后,其毛病也逐渐暴露无遗,况且大学是崇尚开放和松散联合的组织,这种封闭和矛盾冲突的后果对大学的伤害可能更加严重。

2. 我国大学传统组织结构的弊端

我国现行的大学组织结构形成于 20 世纪 50 年代初,是在学习前苏联大学组织模式的基础上形成的。在这种结构之下,大学按学科甚至专业分成许多系,按专业招生和培养,以专业为基本单位开展教学活动。这种组织结构在本质上是一种计划体制的组织模式,人为地割裂了学科间的联系,奉行的是狭隘的"专才"教育理念。这种按学科设置专业,按专业设置系,按系组织教学科研活动的"封闭割裂式"大学组织结构,不仅有碍于拓宽专业口径、柔化专业设置,而且更不利于增强学科间的合作、发展边缘学科、增强大学的应变能力。具体来讲,这种僵化的组织结构的弊端主要表现在以下三个方面。

第一,不利于高素质人才的培养。随着科技的综合化和竞争的全球化,社会迫切需要大学打破学科界限和专业壁垒,文理渗透、理工综合,培养知识面广、能力强、综合素质高的通才。但目前我国大学的组织结构仍然是适合传统的专业教育模式的,难以满足培养通才的需要。在这种模式下,大学师生被局限于一个专业、一个学科和一个系中,严重限制了他们的视野和思维,使教师学术能力发展缓慢,也使学生知识面狭窄,人文或科学素养不高,跨专业继续学习的能力低下,对社会变动的适应能力较差。我国高等教育过度专业化的弊端之所以自建国初至今仍然没有得到根本的改变,很重要的原因就在于大学的组织结构没有发生实质性的变化。许多大学虽然恢复了学院设置,但往往只是在学校和学系之间增加一个管理层级,学生的培养仍然由各系负责,因而所谓的拓宽专业口径、柔性专业设置常常只是理工科增设几门社会科学课程,人文学科增设几门自然科学课程而已,并没有真正打破学系的界限。

第二,不利于科学研究的综合化。当代科学研究往往不是一个人、一个实验室或一个学科的力量所能完成的,许多综合性问题需要多学科相互合作来解决。但现行的大学组织结构使某一学科的教授固属于一个特定的系,由系里安排其教学和科研活动,人为地割裂了学科之间的联系,致使系与系、学科与学科之间界线分明,相互画地为牢,很少有交流与合作的机会,削弱了大学的整体科研能力和学术水平,影响了边缘学科的发展。所以,将大学按学科划分为系已经难以适应教师开展学术活动的需要了,它甚至成为阻碍教师进行跨学科研究的体制性障碍。

第三,不符合现代科技和社会发展的需要。当今科技的发展出现了高度分化与高度综合并存的现象。一方面研究领域不断分化和细化,越来越多的新兴学科从原有的学科中独立出来;另一方面介于自然科学与社会科学之间的综合性学科、边缘学科和横断学科不断涌现。同时,社会分工继续发展,新旧职业的更替加速,社会职业需求的变动性、多样性及综合性大大增强。在这种情况下,大学的组织结构如果继续按狭窄的学科和专业来设计,就会不可遏制地设置越来越多的新系或中心,超出大多数大学的承受能力,违背科学管理的合理层次与幅度原则。① 更为严重的是,这样培养出来的"专才"往往视野过窄,综合性业务能力较差,大大降低了对于社会的贡献能力。这样的大学及其学者,在社会服务的水平上也是令人质疑的。

针对以上这些问题,大学组织结构必须进行一定的改造,以适应新时代的发展需要。实际上,大学组织变革并非我国特有的任务,而是世界范围内大学改革的一个重要趋势。比如,麻省理工学院自1994年起,在全校发起一场持续至今的"再造MIT"运动。这场运动由行政系统波及到学术系统,行政系统的重组不再是简单的"精简机构"、"竞争上岗";学术系统的再造也不是简单的"恢复学院"、"建系设所",而是涉及到组织的重建、制度的重建和文化的重建等多个方面。可见,大学组织再造是当代大学发展的共同主题。我国大学在组织变革过程中,既要清醒地认识到自己的特殊问题,又要紧跟大学组织再造的国际潮流,这样才能实现跨越式发展的战略目标。

(三)我国大学学术组织结构的优化

对于上文所论述的传统的"大学——学系"这种组织结构的弊端,有些国家已经意识到并进行了改革。法国早在1968年就取消了"系"的设置,代之以新型的"教学和科研单位";美国很多大学建立了跨学科的研究中心,一

---

① 夏洁:《深化大学组织结构改革:一个值得重视的问题》,《南京工程学院学报》(社科版),2003年第2期,第54~55页。

些社区学院也尝试用较大的学术单位来取代学系。美国大学对于传统的学系组织的改革，相关的模式主要有以下四种。第一种是保留系，但遵循师资共享的理念，重新界定系的内涵并对其进行重组。第二种模式也是保留传统的系，但遵循职能优化的原则，将各系的职责进行分解，多个系成立共同的"业务中心"，系里只保留聘任教师、决定任期、晋升等基本决策权，使其集中精力发展学术。第三种模式是取消系，将相邻的学科进行重新整合，建立部或学院，如社会科学部或人文科学部。第四种模式是取消所有的系和学院，只任命学科教授，并将教师以灵活的项目委员会方式组织起来，原来由各系承担的学位培养项目交由项目委员会负责，形成"大学－项目委员会"结构。①

美国大学在组织结构方面的这些探索是很有意义的。以此为借鉴，我国大学学术组织结构的改革也应该做好以下三方面工作。

1. 明确界定大学的校、院、系三级核心组织的职责权能

大学在纵向结构上可以分为校—院—系三级。学校一级是大学管理的宏观层次，承担着大学学术发展规划和学校管理规章制度的制订，各学院之间和学校与外界之间的协调，以及大学重大改革与发展战略的实施。学院是大学管理结构的中观层次，发挥着承上启下的作用，负责学生管理，全院和院校间教学科研活动的协调，并与系配合共同负责教师管理。而系是基层学术机构，负责教学科研等学术活动的具体实施，也承担最基层的学术管理职能。这种校、院、系三层次权能范围的设计，集中体现了加强协调与控制职能，扩大中层和下层学术自主权的思想。只有下放了学术自主权，学校层次才可能集中精力抓好学校发展的规划与协调，为院系学术事业的发展营造自由、宽松的优良环境。②

2. 完善学院制改革

我国现行的学院制模式主要有三种：一是以学科群组建的学院。即利用大学内部优势，在具体操作上集系成院，促进学科的横向联合。二是系直接升格的学院。由原来的系经过发展壮大而成；或是根据学校内相近或相关学科整合而成。三是按照社会产业、行业需求集多学科而组建的学院。无论是哪种形式组建的学院，都要具备一定的权力和职责，能够真正负责本学院的教学、科研

---

① 夏洁：《深化大学组织结构改革：一个值得重视的问题》，《南京工程学院学报》（社科版），2003年第2期，第55~56页。

② 别敦荣：《中美大学学术管理》，华中理工大学出版社2000年版，第219~220页。

和管理，而不是有名无实、形同虚设。在学院制管理下，学校将很多权力下放给学院，自身则立足于宏观调控、协调和监督，成为"决策中心"；学院是拥有一定权力和职责的实体，负责本学院的教学、科研和行政管理，是学校的"管理中心"；而学系负责具体的教学、科研工作的展开与微观管理，是学校的"质量中心"。我国的学院制改革要从以上几个方面入手，真正把工作落在实处，而不能换汤不换药，只是挂个"学院"的牌子。

3. 促进大学组织结构的弹性化、多元化和网络化

组织设计是一项"情境性"很强的工作，需要因时、因地、因条件而制宜。但是，组织变革也存在一些共同的趋势，比如大学组织结构的弹性化、多元化、网络化，等等。首先，大学组织是我们迄今所见的最为复杂的社会组织之一，仅仅靠单一僵化的官僚组织已经无法解决大学所面临的种种情境和问题。因此要辅之以弹性化的组织结构，以便迅速解决问题、提高组织效能、满足社会的需求。其次，大学是政治组织、行政组织和学术组织的结合体，既要体现国家的意志，追求统一与协调；又要保证政策的执行，追求等级与服从；更要发展学术，崇尚自由与多样化。各种不同的价值观之间必然会产生矛盾，影响大学的办学效率。因此，只有采用多元化的组织结构，才能有助于不同价值观和不同的组织追求之间的矛盾妥协，使不同方面各得其所。从这个意义上讲，价值观念和组织追求的多元化带来了大学组织结构的多元化。最后，大学组织结构是一种学科和事业单位组成的"矩阵结构"，包含了学科和事业单位的交叉、学科与学科之间的交叉、院系之间的交叉，等等。这些纵横交错的交叉结构就构成了网络组织。当前新出现的板块组织、环型组织、虚拟组织、学习型组织等，都为大学组织结构网络化的实现提供了可能。

二、大学的人事制度与评价制度[①]

在大学学术管理制度中，人事制度和评价制度最为重要。它们是当前大学制度建设的热点和难点所在，从这两者入手，很容易发现大学学术制度的缺陷。

（一）大学人事制度的不足

创新大学学术制度，提高大学的国际竞争力，最为关键的就是人事制度的改造。但我国传统的大学人事管理与事业单位的管理体制一脉相承，具有重管

---

① 陈何芳：《论大学学术管理制度的不足与改进》，《大学·研究与评价》2009 年第 1 期，第 25~30 页。

理轻开发、重稳定轻流动、重"公平"轻竞争等特点,是一种高度集中、统一计划、以行政管理为主的人事管理制度。随着市场经济的发展和知识经济时代的来临,这种人事制度的弊端日益显露,具体表现在以下几点。

1. 人才进出两难,不利于学术队伍的合理流动

传统的大学人事管理受政府行为控制,往往造成入口和出口的两难。在人才的职业流动上,大学跟其他事业单位一样,人才为单位所有,难以合理流动。一方面,由于受城市入城指标和户口等限制,大学真正想要的人可能徘徊于大门之外进不来。更为普遍的是,很多大学缺乏严格和公开的聘任制度,"进人"往往由少数人内部决定,这也使近亲繁殖、拉关系、讲情面等现象大行其道。另一方面,这些因特殊关系而被安置于大学中的人,以及其他工作表现不称职的人,学校想辞退也很难;而那些优秀人才如果想离开大学另谋高就,也会受到大学的种种阻挠而难以实现,这两者都会造成出口难。入口和出口的两难使得大学学者队伍缺乏竞争、淘汰和流动,人才有进无出,死水一潭。这样的人事制度必然吞噬大学学者的敬业精神与事业心,消解他们知识创造的热情与活力,不利于学者资源的开发。

2. 人才使用中未能充分发挥竞争、激励、市场和保护机制的作用

竞争机制、激励机制、市场机制和保护机制是大学学者管理的核心机制,如果能转化为合理的学术管理制度,作用非常巨大。首先,竞争机制是推动大学学者发展的最原始、最直接的力量。比如,在人才市场上,学者和大学作为人才的供给方和需求方,都要努力完善自身以吸引对方,这样的竞争就成为促进双方发展的共同动力,是一种"双赢"的策略和机制。其次,激励机制是促进大学学者成长的重要动力。合理的物质激励能够实现一种"高素质——好工作——高待遇"的良性循环;良好的精神激励能够增强学者的责任感、成就感和创新精神。再次,市场配置机制是大学学者自由流动与合理组合的前提和手段。它不仅使大学拥有一定的用人自主权,能够灵活调配和使用人才;也保障了大学学者的自主择业权和择岗权,能够根据自己的兴趣、志愿和专长选择适合的岗位。这样的"双向选择"有助于实现大学整体目标和学者自我发展目标的协调发展。最后,保护机制是大学学者获得持续发展的基本保障,它不仅通过法律和社会保障体系来发挥作用,而且通过保障学术自由、实行一定数量的教授终身制等,来吸引、激励和保护优秀人才。以上四种机制构成一个整体,从不同方面促进了大学学者的合理配置与使用。但是,当前我国大学的人事管理却没能充分发挥这四种机制的作用。总体而言,我国大学的人事制

度普遍缺乏公开性、竞争性、公正性，缺乏有效评价、选择、聘用、奖惩和解雇教职员的科学标准，因此很难建立有效的人事竞争、激励与更新的机制。

3. 人事管理重事轻人

传统的大学人事管理以物为本，以事为中心，核心在于一个"管"字。管理教职工的工作安排，管理其日常生活，甚至还要管理教职工的思想意识。这样的人事管理虽然工作细致、无所不包，但整个管理的出发点和目标却是"管住人"，而不是"发展人"。这种重"事"轻"人"的物化型人事管理，往往会带来工作的表面化、简单化与机械化，忽视了管理对象的知识性特点，不重视学者的个性、特长和爱好；对于学者的社会交往、受人尊重和自我实现等社会性需要缺少关注，因此并不能很好地调动大学学者的积极性。

更为严重的是，重事轻人的管理很少真正考虑学者的发展，没有视教职工为可以无限开发的宝贵资源，因而不重视教育和培训，不重视自我实现的成就激励。这种管理注重人才引进而忽视人才的培养；在人才使用上只求各安其位，而不追求人尽其才、才尽其用；在职位聘任上大多是任命上岗而不是竞争上岗；在职称评定上完全按"编制"进行，而不考虑特殊人才的特殊情况。这些做法一方面使大学学者感受到人才并不真正受尊重，人的尊严、价值和成长在管理中受到忽视；另一方面也降低了大学有限资源的使用效率与效益，削弱了大学的国际竞争力。

（二）大学学术评价制度的缺陷

在大学的学术生产中，学术评价无时无处不在。它是根据大学学者的工作状况进行赏罚的依据，在职称评定中更是得到了最全面、最直接的体现。好的评价制度可以发挥测量功能、激励功能、导向功能等，能够促进大学学术生产的发展；而不好的评价制度不仅不能达到测量的信度和效度，而且会压抑人、打击人，甚至产生负面影响，导致学术失范和学术腐败的产生与蔓延。令人遗憾的是，当前我国大学的学术评价在指导思想、质量标准、评价的方法和过程上都存在诸多不足。

1. 评价的功利化不利于重大成果的产生

在市场机制下，大学要提高学者的业绩、凭借其知识和人才的产出参与竞争。为了衡量和刺激这种产出能力，很多大学制定了数量化的科研成果评价依据，片面追求数量的增长。这种功利性的效率目标必然导致大学学术评价的过分功利化。在利益的驱动下，大学频繁开展学术考核与量化评价，完全忽视了学术工作的周期性与长效性特点。这样就会加剧大学内部的竞争与冲突，使人们很难抵制利益的诱惑而保持平和的心态，潜心于周期较长、工作量大、回报率低，但却意义重大、影响深远的研究。正如洛根·威尔逊（Logan Wilson）所说："无功利的活动和成熟期缓慢的长期计划，在要求短期效益的制度压力下化为泡影"①。所以，这种短、平、快的大学学术评价，在短期内似乎有助于提高大学学术活动的绩效，但从长远来讲却是危害巨大的，因为它往往导致"拔苗助长"甚至"拔苗收割"，不利于大学的长远发展和社会的整体利益。

2. 评价的质量标准欠缺

传统的学术评价体系主要都是外行评内行，学术评价主要由行政管理部门做出而并非由相关领域的学术同行做出，学术评价的标准过于注重易操作性，导致过分强调数量，因为要评审文章的质量对于外行的人来说相当困难，但数一数多少篇文章则相对简单。因此，近年来学术垃圾大量生产，学术腐败屡见不鲜，这些现象与缺乏真正有效的学术评价质量标准有直接关系。质量标准的欠缺在当前的大学学术评价中非常普遍，比如，衡量一篇论文的水平，看它所发表的杂志是一方面，另一方面还需要一个客观的、整体的评价。很多大学通常把期刊划分了档次，但这些期刊的质量是否与它所处的等级相一致，其实是有一定疑问的；同一期刊所发表的论文质量有时也会差距悬殊；更不用说很多"关系稿"的存在了。所以，用所发表的期刊来判断论文的质量是有很大局限性的，但它却被很多大学当作学术评价屡试不爽的法宝，对此深信不疑，甚至有盲目崇拜的倾向。比如，近几年很多大学出现了对科学引文索引（SCI）论文数量大肆炒作的现象，但事实上 SCI 绝不是评价论文质量的精确方法。对此，有学者指出："量化标准并没有带来学术评估的严肃性和有效性。……若一个国家一个高级学术机构的学术评估机制建立在这样一种迷误上，就会造成一种荒谬的导向，鼓励低层次或速成性的写作，造成'成果'的泛滥，在虚假的学术繁荣表象下堆积起无数的泡沫文字，湮没真正有价值的学术研究。而对数量的盲目追求，同时也会影响到学者自身的知识积累和学术深化"②。可见，学术成果评价质量标准的欠缺，也是造成过于依赖数量标准的重要原因，是刚性的、片面的量化评价之所以盛行的背景因素。没有可行的质量标准，就难以提高评价的效度，就会使评价成为一种片面的、表面化的评价。

---

① Logan Wilson, *The Academic Man*, New York: Oxford University Press, 1942, p. 219.
② 蒋寅：《学术的年轮》，中国文联出版社 2000 年版，第 12~13 页。

3. 刚性的量化评价容易引发浮躁和失范

在当前的大学学术评价中，普遍存在过于追求量化和标准化的倾向。量化评价虽然具有客观、精确、易于操作的优点，但也存在种种不足。比如，它往往适用于一定的群体，无法兼顾个人特色，甚至会因为自身的导向作用，致使被评价者千人一面、缺乏个性与特长；很多学术成果无法量化，所以单一的量化评价很难对大学学者的整体水平做出全面而准确的评价；数量化的指标体系很难做到科学和全面，因此常常会导致评价结果的误差较大，影响评价的科学性和公正性。

过于功利和量化的大学学术评价不仅会影响学术成果的质量，而且会引发浮躁之风，导致学术失范行为的产生。在"量"的评价方式的引导下，很多学者片面追求课时量；把研究等同于写论文，为论著而论著；为了提高科研经费而找一些小课题充数，而无暇准备重大的科研攻关。正如美国的科学社会学家科尔兄弟（Jonathan R. Cole and Stephen Cole）所言："如果奖励制度只承认科学工作的数量，那么有能力做出重大贡献的科学家会经常改变他们发表论著的习惯，匆忙付印而很少考虑他们的论著的知识内容。他们将选择那些会很快有确定结果的研究课题，而不去解决该学科中重要的和困难的智力问题。完全忽视科学工作的质量肯定会阻碍科学进步。"[①] 片面追求科研成果的数量会窒息科学家的创造力，这也是当前国内科学研究工作缺乏原创性成果的重要原因。总之，当学术成果的数量而不是质量决定了学者的职业发展时，他们就会为了达标而疲于奔命，被迫增加成果的数量，甚至不惜牺牲学术工作的质量。

之所以出现这种问题，固然不能排除学者的职业素养因素，但不良的学术评价制度也是重要的幕后原因。它使大学的科研环境过于急功近利，必然会引发浮躁和失范，造成大学学术成果的低水平重复、粗制滥造、甚至抄袭剽窃等行为的产生，进而影响到整个学术界的风气。而要消除这些影响，净化学术空气，无疑要从学术评价体系入手，找出学术腐败的制度性原因，进而改进学术评价，充分发挥国家、社会和大学在学术评价中的正面导向作用。

（三）大学学术制度改进的方向

上述大学人事和评价制度的诸多问题，比如人事制度的管理僵化、重事轻人、缺少良好的机制支撑；学术评价功利化、缺乏有效的标准、评价方法简单

---

① ［美］乔纳森·科尔等著、赵佳苓等译：《科学界的社会分层》，华夏出版社1989年版，第18页。

量化、以及评价过程中的行政干预,等等,基本上反映了大学学术制度中的典型问题。透过这些制度缺陷,我们可以对"大学学术制度应该如何"进行一定的反思,从而进行相应的改进。

1. 大学学术制度应该具有较强的灵活性、多元化、学术自治性特征,以此克服学术管理中的行政主宰、统一僵化和简单量化

大学作为学术机构,其管理行为与企业和行政机关差异巨大。后两者以权力为中心,以效率为首要目标;而大学则以自由为基本价值,强调学者的自我管理,要求加强管理效果,淡化管理痕迹。人们通常认为大学处于"有组织的无政府状态",这主要是基于大学目标的模糊性、任务的复杂性、人员的流动性和技术的不清晰性而言的。然而,正如阎光才博士所言,这所谓的"有组织"是指大学作为正式组织所具备的制度化内涵,而"无序状态"并非是指组织秩序的混乱,它实际上反映了组织内部人们思想、行为的非一致性、价值与活动取向的多元化和离散状态。这种"无序状态"并不是由于缺乏制度安排而出现权力真空和失控所造成的。恰恰相反,它正是大学这一独特组织的制度建设的基本特征和要求。大学制度化的目的就在于,通过灵活的制度安排来营造一个宽松、自由的学术氛围,从而在制度上保障人们的思想自由,使之消除思想和精神的顾忌,敢于突破常规甚至禁区,充分释放其学术创新的活力。[①] 从这个意义上讲,大学学术制度的保障性和灵活性更为突出,强制性和约束性并非其本意和特色。

科层制的、行政化的管理虽然在绝大多数组织中普遍适用,但在学术生产中却具有很大的局限性,甚至经常会出现"欲速则不达"或者说适得其反的现象。大学学术生产的管理似乎要奉行"无为而无不为"的原则,只有给予充分的自由、允许较大的弹性、尽量淡化行政管理的痕迹,才能增强管理的实效,实现管理的初衷。因此,在制定大学学术制度时,应该充分尊重学术活动的复杂性和创造性特点,淡化行政管理过于追求"秩序"和"效率"的色彩。

2. 大学学术制度必须体现一定的精神与价值追求,以此抵抗大学制度的急功近利与舍本逐末

当前,很多大学学术制度之所以与其他组织的管理制度高度趋同,就在于它们放弃了自身的精神向往与价值追求,缺乏对学术性场域逻辑的深刻认同,而倾向于以数量、时间和金钱等可量度的效率标准监控和调节组织运作状态。

---

① 阎光才:《识读大学——组织文化的视角》,教育科学出版社 2002 年版,第 285 页。

对效率的追求催发了人的务实精神、竞争意识和时间观念，但也加剧了大学传统精神与现代观念之间的疏离、断裂乃至对峙。在有形产出不断增殖的同时，大学的精神、价值和信念等无形的传统资源却日渐枯竭，由此而引起了广泛的、长期的不良影响。而要塑造大学之真精神，只能从制度安排入手，对外适当强化独立意识，对内建立一种行政与学术权威互相牵制的体制，少一些对个体过多的无关学术的约束和功利化的侵扰，多一些对思想的宽容和对学者独立人格的尊重，树立以质为本而非以数量取胜、追求长远发展而非短期进步的管理理念。① 只有这样，大学才能为真正意义的学术创新、多学科领域的全面渗透和学术新人的成长，预留下弥足珍贵的精神空间。

3. 大学学术制度要以学者的发展为本，而不能目中无人、为管理而管理

大学要以人为本。它强调人文价值与人性尊严，关心、尊重每一位教职员工，而无论其地位、身份、职权如何。大学要重视每一位员工的学习能力和工作价值，尊重每一个人的独立人格，使每一位成员充分发挥自己的才智、潜能和创造性。

大学作为一种社会组织，必须扶植其内部组织成员的成长；作为一种教育机构，更应该为学生和教职员工的发展创造尽可能好的条件。在大学这种人—人系统中，人才是学术事业发展的基础，是大学竞争的关键所在。如何培养、造就、吸引和凝聚学者，如何建立有利于大学学者自我发展的机制，是提高大学学术生产力的关键。所以，大学的学术制度要以大学学者的发展为本，以学术价值和社会价值为最高准则，优质高效地实现其服务和管理的职能。一方面，在制定大学学术制度时，要关注大学学者的切身需要，有针对性地提供相应的服务与制度保障；要把他们看作富有生命力的个体，努力营造有利于人的发展的制度环境，而非简单地、外在地实施一些低劣的管理策略来激发其工作热情。另一方面，大学是一种专业组织，专业权威在学术事务上比职务权力更有发言权。因此，在大学管理中要充分发挥学术自治的作用，让大学学者拥有充分的参与学术事务决策的机会。从这个意义上讲，大学学术制度创新的主要任务，是将学校由行政型管理改为学术型管理，由"权本"和"物本"走向"师本"和"生本"，建立"教授治校"、"教授治学"的管理模式。大学管理要为学者的成长提供一个良好的制度化环境，使学者的生存状态得以改善，工作积极性得以发挥，以此促进学者和大学共同的成长，提升大学的学术生

---

① 阎光才：《识读大学——组织文化的视角》，教育科学出版社2002年版，第289页。

产力。

第三节 大学学术工作体系与制度

完整的大学学术组织结构优化包括纵向和横向两个方面，前者体现了组织的层次结构，后者反映了组织的科类结构及其组合状况。需要说明的是，大学学术组织结构的优化实际上是以学科为基础的。大学学术组织结构对于学术分工、资源配置和关系协调所起的重要作用充分说明，内在的"学科"决定了外在的"组织"形式及其结构。

一、大学的横向学术组织

大学是知识型组织，大学组织结构的形成与知识形态的变革密切相关。这里所说的知识更确切地说是学科知识，因为大学中的知识是分学科的，各学科之间的差异巨大。自学科出现以来，学科的分类结构经历了由分化到综合，由深入到交叉，由树状结构到网状结构的演变，由此也带来了建立在学科基础上的大学内部学术组织的变化。无论是英美的大学—学院—学系，还是德国的大学—学系或研究所，都是建立在学科分化的基础上；而当前日益兴起的大学学术团队、项目组和矩阵结构等，则反映了学科综合的趋势对大学学术组织的影响。学科综合化要求大学加强横向学术组织建设，为跨学科的学术活动提供灵活多样的组织平台。

横向组织在当前社会不断涌现，并发挥着重要作用。正如斯格特（W. Richard Scott）所指出的："组织运用横向关系作为信息流动和影响流动的合法途径，进而产生新一代的组织形式。正如我们一直努力证明的，许多不同的横向结构布局正在被使用，其中包括项目小组、矩阵结构、有机系统或宗族系统以及专业组织。所有这一切都使我们离开一元的等级布局，'超越了科层制'，或者'从科层制转化为临时制'"①。大学中的横向组织同样具有重要的意义，它为大学学术活动提供了新的机遇，也提出了新的挑战，要求大学不断进行组织机构的创新、管理体制的创新和运行机制的创新，以增强大学组织的反应能力和适应能力。

为了发展横向的学术组织，大学要充分发挥团队、项目组和矩阵结构的作

---

① ［美］W. 理查德·斯格特著、黄洋等译：《组织理论：理性、自然和开放系统》，华夏出版社2002年版，第240页。

用，通过这些组织加强大学内部的横向联系。当大学内部各机构之间需要协作行动，或者要进行大的项目研究，或者执行一些新型任务时，都需要设立这些横向组织来完成。这些横向组织增强了大学组织结构的柔性、弹性、开放性与协作性，有利于实现校内各种学术资源的横向整合，提高大学解决社会综合性课题的能力。

（一）矩阵组织

随着大学创新要求的提高，灵活的学术性矩阵组织成为大学组织中的重要形式。矩阵结构（Matrix Structure）是20世纪50年代兴起的一种既有纵向部门联系，又有横向跨部门联系的组织结构。它克服了直线职能结构中各部门互相脱节的现象，既有垂直联系又有水平联系，既讲究分工又讲究合作，任务清楚明确，有利于加强各种部门与组织之间的交流与协作。大学的矩阵式学术组织是学科系统与项目系统的有机结合：纵向为学科导向，由学科领导实施管理，符合学科发展规律；横向为问题导向，按项目实行管理，由项目领导实施管理。纵向的学科系统与横向的项目系统共同组成二元矩阵（如图5-1①）。

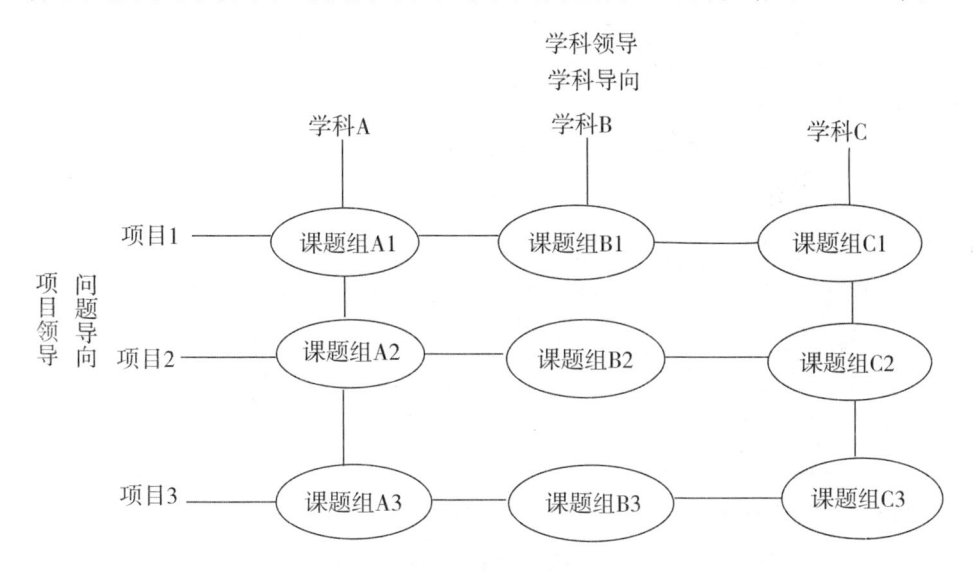

图5-1：大学矩阵式学术组织结构示意图

从上图可以看出，大学内部的矩阵式学术组织往往以学术研究课题为目标，将来自各院系各专业的学者联合起来集中完成某项科研任务。矩阵组织可

---

① 张炜：《基于跨学科研究的大学学术组织再造》，浙江大学2001届硕士学位论文，第37页。

以根据学术研究课题自主进行组合或解散，非常适合开展跨学科协作和攻关项目。这种矩阵组织既是问题导向型又是学院导向型，在矩阵组织中从事研究的学者既受所属学院的管理，也受到跨学科研究中心的管理。矩阵组织依据解决问题的需要来安排具体活动，实现了以任务为中心、以项目开发为目标，加强了组织内部的联系和协作，形成了高度有机地协调，从而能够打破人为的条块分割，保证学者可以超越狭小学科范围的束缚，在学科组织之间自由流动。这种灵活的组织结构有利于学者开展创造性活动，同时也保证了学者具有基本的归属感，不至于因流动频繁而导致人心不稳、精力涣散。矩阵结构的突出特点是适应性和弹性较强，能够根据工作的需要，集中各种专业的知识和技术，在短时间内完成任务，而不必受行政体制及组织上的困扰。矩阵式学术组织打破了院系组织界限，将树状的学科连结成网状的结构，按研究课题需要充分开展跨系、跨研究所的学术合作，从而有利于取得丰硕的科研成果。

另外，除了学术性的矩阵组织之外，当前很多大学在行政事务中也常常通过建立矩阵组织来解决问题。为了完成上级所指示的工作或任务，各种工作小组大量的出现在行政组织之中，以某种临时性的工作委员会形式而存在。"矩阵组织的主要特点就是它具有权力、信息、汇报关系及系统等方面的二重性。矩阵组织具有同至少一个职能部门及一个产品部门的权力、信息及汇报关系"[①]。比如，一所大学为了研究人事发展规划，可以临时成立在校长领导下的"人事规划小组"，由人事处、教务处、研究生处、财务处等部门派出代表进行参与，分别从各自部门职能出发提出人事发展的有关问题，这样就能通过"矩阵组织"广泛沟通和协调各种意见和利益，提高规划的科学性和可执行性。

总之，矩阵组织的设立有助于实现大学校组织结构的网络化与开放化。它能弥补按学科设置系、按职能划分行政部门这种传统基层组织设置方法的不足，增加一些按课题、按任务而灵活设置的学术或行政基层组织，满足当前综合化时代的发展需要。矩阵组织有利于打破学科、院系、职能部门之间壁垒森严的局面，有利于大学与外界形成多样化的网络联系，增强大学组织的包容性与开放性，进而有利于大学的信息交流与知识创新。

---

① [美]唐·赫尔雷格尔、余凯成等译：《组织行为学》，中国社会科学出版社1989年版，第149页。

(二) 团队

随着以团队为核心的现代管理理念在大学中的渗透，有些大学内部已经出现了各种类型的团队，如教学团队、科研团队、管理团队、服务团队等，以团队形式进行教学、科研、管理和服务成为大学管理的一种发展趋势。"团队"管理理念在大学中的引入和发展，是为了弥补大学传统组织结构僵化的不足。"传统的组织形式就像金字塔，管理层次分明，自上而下统一指挥，强调专业化的分工，岗位职责十分清晰，绩效考核体系也比较完善，在稳定可预测的环境中能够平稳运行。但随着组织内外环境的变化，传统组织形式暴露出一些缺陷：专业化的分工把组织分成相互独立且相互冲突的区域；分工过细使一些额外的临时性工作没人做，绩效考评也仅限于是否完成'份内事'；多层结构导致管理人员臃肿，官僚主义倾向明显；表面上的'协作'压制了组织中的各种观点和冲突，影响组织的创新精神和变革；信息沟通不畅，对出现的问题反应迟钝；组织严重缺乏活力，甚至影响到生存"①。与传统的组织形式相比，"如果某种工作任务的完成需要多种技能、经验，那么由团队来做通常效果比个人好。团队是组织提高运行效率的可行方式，它有助于组织更好地利用雇员的才能。管理人员发现，在多变的环境中，团队比传统的部门结构或其他形式的稳定性群体更灵活，反应更迅速"②。

1. 大学团队的意义

在大学建立一定数量的学术团队，对于发展大学学术是非常必要的。团队由不同学术背景的大学学者组成，具有明确的目标和较强的互补性，相互之间信任感较强，因此能发挥巨大的团体内聚力，有效达成团体的学术发展目标。

冯国锋从学习型组织理论的视角出发，总结出优良的大学学术团队所具有的以下特点：③ 第一，团队拥有共同愿景及其指引下的具体目标。共同愿景确定了团队的基调和奋斗方向，能使团队成员形成广泛的协调和良好的沟通；愿景指引下的具体绩效目标是可衡量的、切实可行的，有助于形成团队内部明确的交流和建设性的冲突，引导团队将精力持续集中在可实现的结果上。第二，

---

① 陈衡：《工作团队模式在系级管理中应用的思考》，《武汉职业技术学院学报》2003年第3期，第21页。

② [美] 斯蒂芬·P·罗宾斯著、孙建敏等译：《组织行为学》（第七版），中国人民大学出版社1997年版，第269页。

③ 冯国锋：《"学习型组织理论"视野下高校学习机制研究》，河南大学2005届硕士学位论文，第17页。

团队规模适度。高效团队一般规模较小，不超过20至25人，这样才易于相互交流、相互配合，从而形成凝聚力、忠诚感和责任感。第三，团队成员构成具有异质性和互补性。团队成员在来源上可以跨专业/学科、跨院/系、跨校、跨地区/国界；在身份上可以有学生、教师、教辅人员、后勤保障人员、管理人员、政府官员、社区人员等；在成员特质上，不同技能、性格、气质和学缘的成员可以形成互补，提高协同能力和创新力；在角色分配上，根据成员的人格特点和个人偏好合理分配工作任务，以提高其绩效水平。第四，具有有效的团队规范。合理的团队规范能够提高团队的自我管理、自我控制能力，通过严格成员的学术行为营造自律的环境，形成和维持团队的优良品质。第五，具有优良的团队文化。团队具有强大的凝聚力，使成员具有强烈的归属感，愿意为组织而付出；团队成员相互信任、相互承担责任，能够很好地进行沟通和协调。第六，团队与大学组织内外环境保持着各种有机联系。团队与大学内部其他工作集体及职能部门保持密切联系有利于实现信息和资源的共享，争取校内的政策与经费支持；团队与大学外部加强联系，能够获得校外专家的扶持与指导等精神支持和技术支持，在仪器、经费等方面也有利于获得外部组织的物质性支持。

这种团队的成员能够实现"自我超越"，在"共同愿景"的召唤下开展团队学习。团队学习"是建立在具有自我超越才能的个体学习和共同愿景的基础上，在不本位（不固守自己的学科、专业、部门利益，为他人及整体着想）、不自我防卫（显露自己内藏的概念和假设，勇于检视心智模式）、不敬畏（不囿于学术权威和行政领导，能实事求是，大胆创新）、不抱有先入为主观念的情况下学习，达到团队内文化的认同，建立共同的理想和使命。团队学习的方式是团队会议、深度汇谈和讨论、解决问题与冲突、非正式交流与共同实践等，其效果是团队成员学会了新的技巧和能力、改变了意识和情感、形成新的信念、态度和假设"[①]。

2. 大学团队之不足

虽然有效团队和高效的团队学习在大学学术发展中具有诸多优势，但当前的大学团队建设仍然存在很多问题，阻碍了团队功能的有效发挥。[②]

[①] 冯国锋：《"学习型组织理论"视野下高校学习机制研究》，河南大学2005届硕士学位论文，第17页。

[②] 冯国锋：《"学习型组织理论"视野下高校学习机制研究》，河南大学2005届硕士学位论文，第24~26页。

首先，大学团队的内涵并未得到明确的界定和广泛的认同。在大学中，很多人对团队缺乏深刻的认识，将群体与团队混为一团，把群体误认为是团队。其实，二者是有很大区别的，罗宾斯·P·斯蒂芬把群体定义为："是两个或两个以上相互作用和相互依赖的个体，为实现某个特定目标（工作目标或任务）而结合在一起的。在工作群体（work group）中，成员通过相互作用，来共享信息，做出决策，帮助每个成员更好地承担起自己的责任。工作群体中的成员不一定要参与到需要共同努力的集体工作中，他们也不一定有机会这样做。因此，工作群体的绩效，仅仅是每个群体成员个人贡献的总和。在工作群体中，不存在一种积极的协同作用，能够使群体的总体绩效水平大于个人绩效之和。工作团队（Work team）则不同，它通过其成员的共同努力产生积极协同作用，成员努力的结果使团队的绩效水平远大于个体成员绩效的总和"①。按照斯蒂芬的观点，团队的目标是提高集体绩效，成员之间存在着积极的协同配合作用，责任是个体的或共同的，成员的技能是相互补充的，团队绩效远大于个人绩效的总和。而群体的目标是为了信息共享，成员之间的协同配合作用多为中性的，责任的承担是个体化的，成员的技能是随机的或不同的，其总体绩效大多等于个体绩效的总和。团队与工作群体的根本区别在于工作团队的积极协同作用。团队的这种协同作用可以使组织在不增加投入的情况下提高产出水平。团队的建立是有目的、有方法的，必须使之具备团队的特征。"建立团队不是变戏法，并不能保证一定产生积极的协同作用。仅仅把工作群体换种称呼，改称工作团队，不可能自动地提高组织绩效"②。

其次，大学团队类型单一。目前大学内所存在的真正的团队主要是科研型团队，缺少教学型团队、管理型团队、服务型团队等的有效组合。科研型团队在学科类别上又主要是自然科学类，而人文社科类的团队却发展不足，"由于受高校自身科研基础和科研条件所限，目前我国高校的科研主要集中在基础研究和应用基础研究，我国目前已组建的科研团队主要集中在生物、化学、物理等领域，如南京大学的新型微结构材料的制备与物理效应团队、兰州大学的化学合成和化学生物学团队等"③。

---

① [美] 斯蒂芬·P·罗宾斯著、孙建敏等译：《组织行为学》（第七版），中国人民大学出版社1997年版，第270页。

② [美] 斯蒂芬·P·罗宾斯著、孙建敏等译：《组织行为学》（第七版），中国人民大学出版社1997年版，第270页。

③ 李晨光：《论高校科研团队》，《科学与管理》2003年第4期，第50页。

最后，大学团队建设缺少足够的组织和制度支持。王怀宇博士指出，在组织支持上，"一边是科研活动等着开展，另一边则是大学管理层还在为设立一个什么性质的机构、设在哪里、由谁来管、如何运行争论不休。""即使组织机构被正式确定下来，在人员配备、基础设施建设、资金配套等方面要通过大学中各个管理部门的'关卡'也并非易事，教学、科研工作受制于行政管理的现象仍十分突出。""在具体实践活动中，大学中的组织设置缺乏可'大'可'小'、可'实'可'虚'、可'长期'可'临时'的灵活性。"在制度规范上，"缺乏科学、合理、有效的制度保障，科研合作犹如搭了一个'草台班子'，不是草草了事，就是相互推诿，或者为了各自的利益纠缠不清。"尤其是缺乏相应的评价和激励制度，"在以往的评价体系中，非但不鼓励合作研究，而且对合作研究还起到了相反的导向作用。例如，衡量科研贡献的一个很重要的指标就是看作为第一作者的论文数量有多少，而对于第二作者、第三作者往往较少计入甚至忽略不计"①，抑制了大学学者参与团队研究的热情。

3. 大学团队的改进

首先，大学应积极组建高效团队。大学要通过广泛的宣传和教育，使人们加深对团队概念的理解和认同，自觉、积极、主动地加入团队，并推选出拥有雄厚的专业知识、具有创新意识与奉献精神并有威信的团队带头人。团队成员之间应相互尊重彼此的知识、技术和能力，重视各种不同的观点和意见，充分承认彼此对团队的贡献。从大学、团队及成员这些主体来看，高效团队的组建离不开三个方面的共同努力：大学要从促进知识创新的高度出发，鼓励项目团队的出现和发展，为其调配充足的资源，积极支持项目团队的建设；团队要立足于学术前沿，形成适宜自身实力和特色的学术愿景，创造成员共同工作的途径，加快团队内部知识信息的交流、共享和创新；团队成员要建立可持续的成熟的互动关系，也要善于确立需要讨论的课题，对于"谁拥有某一方面知识"、"谁能够作什么"、"谁能够对这个项目做出贡献、能做出哪些贡献"等问题能够进行充分的讨论并达成共识，以便合理分工、取长补短。

其次，大学要加强对团队的管理。团队管理的改进至少包括以下三个方面：第一是为团队工作的开展提供必要的组织支持。只有获得有效运行所需的各种人力和物质资源，团队才能正常开展工作，才能与其他团队进行交流与学

---

① 王怀宇：《大学教授活动"集群化"：问题与对策》，《高等教育研究》2003 年第 3 期，第 63～64 页。

习。组织支持的另外一个方面是建立合理的团队管理机构，形成团队日常行政事务由团队所在单位负责管理、业务工作由相应业务部门负责管理、交叉事务有途径协商解决的机制，以各司其职、各负其责，不至于相互推脱、相互扯皮、影响团队工作的顺利开展。第二是要建立科学的团队管理制度。无论是团队的项目管理、经费管理，还是设备管理、科研人才管理等，都应建立相应的管理制度。团队科研激励制度也是团队管理制度建设的重要方面，要充分发挥优秀团队成员奖励制度、团队成果奖励制度、经费资助制度、经费提成制度等的作用，以激发团队及成员的工作积极性。第三是要定期对团队进行评估。评估标准应当全面，并尽可能具有可操作性，比如团队人员的数量及工作水平；团队带头人的科研水平、思想作风及组织协调能力；团队的管理制度及执行情况；团队的科研仪器设备数量；评估期内团队所完成的项目及获得的经费数量；项目结题鉴定及获奖情况；团队发表论文数量等。[1]

最后，团队自身要营造和谐创新的团队文化。大学学术团队的成员一般具有较高的专业技术水平，对他们而言，活力和热情对其工作绩效影响巨大。这种良好的精神状态不仅与个人心态有关，也与团队内部的人际关系密切相关，受到团队文化与合作氛围的重要影响。为了形成良好的团队文化，确保团队成员之间保持信任、热心和尊重，以下三点值得注意：第一，团队带头人必须充分认可和尊重成员的专业特长、知识和技能，确保团体具有足够的信息沟通，建立集体创新意识，培养合作共进的和谐氛围。第二，团队要强化成员个体的问题意识和质疑精神，鼓励成员求同存异、适当竞争，使团体成员之间既能协调运作，又有自我发挥的空间。对于成员的尝试及失误要保持宽容的态度，使其敢于求异创新、在失败中不断成长、最大限度地开发自身潜能。第三，团队成员应当胸襟开阔，努力摒除彼此之间的学派之争、门户之见，在信息和情感上相互保持高效沟通，以形成团队内部和谐、坦诚而亲密的人际关系。

二、大学的跨学科研究制度[2]

跨学科研究是提升大学学术生产的重要技巧和途径，需要大学提供组织和制度的支持。跨学科的实验室、研究中心、研究所、课题组，以及跨学科研究

---

[1] 冯国锋：《"学习型组织理论"视野下高校学习机制研究》，河南大学 2005 届硕士学位论文，第 39~40 页。

[2] 陈何芳：《论我国大学跨学科研究的三重障碍及其突破》，《复旦教育论坛》2011 年第 1 期，第 67~71 页。

协会等学术组织,能够实现跨学科协作的实体化和体制化。这种灵活设置的跨学科组织,有助于减少人为的学术分割,弱化学科组织之间的严格界限,保证各学科之间的有效交流与合作。在具备了这些组织载体之后,还要设计合理的跨学科研究制度,确保跨学科研究活动的有效开展。大学的跨学科研究制度是保证大学学者在学术研究中与其他学科的学者相互联系、共同合作的相关规范、条例等政策性规定,目的在于对大学的跨学科合作活动予以鼓励、指导和规范。

(一)大学跨学科研究的意义

1. 不同学科的知识在本质上的相通性是大学跨学科研究的理论依据

在科学发展的历史长河中,知识由哲学分化成众多学科,科学随着知识的分化而不断向纵深发展。然而,科学的突飞猛进也导致分支学科的综合化趋势日益明显,大量边缘学科、横断学科不断涌现,最终形成科学的高度分化与高度融合并存的局面。正如斯米尔诺夫所言,"学科本身越来越深入自己的对象时,就越接近这样的一个界限。这个界限表明,构成其他学科对象的属性和过程在客观上包含在这一对象中。学科研究一旦达到了这个界限,便必然会发现,不去考察似乎与这一学科完全无关的属性和现象,就不可能认识构成该领域学科本身对象的那些现象"[①]。这表明科学越发展,就越需要跨学科合作研究,只有积极地吸收、借鉴相关学科的思想、方法,才能取得创造性的研究成果。跨学科研究的实质是知识的重新组织与整合,它的出现是大学学术职能发展的重要体现,即欧内斯特·博耶所认为的大学正在兴起的第二种学术领域——"整合的学术"。"整合的学术"是"从不同的学科和广泛的知识背景出发,在知识和范式之间建立起联系;同时,打破原有知识体系的僵化分割,为新学科的成长和知识的应用提供交汇点"[②]。在大学之中,不同学科专业的学者由于专业基础、思维方式等方面的差异,一般很难自发地进行很好的合作。但有组织的跨学科研究却能弥补这种不足,"集体研究可以提供同声翻译,把专家的行话变为共同分享的语言"[③]。通过跨学科研究,能使不同领域

[①] [苏]斯米尔诺夫:《现代科学发展中跨学科发展的某些趋势》,《现代国外哲学社会科学文摘》1986年第8期,第16页。

[②] Rita Johnston, The University of the future: Boyer revisited, *Higher Education*, vol. 36, 1998, pp. 253~272.

[③] [美]伯顿·克拉克著、王承绪等译:《高等教育新论——多学科的研究》,杭州大学出版社1987年版,第3页。

的大学学者互相了解、互相借鉴，相异知识基础上的学术思想碰撞，更容易促进学者学术灵感的焕发。

2. 社会解决综合性问题的迫切需要是大学跨学科研究的现实依据

大学的跨学科研究是社会需要催生的结果，从20世纪40年代跨学科研究活动兴起之时，跨学科研究就成为解决社会政治、经济、军事等各方面实际问题的有效工具。在二战中，从英国皇家空军的雷达系统到美国军队的新式涡轮发动机的发明，都是众多物理学家、化学家、数学家、生物学家等各类科学家有组织的跨学科研究的结果。到20世纪80年代，跨学科研究更是进入了日新月异的飞速发展时期。各国大学、科研机构都开始了跨学科研究活动，跨学科研究领域不再局限于邻近学科之间，跨越自然科学、社会科学乃至人文科学的研究活动也广泛出现，大大改变了科学和大学学科结构的图景。现代社会中存在很多综合性的实际问题需要研究和解决，比如生态环境的维护和改善、资源的开发和利用、重大自然工程与社会工程项目的建设，以及各种社会系统的管理问题等。为了对各种实际问题做出科学的分析，提出有效的解决方案，需要研究者运用多种知识武器，创造新的方法和手段，进行多学科、多角度、多层次的交叉研究和综合研究。伴随着这种跨学科研究的开展，许多新的边缘学科、综合学科、横断学科必然不断涌现，从而又促进了学科在更广泛意义上的交叉融合。

（二）国外大学的跨学科研究制度

跨学科研究对于学科融合和学科综合化发展的促进作用，在世界各国大学中已经得到了普遍重视。各大学纷纷通过设立跨学科研究机构和建立跨学科研究基金等多种形式开展跨学科研究。下面仅就美国的麻省理工学院、密西根大学、哈佛大学、斯坦福大学、加州大学开展跨学科研究的模式进行简单的介绍。

1. 麻省理工学院的跨学科研究制度

麻省理工学院是一所有着跨学科研究传统的世界一流大学，早在第二次世界大战期间就组建了多学科结合的雷达实验室，有着解决重大工程问题的成功经验。战后，麻省理工学院结合科学技术发展出现的整体化趋势的实际，在雷达、辐射实验室的基础上，建立了电子实验室等若干跨系、跨学科的实验室和研究中心。该校设有64个跨学科研究中心、实验室或计划，从事跨学科研究与教学活动，有的还可授予交叉学科学位。它们分属不同的学院或直接受副校长领导，在组织和管理上一家牵头，多方参与。各系教授晋升的重要依据是他在交叉实验室或机构中的工作成果。这样也促进了教师们通过学科交叉不断开辟新领域,为工业和国民经济提供第一流的科研成果,使大学一直保持着充沛的创新活力。

2. 密西根大学的跨学科研究制度

密西根大学专门组织了学科交叉专家委员会来促进学科的交叉。该委员会的成员包括神经学、德语语言文学、药学、护理学、大学图书馆、情报学、艺术与设计、音乐等领域的专家,他们在交叉领域教学和科研领域都有着丰富的经验。委员会的性质是向常务副校长建议如何发展学科交叉活动,判断教师从事的学术活动是否属于跨学科的范畴等。密西根大学为了鼓励教师从事跨学科研究和培养跨学科的研究生,实行了联合聘任制度。联合聘任制度是指一名教师同时与学校内的两个或两个以上的学术部门同时签约,接受这些部门的考核。这种制度使教师在参与跨学科研究时,可以和所有涉及到的学科单位共同签约,保证了教师交叉活动的工作得到承认。

3. 哈佛大学的跨学科研究制度

哈佛大学为鼓励不同学科之间的合作,由常务副校长专门设立了"部门合作基金"和"学生合作基金"。其中"部门合作基金"用来支持非正式的讨论小组(包括会务费、差旅费等),这种讨论小组集中了哈佛大学各个学院的教师,他们就某一学术问题探讨可能出现的教学与研究合作。"学生合作基金"与"部门合作基金"大体相同,它支持学生开展课程以外的学术合作,尤其鼓励不同学院学生之间的合作。值得一提的是,哈佛大学教育学院的零点计划课题组对于高等学校开展跨学研究与教学的机制问题作过一定的探索。2001年,该课题组完成了一份由跨学科研究与教学的报告,通过对麻省理工学院媒体实验室的案例分析,回答了什么样的人适合从事跨学科工作、如何处理不同学科之间的关系(方法、标准等)、什么样的组织结构适合跨学科研究等重要问题,为哈佛大学开展跨学科活动提供了一定的理论指导。[1]

4. 斯坦福大学的跨学科研究制度[2]

斯坦福大学专门为跨学科研究者设立了跨学科学位,这是一项确保跨学科研究顺利进行并取得成果的有力措施。跨学科学位包括联合科学硕士学位和哲学博士学位,前者训练学生解决跨学科环境问题的能力;后者是对环境学院中

---

[1] 王波:《论合并高校的学科融合》,武汉大学 2004 届硕士学位论文,第 34 页。
[2] 谢沛铭:《论合并高校的学科融合》,中南大学 2003 届硕士学位论文,第 40 页。

的环境科学、工程、政策专业的补充，每个学生在导师的指导下自主设计研究方向，并在多学科综合的领域进行有深度的研究。经过这个项目的学习，学生可以在三个方面取得显著成绩：一是认识与评价物理学与生物学之间的联系，理解把它们与环境联系在一起的重大意义；二是认识与评价人类活动与地球系统之间的相互关系，理解受社会、经济、法律和文化价值影响下的人类行为是如何作用于环境的（特别是通过生产和消费方式），同时环境与资源又如何反作用于人们的行为与决策；三是在评估公共政策的影响潜力方面，以及根据不同标准评价政策、把科学研究融入政策制定等方面有较大的能力增长。跨学科学位的设立加强了教师在生态学、地球科学、工程与人类学、法律、经济等领域的研究，同时也使培养出来的新一代研究者有能力发现和解决现实世界的相关综合性问题。

5. 加州大学的跨学科研究制度[①]

加州大学的九个分校都拥有几十个跨学科组织（Organized Research Unit）。ORU 不同于研究人员自发成立的课题组，是一个有制度保障的跨学科研究机构。加州大学专门制定了一套完整的跨学科合作研究管理制度来保障 ORU 的运行，该制度规定每个 ORU 的负责人由校长任命，设有专门的委员会协助 ORU 工作。学校的预算也专门给予 ORU 以支持，为研究人员的工资和日常开支提供费用，使得 ORU 拥有较为先进的硬件设施，也有专职的管理者提供周到的服务。ORU 常常就某一个课题公开发布，吸引不同院系教师参与研究。加州大学高度重视对跨学科研究的政策扶持，其 2000 年度跨学科经费已达到全校科研总经费的 40%。年度结束时，每个 ORU 必须向主管部门提交一份报告，介绍研究成果、经费的使用等情况，这份报告可以作为下年拨款的依据。为了保证 ORU 高水平学术研究，制度规定学校每五年对 ORU 进行一次评估，以评估结果确定其能否继续运行。

(三) 我国大学跨学科研究制度的完善

和西方大学不同，我国大学一直缺少跨学科研究的传统，跨学科研究得不到应有的组织与制度的支持。一方面，我国的跨学科组织通常是院系的附庸，组织规模小、学术力量难以集中、院系隔离影响到学术合作的深度，跨学科组织自身也缺乏自主权的保障；另一方面，我国大学的跨学科研究制度并不完善，缺少一套科学合理的规范来约束和指导跨学科组织的建立与运行，在如何

---

① 孙健：《我国大学教师学术研究环境优化研究》，河海大学 2005 届硕士学位论文，第 33 页。

保障跨学科组织的人员合作、学术交流和资金投入等方面都存在一些尚待解决的问题。

1. 大学组织结构中的院系隔离影响跨学科研究的开展

虽然我国大学也建立了一些以课题组为主的跨学科研究组织，但由于受到传统的大学组织结构和管理体制的约束，这些组织普遍存在一些结构性缺陷。我国现代大学为了突出"为经济生产服务"，在其发展过程中特别强调专业分工，大学学者也是按照学科专业的相同或相近而被划分到学院之中。同时，我国大学普遍采用严格的"校—院—系"三级组织模式，纵向结构细致僵化，致使横向学术组织生存和发展空间有限，院系之间隔离深重。在这种院系隔离的状态下，大学学术组织的设置过于强调专业性和单一性，不注重多学科交叉研究的开展，无法适应多样化学术活动的需求。数量极为有限的跨学科课题组或实验室也往往成为各系或学院的附属机构，不能发挥自身的自主性和能动性，影响到跨学科学术合作的深度。在具体的学术研究中，也存在过于强调以学科为导向而忽略课题导向的问题，学者受到所属院、系、所的多种牵制，难以全身心投入到跨学科研究之中。所以，我国大学院系隔离的现状人为地割裂了跨学科组织的沟通性，使跨学科研究很难摆脱学科分割的影响，不同学科学者之间的合作受到束缚，危害了跨学科研究的持续发展。

2. 我国固化的学科专业设置也限制了大学跨学科研究的发展

我国现行的学科专业目录没有设置专门的交叉学科门类，也没有在目录代码和名称中为新兴学科、交叉学科留出一定的发展空间。如果接近成型的交叉学科都很难确立自己的学科地位，处于起步阶段的跨学科研究难免会动力不足。同时，在现行的学科专业设置之下，交叉领域所培养的研究生的学位授予也存在问题，如果学生拿到的学位不能正确反映其研究领域，就会制约学生在未来的发展，这种学位的顾虑也会影响学生参与跨学科研究的积极性。但是，研究生尤其是博士生是大学研究力量的重要组成部分，如果这一部分人的动力不足，不仅会影响跨学科人才培养的数量，而且会削弱大学跨学科研究的实力，妨碍跨学科学术队伍的可持续成长。

3. 同行评议制度也在一定程度上限制了大学的跨学科研究

学术界目前广泛采用的学术评价制度是同行评议，这种制度对跨学科研究的评价有着不利的影响。自三百年前英国皇家学会编辑出版的《哲学论坛》开创同行评议的先河以来，作为"一种有组织的用于评价科研工作的方法"，同行评议不仅早已成为科学界的一个惯例，而且始终处于科学检查、评审过程的中心地位。但同行评议的前提条件是存在同行专家，否则就无法开展学术评价。而跨学科研究具有多学科的特征，是多学科相互交叉渗透的结果，研究涉及的学科越多、学科之间的差异越大，就越不容易被理解——不仅一般人不易理解，即使是某一个方面的专家，也可能由于知识背景的局限不理解或不全理解。跨学科研究成果的评价中"同行专家"的匮乏，使得相关成果很难在学术界获得承认，由此就带来发表文章难、申请课题难、获奖几率小等问题，就会影响学者开展跨学科研究的积极性。①

4. 大学内部的评价制度通常也会限制大学跨学科研究的发展

一些重点大学拥有一些享誉全国的跨学科实验室，在学术研究上取得了丰硕的成果，但它们在进行成果统计时往往只在学校的层次产生影响，并不能分配到各个学科中去。这就导致各院系在进行跨学科研究时，考虑到人力和资源的投入对本学科建设无法产生可比的回报，因而积极性不高、不鼓励本单位学者参与跨学科研究。对于学者个人而言，从事跨学科研究会降低自身在原学科领域的贡献度和影响力，甚至可能由于"不在场"而丧失某些机遇、对学术生涯产生不利的影响，因而对参与跨学科研究也是心存顾虑的。所以，在传统的强调学科分化的评价制度下，忠实于"本学科、本专业、本方向"是受到学校鼓励的，大学的院系和大学学者对学科的忠诚和对自身利益的关注，都会阻碍他们涉足跨学科领域的研究。

5. 学术评议中的"本位主义"更会阻碍大学跨学科研究的发展

大学为了实现学术自由、教授治校，建立了各种类型的学术性委员会，比如学术委员会、学位评定委员会、教师职务评审委员会等，以委员会的形式开展学术评审。"学术评审是根据一定标准对被评者的学术成果及学术研究能力进行鉴定，进而评定其学术水平，以决定是否确认或授予某种学术地位、资格的活动。在教育界，学术评审是一项普遍性的工作。授予学位、科研项目的立项和结题、学术论文评奖、教师职称评审等都涉及对个人的学术评审活动"②。在现实生活中，学术评审的结果对于学者、学科和相应的院系而言，影响都是重大的，既关乎声誉，更影响到所能获得的科研资源、社会地位和福利待遇等。正因为这种评审触及到学者、学科或学院的名誉与利益，学科的"本位主义"也就有了滋生的土壤。这些学术自治性机构本应最能理解学科综合化

---

① 王波：《论合并高校的学科融合》，武汉大学2004届硕士学位论文，第32页。
② 陈韶峰：《试论学术评审中的委员会决策》，《高等教育研究》2003年第5期，第63页。

发展的需要，但在现实中，"评审委员会的委员来自不同部门，代表各方利益，决策的结果难免具有折中性弊端，不同利益集团的代表往往把委员会作为实现个人或集团目标的手段。充分考虑了各个方面利益的决策，是各种势力妥协、折中的产物"①。由于自身的学术地位与所属学科的地位是一荣俱荣、一损俱损的，这些学术委员会成员在涉及到自身学科的利益时，往往很难超越"本位主义"倾向，所以可能会排斥外学科进入本学科领域、抵制新学科的出现、甚至贬损其他学科等。在涉及到学科、专业和课程的设置、教师的考核、职务晋升、校级学科建设规划等问题需要委员会决策时，学术委员们的本位主义倾向、在学科发展上的保守性、封闭性和片面性，都会阻碍大学跨学科研究的发展和壮大。

在跨学科研究制度的改进方面，王波提出了一套较为系统的完善方法，给我们描绘了一幅美妙的改革蓝图，内容包括以下三个方面：②

1. 成立跨学科研究的机构

首先是成立跨学科专家委员会。该委员会由校长（或科研副校长）直接领导，委员会的成员背景应反映本校的学科情况，同时应具备跨学科研究和教学的丰富经验。委员会的职责主要有：对学校整体的跨学科发展战略做出规划；评审学科交叉课题项目；评议跨学科机构的申报、撤并等工作；评估校内所有跨学科研究的科研、教学情况；考核教师参与交叉研究部分的工作情况；确定跨学科工作量与常规学科工作量的换算关系，建立起一套比较客观的指标体系来判断交叉学科的成绩。其次是成立跨学科信息办公室，建立跨学科信息库。该办公室受跨学科专家委员会领导。主要职责有：搜集整理现阶段科学系统中已有的交叉学科，了解其发展历程；通过对世界一流大学开展跨学科活动的研究，找出现有跨学科科研与教学的模式；对一些具有国际影响力的跨学科实验室、中心等进行案例分析，确立开展学科交叉研究的要素；建立本校与跨学科工作有关的教师的基础信息库，包括研究课题与进展等；定期对这些教师进行访谈，了解他们对工作的评价。最后是成立跨学科研究院，统筹非实体机构的交叉研究工作。该研究院主要是为以课题、项目形式的跨学科交叉研究机构提供办公场地和活动场所，凡经跨学科专家委员会论证后成立的非实体跨学科研究机构均可以挂靠研究院，使用研究院的资源。

---

① 陈韶峰：《试论学术评审中的委员会决策》，《高等教育研究》2003年第5期，第65页。
② 王波：《论合并高校的学科融合》，武汉大学2004届硕士学位论文，第35页。

2. 对跨学科研究进行资金资助

一方面是设立跨学科研究发展基金。比如从近期的国家重点投入中提取一定资金，设立跨学科发展基金，用于跨学院多学科交叉研究的启动、孵化和配套，同时也支持学院内多学科交叉课题项目。专项基金的设立可以保障跨学科研究得到外界的支持，从而打破学科壁垒，提高院系参与跨学科交叉研究的积极性。另一方面要增加人才招聘的投入。由于开展跨学科活动势必会削弱传统学科的研究力量，所以应该在招募新教师上加大投入，其中既包括能够进行跨学科研究的教师，也包括传统学科的教师，为跨学科研究提供人力资源上的保障。

3. 制定促进跨学科研究的激励措施

首先是为跨学科研究创造相对宽松的环境。对于跨学科研究项目，应当允许延期完成，允许失败，不能武断地要求高产、多产。在学者参加跨学科研究期间，应适当减轻其在原所在院系的工作量，必要时可以暂时免除一些教学任务。其次是采用相对灵活的考核机制。考核学者时，应将其在学院和在跨学科机构两处的工作累加，对其参加跨学科研究的工作量设定一个较高的换算系数，这样可以解除院系和学者的后顾之忧。对于参加跨学科研究成绩特别显著的学者，经专家委员会推荐，可以主要依据经费、论文、成果及其产业化等科研业绩和水平晋升职称。三是鼓励研究生参与跨学科研究。在各跨学科研究机构或项目组提出申请的前提下，学校应该在研究生招生计划中为他们单列若干名额。对于参加多学科合作研究的研究生，可以给予奖学金、助学金方面的更多支持；对于在跨学科研究中有明显贡献的学生，在毕业时学校可以出据相关证明，以书面形式认可该学生的跨学科研究能力和多学科工作能力。

总之，跨学科研究是一项牵涉到人、财、物等方面的复杂工程，需要大学的各个方面提供相应的支持。大学有针对性的政策倾斜、资金投入，以及一大批热心从事跨学科研究的学者的广泛参与，都是保障跨学科研究顺利进行的必要条件。大学要建立具有针对性的科学合理的管理制度，以此规范、引导、保证跨学科组织的建立与运作，同时还要借鉴国外大学跨学科研究工作中求实的态度与个性化的做法，努力寻找适合自身校情的切实可行的策略与方法，走出特色化的跨学科研究之路。

本章小结

本章分析如何完善大学"学术体制"。论文首先对大学学术组织结构、大学学术制度进行了基本描述；然后分别从大学组织的纵向层次结构、大学的人事制度与评价制度两方面,分析了"院校"角度的"大学学术管理体系与制度";从大学的横向学术组织、大学的跨学科研究制度两个方面,分析了"学科"角度的"大学学术工作体系与制度"。

大学学术体制是大学学术生产的组织结构与制度规范。组织是促进大学学术集群化生产的重要机制,有利于大学教学中的共同培养、科研中的交流与合作、社会服务中的联合签单。大学学术制度对学术活动具有重要的协调与规范作用;并且可以物化办学理念与组织文化,成为思想与行动相互转化的中介。大学的教学制度、科研制度和社会服务制度普遍存在一些偏差,需要分别加以改进,并进行综合的协调。

在学术管理体系与制度方面,我国大学组织在纵向层次上主要体现为学校—学院—学系三级结构。与国外大学相比,我国大学的组织结构沿袭传统的官僚组织结构;组织集权化程度较高;部门间呈现相对封闭的状态。这样就产生了一定的弊端,不利于高素质人才的培养、不利于科学研究的综合化、不符合现代科技和社会发展的需要。为了实现我国大学学术组织结构的优化,需要明确界定大学的校、院、系三级核心组织的职责权能、完善学院制改革、促进大学组织结构的弹性化、多元化和网络化。传统的大学人事制度造成人才的"磨损"与空耗,需要充分发挥竞争机制、激励机制、市场机制和保护机制的作用;现行的学术评价过于量化、功利化、行政化等弊端亟待克服。所以,大学学术制度应该具有较强的灵活性、多元化、学术自治性特征,以此克服学术管理中的行政主宰、统一僵化和简单量化;必须体现一定的精神与价值追求,以此抵抗大学制度的急功近利与舍本逐末;必须以学者的发展为本,而不能目中无人、为管理而管理。

在大学学术工作体系与制度方面,大学需要加强矩阵和团队等横向学术组织建设。矩阵结构是一种既有纵向部门联系,又有横向跨部门联系的组织结构,按课题、按任务而灵活设置的学术或行政基层矩阵组织,有利于大学的知识创新与信息交流。以团队形式进行教学、科研、管理和服务已经成为大学管理的一种新趋势,但大学团队建设的整体水平并不高,大学团队的内涵并未得到明确的界定和广泛的认同;大学团队类型单一;大学团队建设缺少足够的组织和制度支持。因此,大学既要积极组建高效团队;又要加强对团队的管理;更要营造和谐创新的团队文化。大学的跨学科研究制度能够为跨学科合作活动提供激励、指导和规范。不同学科的知识在本质上的相通性是大学跨学科研究的理论依据;社会解决综合性问题的迫切需要是跨学科研究的现实推动力。麻省理工学院、密西根大学、哈佛大学、斯坦福大学、加州大学开展跨学科研究的模式值得我国借鉴。我国大学院系隔离的状况、固化的学科专业设置、同行评议制度、大学内部强调学科分化的评价制度、学术评议中的"本位主义"都会阻碍大学跨学科研究的发展。所以需要成立多种跨学科研究机构、对跨学科研究进行资金资助、采取相关措施对跨学科研究进行激励。

第六章

营造大学"学术文化"

大学学术生产的完整图像包括学术活动、学术体制和学术文化三个部分。也就是说,大学学术生产力是在大学学术活动中生成的,同时也需要大学学术体制为其构建组织载体和制度规范。但是,活动与体制并不是大学学术生产力发展的充分而必要条件。大学学术活动的作用可能有限,大学学术体制也可能失灵,因此,在这两者之上还存在一个更高的层次,那就是大学的学术文化。大学学术文化简要地讲,是大学有关教学、科研与社会服务的内部心理环境和组织氛围。它是大学在长期的生存与发展过程中形成的独特的文化沉淀,包括大学的价值观和信仰、大学的标志和符号等,也是大学学术活动、大学管理决策制度和行为规范等在组织文化层面的沉淀。大学学术文化对大学学术生产力的发展起着无形但却深远的影响,在很大程度上决定了后者发展水平的高低。

第一节 大学"学术文化"概述[①]

大学学术文化是大学这一特定组织中形成的文化现象,是大学学术的有机组成部分,它通过人的精神世界和人际关系结构对大学学术活动产生深刻影响,通过人的价值取向和目的追求对大学学术生产力的发展起到制约作用。大学是一种以情感和精神为主导的社会性组织。大学中人与人之间的关系主要建立在情感和精神基础之上,而不是以书面法律和合理化契约为基础。维系知识分子对大学深深眷恋之情的纽带,正是大学的精神文化传统。大学文化集中体现了一所大学独特、鲜明的个性和办学理念,反映着历代知识分子的追求和信念,也是知识分子群体意识的体现。大学在不同的历史时期始终与时俱进,昂扬向上,内化于知识分子心目中的精神文化所具有的号召力、凝聚力和向心力

---

① 陈何芳:《大学学术文化与大学学术生产力》,《高等教育研究》2005年第12期,第1~7页。

起到了激情励志、调整心态和规范行为的重要作用。正是由于对大学怀有共同的精神信念，才使不同学科、专业，不同价值取向，不同个性品质的知识分子有了共同奋斗的情感基础。

世界各著名大学无不具有思想活跃、能够激发创造热情的学术文化。作为组织的心理环境，大学学术文化不仅对于人才的成长影响深远，而且在大学的发展中也具有举足轻重的地位。比如，在中国高等教育史上，曾经培养了诺贝尔奖获得者的大学之所以出现在抗战时期的西南联大，最根本的原因就在于它所营造的催人奋进的学术文化。在各种学术设施和条件极端落后的情况下，西南联大借助特殊历史时期激越的文化氛围和大学学者们亢奋的心理状态，造就了大学学术发展史上的奇迹。这也说明，大学的发展并非是逐一满足各种"硬性条件"而按期实现目标的，而是存在一些重大的突破口。国际化的用人机制之于香港科技大学、激越奋进的学术文化之于西南联大，都是这种促使大学突飞猛进的关键要素和"突破口"。所以，优良的学术文化是大学的宝贵财富，它不仅持续、深刻地影响着一代代学人的生活，激发其奉献精神和创造活力；而且在特定的情况下会产生巨大的爆发力，促进大学的跨越式发展。

一、大学学术"生产力场"

物理学中有一个十分重要的关于"场"的概念，有重力场、电场、磁场等。这些"场"都具有一定的强度和能量，是一种位置能即"势能"，因此这种场也被称为"势场"。"场"是物质相互作用的结果，它的奥妙之处就在于，物质之间无须接触就可以通过"场"的作用来传递力和能量，从而在眼看不见手摸不着的情况下，实现物质之间力和能量的传递。

大学也存在这样一种"势场"，它由学校的学风、教风和校风，校园文化和环境，学校师生员工的精神面貌和社会舆论氛围等形成，是学校一种相对稳定的心理现象、精神和文化现象。或者如郑湘晋所言，"是学校特定的文化环境和氛围，是教师和学生的主体精神，是一种个体间不断传递着的信息流（含认知流、情意流和道德流等）的时空，是教育者的教育能和受教育者的学习能所辐射的文化时空，是一种群体意识圈"①。大学的学术文化与自然界的"势场"具有较大的相似性，我们暂且把它称为"大学学术文化场"。它同样有"场力"，即凝聚力和向心力；同样有"能量"，即积极进取、奋发向上的

---

① 郑湘晋：《对"学校文化场"的建设与作用的思考》，《教育理论与实践》2000年第4期，第32~35页。

动能。因此，有学者认为，"组织不是别的什么，而是一种用来表述不同领域中的经验的'共同的语言'，它是类似于物理学中的'重力场'或者'电磁场'的一种'构成体'"①。布迪厄（Perre Bourdieu）则认为，特定的场域，譬如一所大学就是一个场域，特定学科领域也是一个场域，是人们（可以是个体也可以是群体）在应对复杂的、变动不居的情景变化的过程中，逐渐形成的"各种既持久存在而又可变更的性情倾向的一套系统"②。

大学学术文化构成大学学术的"生产力场"，影响着"在场"的大学学术生产的能力和实效。处于这种"文化场"中的大学学者，乃至所有的大学人，都会感受到"场"的力和能量，受到来自于"场"的制约和激励。大学教职员工的思想观念、态度、情绪、价值选择、工作学习动机、工作满意度等，都受到大学学术文化的影响。当然，这种施加影响的方式是无形的、潜在的、无须直接接触的。关于大学的学术文化场，我们可以形成以下几点基本认识。首先，存在于"场"中的大学学者，由于他们各自的学术声誉、在学校中的地位不同，他们所具有的影响能力也是有差异的，会对"场"中的其他人和"场"的总能量，发挥力度不等的影响。其次，影响作用是相互的，在同一"文化场"中，人们的知识、技能、思想、道德、情感、行为等，都是互相渗透、交互影响的，这样才能在长期的发展中形成统一的价值判断标准和伦理道德规范。最后，"大学学术文化场"的影响力度是巨大的。自然界的"场"之引力、场强、能量只能在其"场内"有效，而"大学学术文化场"的影响往往可以超越校园，辐射到校园以外的社区和社会中去，对大学的外围环境发挥一定的影响。

二、大学学术文化的功能

大学学术文化对于提升大学及其学者的学术生产力，具有不可替代的重要作用。一方面，从一般意义上讲，人力资源都具有一定的文化属性，受到组织文化的重要影响。人力资源理论的研究表明，人并非一般抽象地就是现实的人力资源。只有经由特定组织文化培育的人力及其特殊构成，才能成为这个组织真正现实和具体有效的人力资源。管理学的研究也表明，要调动人的主观能动性，最大限度地发挥人的潜能，不仅要用科技的手段、经济的手段，更要使用文化的手段。组织文化迫使其成员学习该组织的显性和隐性规则，了解组织提

---

① 张新平：《教育组织范式论》，江苏教育出版社2001年版，第72页。
② 阎光才：《识读大学——组织文化的视角》，教育科学出版社2002年版，第62页。

倡什么，反对什么，应该遵守什么，应该如何向上流动，等等。这些以文化形态发挥的隐性规范作用，从深层次上决定了组织成员的价值取舍和行为举止，对于他们的工作态度和业绩影响巨大。

另一方面，大学学者具有鲜明的文化属性，这也使得大学学术文化的营造尤为必要。大学学者是社会高级知识分子，他们的需要普遍具有高层次性、精神性特征，这就使大学管理中的物质手段、经济手段所能发挥的作用较为有限，在影响的力度和持久性上不如其他组织那么明显。另外，大学学者的学术生产是高度专业性的，学术自由与自治是他们的基本信条。这又决定了大学管理者不可能对学者进行行为上的统一规定或指导，对其工作和言行的具体约束与激励难以实现。不论是物质和经济手段的低效，还是行为控制手段的失灵，都使得大学学者的管理必须以文化的手段为主。

这种"文化手段"的作用，或者说"大学学术文化场"的功能，主要表现在以下三个方面。

（一）大学学术文化的目标导向功能

一般而言，组织提倡什么崇尚什么，组织成员就倾向于追求什么。而组织文化就是最好的组织发展的方向标，一种文化可以长期引导组织成员为实现组织目标而自觉努力。良好的组织文化使组织成员潜移默化地接受本组织共同的价值观，并朝着一个确定的目标而奋斗献身，这是刻板繁琐的规章制度所不能达到的。为了把学校成员引导到学校所确定的目标上来，传统的做法强调单纯的策略性引导，但对于知识渊博、批判意识较强的大学学者而言，苍白的说教和简单的政策引导并不能使人信服和遵从。所以，如果从组织文化入手，通过文化的渲染和熏陶来影响大学学者，使其接受学校共同的价值观念与理想追求，就能把个人目标与组织目标尽量统一起来。这种融于文化之中的学校目标更具导向力和感染力，更能引起大学学者普遍的心理共鸣与行为反应。

（二）大学学术文化的激励和凝聚功能

大学文化中存在着"学术自由"、"学术自治"、"教授治校"、"教学与科研相统一"的大学理念；蕴涵着"明德，亲民，止于至善"、"允公允能、日新月异"、"爱国、敬业、创新、乐群"、"追求真理、独立思想、注重人文"、"思想自由、兼容并包"等涵义的人文精神、科学精神和创新精神。这些大学精神和理念内在地规范和导向着、凝聚和激励着、熏陶和感染着大学成员的理想、信念、价值观和行为准则，使他们矢志不渝地求是、好学、实干、创新，实现着高校对知识的保存、传递、发展和应用的使命。① 所以，出色的大学学术文化是调动学者积极性的重要诱因。大学学术文化作为大学学者共同创造的群体文化，寄托了他们的理想和希望，因而能够产生极大的内聚力，使学者拥有强烈的归属感和自豪感。因此，大学学术文化愈发达，群体心理就愈相容，学校对学者的吸引力、凝聚力、激励力就愈大。这样的学术文化不仅具有强大的同化功能，使身处其中的成员受到潜移默化的熏陶和感染；而且能够内化为一种向上的力量，促进成员积极进取、勇攀高峰。

(三) 大学学术文化的软约束功能

大学文化是大学成员中共有的价值观、信念和行为准则的集合体，尤其是其中的价值观是对大学的办学理念、管理方式、社会环境和内部人际关系等因素的总结、升华和提炼，它能引起教职员工的情感共鸣并能内化为行为准则。它是大学在长期的教学、科研和管理等活动中通过组织学习积累的成果，并且通过潜移默化的作用方式促使后来员工共同思维模式与价值观念的形成，是大学内部的一种心灵连接。因此，大学文化与组织结构规章制度相比，通过内含的价值观、信念、行为规范等更能对大学成员学习的动力、毅力等进行潜在的影响和无形的制约。总之，大学学术文化可以形成与制度硬约束相协调、相适应的环境氛围，对各种制度与规范产生心理认同，进而对个体行为发挥一种软约束的作用。这种软约束比规章制度等硬约束更为持久、稳固而有效。因为刚性的硬约束难以随机应变，而柔性的软约束则能较好地顾及具体而复杂的客观实际和人的各方面需要，在各种情境中都能发挥有效的调节作用。正是在这个意义上，大学学术文化也可以像一般的组织文化那样，被比做"无声的号令"、"无形的管制"，它会告诉组织中的每个成员应该怎样做，不该怎样做。对于这种文化，成员自觉地维护它、爱护和发扬它，就会受到全体成员的尊敬和爱戴；反之，违反它、破坏和践踏它，就会受到大家的鄙视和反对。这也体现了大学学术文化所拥有的，使每个成员都自觉接受约束的功能和效力。大学学术文化也是一所大学安定团结的精神力量，它的模式一经建立就成为该校品格的象征，具有强烈的感染力，潜移默化地影响规范着身在其中的每个人。

总之，大学学术文化深刻地影响着大学学者的价值追求、精神状态和行为方式，它形成了大学学术的"生产力场"。通过学科文化的渗透、院校文化的

---

① 冯国锋：《"学习型组织理论"视野下高校学习机制研究》，河南大学2005届硕士学位论文，第13页。

渲染、优良学风、教风与校风的示范与扩散,大学学术文化对大学学术生产发挥着深刻而奇妙的精神性影响。所以,大学学术文化是大学的宝贵财富,它既是办学的巨大现实能力,又是一种庞大的潜能,在提升大学学术生产力方面意义非常巨大。

第二节 大学组织的"院校文化"①

高等教育系统的文化类型可以根据研究的需要进行多种划分,其中最经典的论述之一当数伯顿·克拉克教授的分类方法。克拉克教授通过跨国的比较研究,将高等学校组织文化分为学科文化、院校文化、职业文化和全国学术系统文化四种类型。② 其中后两者与学术职业和全国高等教育系统密切相关,是大学内部文化所处的宏观背景,与本文关系不大。因此,本文只讨论微观层面的大学学科文化和院校文化。实际上,大学本来就是"学科"与"院校"交叉而成的"矩阵",既有开放的学科,又有相对封闭的院校环境。所以,大学的学术文化也可以从"学科维度"的学术信仰和"院校维度"的组织氛围两个方面来认识,它们互相交织和渗透,共同构成大学学术发展的内部心理环境。大学的"学科文化"与"院校文化"影响着大学学者的思想观念和工作实践,从而发挥了一种"生产力场"的作用。如果没有浓厚的"学科文化"与积极进取的"院校文化",大学学术生产力的发展就会在最深的层次上丧失动力与支持。按照本文"院校"与"学科"的划分顺序,在此先论述大学组织的"院校文化"。

大学是各种学科的汇聚之所,是学科的组织载体或者说单位体现。不论具体学科如何,大学这个特定"单位"也有其局部的学术氛围或者说组织气候与文化。它会对置身其中的学者、各种学术组织产生"单位文化"的影响,我们在此把它称作"院校文化"。院校文化是大学师生员工所共有的对事物的一般看法和判断是非、决定取舍的价值准则。它确立了大学教育和管理活动中的基本信念,决定着学校精神的基本格调和整体面貌,因此能够对学校的各种活动产生重大影响。如果从心理学意义上讲,院校文化就是大学内部相对稳定

---

① 陈何芳:《论适应知识流通需要的新型大学校风建设》,《扬州大学学报》(高教研究版)2009年第4期,第11~14页。

② [美]伯顿·克拉克著、王承绪等译:《高等教育系统——学术组织的跨国研究》,杭州大学出版社1994年版,第86页。

的、独特的社会心理环境。它渗透在大学的理念形象、办学思想、管理模式和文化资源中，展现着大学的个性特征，影响着组织的整体运行。

不同的大学拥有不同的文化和"组织个性"。每所大学都有自己独特的组织结构、事件和人员；有约定俗成的沟通渠道、工作方法和人际模式；更有独特的历史传统、领导风格和现实环境，这些因素都会促成不同大学独特文化的形成。院校文化一旦成形，它所包含的价值观、信仰、行为准则等精神因素，就会作为一种文化意识和氛围弥漫于学校之中，渗透到学校成员的一切活动中去，成为一种无形的约束力量，促进人们自发地改变自己的言行。

"院校文化"较之"学科文化"更为浅显和直接，它主要是大学所采用的制度、流行的活动经过扩散、沉淀，而在人们的思想上自然而然形成的观念。比如学校是重学术还是行政，重教学还是科研，重本科教育还是研究生教育，重民主还是集中，重公平还是效率，重趋同还是求异，等等。院校文化是现行做法在人们思想上的反映，同时又反作用于人们的行动和学校的现实。所以，这种文化带有"约定俗成"的色彩，是大学发展过程中一系列偶然事件经酝酿积淀而自然形成的，其影响深远、并且难以轻易改变。在当前情况下，由于市场经济的不完善和社会的浮躁与功利，作为社会"晴雨表"之一的大学，也普遍存在一些行政腐败和学术失范的行为，院校文化中的不正之风较为严重。但是，由于院校文化具有很大的惯性，它的"现实性"往往使人们产生"存在即合理"的错觉，也以一定的"识实务者为俊杰"的压力和诱惑力，促使人们对其努力遵从而不是反抗。因此，若要对消极的院校文化进行革新，不仅需要反抗流行信念、克服一致性压力，更需要正确的策略和适宜的措施。也就是要遵循组织文化形成的逻辑，通过典型事例的示范与扩散，力争能够使之沉淀为人们的一种思想观念。这实际上是从"行动"入手来形塑"观念"，是通过改变"事实"来变革人们的"思想"，这也是院校文化的现实性所决定的。

院校文化对于大学学者的影响作用是巨大的。正如费尔斯通（William A. Firestone）和威尔逊（Bruce L. Wilson）所说："教育组织中的组织文化对界定教师对任务的奉献起了很大作用，它激发了教师完成组织任务的活力，对组织的忠诚和奉献精神，它代表着对组织和组织理想的感情依附。这些不仅激发了教师遵守组织中制约他们行为的制度和规范的意愿，而且也促使他们把组织理想作为实现个人价值,从而为实现组织的预期目标而精神饱满地工作"①。院校文化之所以能够如上文所言,在目标导向、情感激发和制度认同上发挥重要作用,是与大学组织的特性密切相关的。一方面,大学是人—人系统,其中的管理者、教师,和学生都是人。倡导学校组织文化,实行人本管理,可以调动大学中"人"的积极性,充分开发"人"的智慧和潜能。大学以人为核心、以人的发展为主旨的特性,决定了院校文化的重要意义。另一方面,大学是一种松散联合的组织,大学学者之间、学者与行政人员之间虽然也有工作上的联系,但基本上都是各自独立完成工作的;加上管理者领导权威和学者专业权威的差异和冲突,使得大学管理者很少有可能直接控制和影响教师。并且,学术工作所要求的灵活性和创造性,也是相对稳定、刚性较强的行政管理所无法适应的。在这种情况下,大学管理只能突出人文特征,以院校文化、学校目标和精神为重要手段,来发挥宽泛的领导和激励作用。只有这样才能创设尊重人、信任人的环境氛围,以文化的手段激发大学学者工作的积极性和自律性。

一、大学的行政文化

大学之中显然存在两种差异巨大的文化——以学校行政人员为代表的行政文化,以及以大学学者为代表的学术文化。尽管大学学者是学术生产的主体、在大学发展中处于主导性地位,大学的行政与管理只是为学术发展提供支持和服务。但管理所具备的计划、组织、协调、控制与监督等职能,也使它在大学学术生产中影响巨大,成为一种不容忽视的力量。在管理活动和学术生产活动中,都蕴藏着一定的文化与价值追求,大学中的这两种文化各有其逻辑和适用领域,但它们共同作用于大学学术生产,又会产生一定的冲突。

(一)大学行政文化与学术文化的冲突

行政文化的特点是注重效率。大学行政文化倾向于建立相对清晰和统一的组织目标,设置严格的等级,按照有序的程序和有效的责任机制来管理学校,以简化大学活动中的多样性、复杂性和模糊性。在行政文化的视野中,秩序井然是有效管理的最基本体现,而无序只会带来冲突、内耗和组织整体功能的紊乱,是需要尽力避免的。大学行政文化的形成在一定程度上消除了大学学术生产中的主观随意性,有利于提高组织的运作效率。但它的刻板和繁琐程序却可能妨碍大学学者的学术自由、降低大学学术的创造力。因此,大学行政文化对

---

① William A. Firestone and Bruce L. Wilson, *Using Bureaucratic and Cultural Linkages to Improve Instruction: The High School Principal's Contribution*, Eugene: University of Oregon Press, 1983, pp. 14~15.

于秩序和效率的追求是有一定代价的。在权力的高压下勉强实现的秩序，往往约束了大学学者的创造潜能，遏制了组织发展的活力；"目中无人"的硬性管理容易破坏人们对组织的感情和忠诚，减少大学成员对组织的归属感和向心力。这样，理性化的管理过程在一定程度上反而背离了目的本身，产生了适得其反的负面效果。当然，行政文化局限性的存在，并不表明它完全不适合大学的组织环境，相反，它对大学的发展也是功不可没的。

学术文化的特点是注重学术自由和学术活动的实际效果。大学学者往往对行政文化所追求的秩序和效率不以为然，他们更倾向于陶醉在自我的世界中，崇尚活动的自由、管理的松散，能够相对自主地确定学术发展目标甚至安排个人的生活。在大学学者的视野中，大学是一个松散联合的系统，组织目标模糊，组织成员之间工作性质和任务各不相同，在心理状态、思维方式和行为习惯上差异巨大。因此，他们普遍认为，大学的管理应该因势利导，尊重个性与差异，只求达到发展学术的效果，而不必强求表面的秩序与效率。

行政文化与学术文化的冲突是显而易见的，并且有愈演愈烈之势。概括地讲，这两者之间的冲突在一定程度上类似于功利与自然的冲突、有形与无形的冲突、行政与学术的冲突、院校与学科的冲突、量与质的冲突，等等。行政文化崇尚量化或显性的目标、具体的措施、严格的程序，关注大学的利益；而学术文化崇尚自然行事，关注实效而摈弃形式主义，强调学者在学术共同体中获得承认和发展，在学界而不仅仅是大学校园之内获得成功。它们在大学学术发展中都有一定的积极意义。实际上，大学发展到今天，管理已经走向了专业化，因此已不能避免行政文化的形成和盛行了。但是，在我国"官本位"思想严重、政府垄断高等教育管理权的背景下，大学的行政文化过度膨胀，甚至有主宰整个校园之势，就不是一种正常现象了。在当前的大学管理中，普遍存在行政与学术不分的现象，行政力量常常超越其权力管辖的范围，影响甚至决定学术问题，影响学术工作的正常开展。在组织氛围方面，过强的行政文化容易导致大学走向落后、保守与狭隘，比如个人主义、本位主义、功利主义思潮泛滥，封闭、保守、缺少开放性、缺少宽容、严格管束、漠视创新、有错必罚等。所以，行政文化过强、大学行政过分"有为"，势必会忽视大学学者的感受、违背学术发展的规律，从而产生一些欲速不达、适得其反的负面效应。因此，我国大学必须强化和提升大学学术文化，让大学的学术生产真正由学者主导、按照学术规律进行。实际上，在以"有组织的无序状态"而著称的大学之中，追求"有组织"的行政文化和崇尚"无序状态"的学术文化，都应该有一定的份量和地位，只有二者保持适当的张力，才能从不同的角度保证大学学术生产力的健康发展。

（二）大学行政文化的"科层取向"与"创新取向"

大学行政文化与学术文化之间适度"张力"的形成，有赖于大学行政文化从单一的"科层取向"走向"创新取向"。

"科层取向"的行政文化认为，大学是一个非常形式化和结构化的地方，规章制度具有至高无上的地位；大学的决策要按照严格的程序分步骤进行，规则和步骤在学校中需要被大力提倡，完美的计划是管理所必需的；大学组织的持久性和稳定性最为重要，因此要具有成本意识，高度注重风险规避；大学中的等级和权责需要明确，通过正式的规则章程和政策把学校各个方面紧紧连结在一起，其中大学的领导充当着协调者、组织者和管理者的角色，大学教职员工依照规章制度办事。"科层取向"的行政文化源于大学组织的"科层制"特征，有其存在的合法性依据，在管理原则和实践效果上也具有合理性。这种行政文化崇尚理性原则，能够实现较高的效率，在管理的精确性、稳定性、纪律性和可靠性等方面具有明显优势。但是，"科层制"只是大学组织特性的一个小部分而不是全部，因此，"科层取向"的行政文化也有较大的局限性，它往往会导致僵化、封闭的"防守式"管理，"不求有功但求无过"，不利于大学开拓创新、锐意进取。另外，由于受官本位、功利主义、利益冲突等的影响，"科层取向"的大学行政文化很容易产生本位主义而阻碍创新。大学管理中某些领导的强权控制比较明显，党政不分、以党代政，各部门一把手大权独揽的现象较为普遍，使行政人员既惧怕权威、又对彼此缺乏高度信任，没人敢摊出自己的真实想法，所以在工作中无法实现真正的相互沟通。在这样的氛围中，行政队伍很难拥有清晰的目标、怀有共同的信念，也无法通过团队会议、深度会谈、非正式交流与共同实践的方式实现良好的沟通。行政人员多年照章办事所形成的惯性，会使他们囿于潜在的规范和程序而很难在工作中实现创新。

"创新取向"的行政文化能够充分认识到"创新"在大学之中的意义。大学本身就是以不自我封闭、开放坦诚和欢迎新思想、新挑战为特征的，大学文化应该倡导及时应变、不断创新，并且这种创新应当是全员创新、系列创新、连续创新，而不是某些教授、某些领导等资深人员的非全员创新、局部改革与一时创造。在这种思想认识的基础上，"创新取向"的行政文化认为，大学是一个非常动态化和人性化的地方，组织最需要关注的是人的成长与创新。大学组织面临着外界复杂的情境和内部多学科的具体问题，因此大学的规范可以具有一定的弹性空间,以政策规范的"开放性"和"多元性"保证学校能够根据外部环境的变化和内部的特定需要而及时调整策略。这种行政文化关注学校的成长、资源的获取、组织的适应性与创造性,而不是特别强调统一与稳定。大学在决策过程中更注重采纳教职员工自发的想法和创意,通过广泛的交流与沟通来实现民主协商式决策。建立在多方讨论基础上的民主化决策过程,能够增强大学内部成员的参与度,培育他们的团结合作精神,增强他们对于大学的忠诚度,也使学校的传统更为鲜明厚重。"创新取向"的大学行政文化努力发掘教职员工的潜力、信仰、抱负和创造性,是一种重视全员参与、重视人的潜能开发的文化。创新的追求和发展的责任感把学校紧紧连结在一起,其中的学校领导者通常被认为是创新者和风险接受者,大学教职员工在高度的责任感和义务感支配下,自觉奉献于学校的发展。与"科层取向"相比,"创新取向"的行政文化更关注大学作为"学术组织"的知识特性,尊重大学学者在专业领域的权威地位,依靠学者智慧主动谋求大学的创新式发展,在发展的主动性和创造性方面境界更高。"创新取向"的行政文化对外注重与社会各界建立广泛的联系,积极扩大筹资渠道,增强学校的办学实力和自主权;对内高度重视激活学术中心地带,鼓励师生大胆创新,以增强学校在知识创新、技术创新和人才创新方面的能力。

(三)"创新取向"的行政文化所应营造的学术氛围

在"创新取向"的行政文化之下,大学的行政人员要为大学学者创设有益于创新的工作环境,其中最重要的方面就是要形成"学术至上"、"自由宽松"、"团结协作"和"公平竞争"的学术文化。"学术至上"是大学行政人员、大学师生乃至整个大学组织都应当崇尚的核心价值观;"自由宽松"是学术生产所需要的心理环境,需要学校行政予以支持和保障;"协作"与"竞争"是促进学术发展的两种有效机制和手段,需要行政力量进行精巧的制度设计予以实施,以促进而不是妨碍大学学术生产的健康开展。另外,从克服现行文化弊端的角度上讲,只有"学术至上"才能提升学术精神、处理好"行政文化与学术文化的冲突";只有"自由宽松"才能克服行政管理制度所引起的浮躁与功利之弊,也才能保障学者以平和的心境"团结协作"、"公平竞争",促进大学学术生产力的迅猛发展。

1. "创新取向"的行政文化应当营造"学术至上"的氛围

大学是一个以学者为主体的学术机构,必须凸显学术的地位,树立学术的威信,充分发挥学者在大学发展中的作用。"学术至上"的内涵非常丰富,但它最基本的意思是，在大学组织中，"学术"是最被人看重的，"学术"成为整个组织的价值观和运转的主轴，就像"赢利"之于经济组织一样。"学术至上"的大学文化应该强化大学的"象牙塔"精神，鼓舞大学及其学者自觉承担起传承和创造人类文明的神圣使命。面对现实社会的浮躁与功利、面对某些领域一定程度的"体脑倒挂"现象，以及公众对学术劳动的某种轻视和缺乏理解与尊重，"学术至上"的大学文化更应该为大学的学术生产营造一块免受负面侵扰的心理和精神"飞地"。所以，在优良的大学学术文化中，学术至上意味着大学学者开展学术生产主要是为了学术自身的目的，而不是为了追逐学术之外的功利性价值；意味着在学术界有所建树才是最重要的，俗世的功名利禄、人们孜孜以求的所谓权力、金钱与地位也会与之相形见绌；意味着与学术的自身要求相悖的浮躁与功利之风必须受到遏止；意味着大学中"行政至上"的错误观念需要纠正；意味着所有不利于学术发展的因素都应当得以排除。只有在这种"学术至上"的氛围中，大学学者和学生才能安心于学术事务，享受知识与智慧所带来的乐趣，感受到学习与工作的崇高意义。也只有具备这种"学术至上"的氛围，大学才显得庄严而神圣，令每一位走近它的人肃然起敬。"学术至上"的氛围是大学作为学术组织的根本特征，是大学之所以成为大学的根本原因和保证。

2. "创新取向"的行政文化应当营造"自由宽松"的心理环境

作为一种加工高深知识的组织，大学要想出原创性成果、造就一流的人才，就需要一个宽松安逸、自由探索而不是急功近利的学术氛围。只有在宽松的环境中，学者们才能获得心理上的安全和自由，才能免去一切后顾之忧，潜心于自己的事业和追求，充分发挥自己的创造力。自由的文化氛围也意味着学者们可以随心所欲地开展交流与合作，而不受思想观念、组织机构和管理体制的束缚。除了自由之外，大学的学术文化还要宽容失败，鼓励学者敢于冒险、勇于创新，而不计较一时的成败得失。大学学术活动的创造性带来了一定的冒险性，诸多不确定性因素的存在，也使得大学学术工作的成功具有很大的条件依赖性，这在大学的教学、科研与社会服务中都有体现。因此，大学学术发展需要宽松的环境，没有"鼓励创新、宽容失败"的文化氛围，创新是很难坚持的，大学学者的自主性和创造力就无法得到充分发挥。一所大学如果不能容忍学术观点的冲突、学科间的争端和分歧，就不可能有真正的学术创新的活力。大学学者要启发灵感、活跃思维、增强创新意识、引发创新性思想和行为，直至取得创新性成果，都需要一种自由宽松的心理土壤。大学也只有在

"自由宽松"的氛围中,才能凸显"学术自由"、"学术自治"、"教授治校"的学术理念,实现大学学者的自主管理、自我创新和个性化发展。

3. "创新取向"的行政文化应当倡导"团结协作"之风

在经济组织中,人们已经逐步认识到,注重短期表现的不良竞争会恶化组织氛围,阻碍信息的共享和互助合作,其负面影响是巨大的。对于大学这种教育性的学术组织更是如此,信任与合作的组织文化对于学术的发展尤为必要。团结与合作能够消解由于不良竞争所引发的负面影响,确保大学学者为了理想中的事业而齐心协力、共同奋进、锐意进取。这样的学术文化不仅有利于学术群体彼此疏通感情,使群体保持强大的凝聚力;而且有利于信息共享和思想碰撞,从而提高人才培养和科学研究的质量。团结协作的组织文化强调大学学者之间信息上的交流、思想上的沟通和观点上的切磋。在这种知识交流的过程中,存在着典型的"报酬递增"现象,即每个人拥有的知识不仅没有在交流中减少和丢失,而且能够获取和吸收别人的知识,甚至能够产生各方都不曾有过的新知识。芝加哥大学校长雨果·宗南沙因(Hugo Sonnenschein)在评论群体协作组织的功能时指出:"在芝加哥大学,我们引为自豪的是:我们学者团体的成员们深感交流观点和互相评论是我们的重大职责。这不是一个'斯文'的过程,它会使那些疏懒、软弱、僵化的人感到不安,同时还能活跃一部分人的思维,使他们变得富有朝气和精力充沛。交流观点和相互评论将使我们重新审视我们的观点是否合乎逻辑,学会如何坦率地就敏感问题发表意见,并且从旁人的观点中获得启迪。这种作法能够促使大学这一知识混杂物的大锅'沸腾'起来,……这比我们单独提出的观点具有更强的影响力和生命力"[1]。可见,大学学者之间的团结协作是非常重要的,由此而形成的学术交流能够激发群体的智慧和创造力,有效地促进学术的创新。

4. "创新取向"的行政文化还需要营造"公平竞争"的氛围

在积极鼓励团结协作的同时,大学学术生产力的发展还需要有一个公平竞争的文化氛围。大学要确立竞争的理念,使教职员工具有竞争的意识和精神,在自己的教学能力、科研能力、管理能力等方面与同行进行公平合理的竞争。竞争是发展的重要动力,没有竞争大学学者就可能安于现状,在学术探究中趋于停滞和退化;没有竞争也很难促进大学师生的迅速成长,因为优秀人才往往是在相互竞争中磨练出来的;没有竞争,大学学者队伍就很难实现优胜劣汰,

---

[1] 张敏等:《芝加哥大学》,湖南教育出版社 1994 年版,第 2 页。

平衡照顾、论资排辈就会大行其道，优秀人才就没有领先和冒尖的机会；没有竞争就不可能奖勤罚懒，大学学者的工作积极性和创造性就得不到鼓励和支持，大学和学者的活力就会缺乏保障。所以，公平竞争的文化氛围对于大学学术生产力的发展是十分必要的。只有在公平竞争中，大学学者才能有效克服自满和惰性，激发其积极进取、精益求精的热情；才能充分发挥自己的学术实力，为争取大学和社会的认可而竭尽全力。更为重要的是，公平竞争的文化氛围，强化了大学中机会均等、以能定职、按级晋升、奖勤罚懒、优胜劣汰、能上能下的意识，这是大学和学者追求卓越的思想动力之一，也是大学学术发展优良机制得以实施的观念基础。

二、大学的校风

大学的校风是大学师生员工在思想、工作、学习和生活上所表现出的整体风貌，它包含学生和教师的学风、教风、科研作风、服务于社会的作风等内容，是大学精神、文化和品位的集中体现。要提升大学的学术生产力，塑造优良校风是非常重要的一个方面。首先，校风就像一堵无形的墙，能对社会风气进行"过滤"。良好的校风既能主动吸收社会风气中的"营养"而作用于学校的师生员工，也能降低乃至排除社会风气中不良风气对学校师生员工的直接冲击。不良的校风就无法发挥这种阻隔作用，会使不良社会风气长驱直入，会对大学学术的健康发展产生负面影响。其次，大学校风对师生员工的影响最为直接、全面和深刻。学校是师生学习、工作和生活的场所，师生们每时每刻都会受到校风的影响和作用，而且这种作用是耳濡目染、潜移默化的，因此影响力非常强大和持久。校风的上述特点决定了它对学校师生员工素质和行为的影响非常巨大，良好的校风就能促进大学学术的健康发展，不良校风则会对大学的发展产生消极影响。

要塑造优良的大学校风，就要动员学校的各个方面促进和保障学校风气向好的方向转变。首先，学校的领导要高度重视学校的校风建设。大学的领导尤其是高层领导是校风建设的设计者、组织者和抉择者。学校要形成什么样的学风、怎样形成，都需要学校领导发挥关键性的作用。北京大学之所以具有"思想自由，兼容并包"的良好传统和校风，与蔡元培校长对校风建设的重视密不可分。当前，面对社会和高等教育界较为浮躁的风气，面对日益严重的学术腐败之风，大学领导要给予足够的重视，努力在大学之内塑造勤奋、求实的学风和教风，尤其是要注重学校科研作风的培育。其次，优良校风的形成更有赖于大学师生的全员参与。在校风的建设过程中，领导的重视和决策作用固然重要，但离不开全校教职工的广泛参与。师生员工既是校风的作用对象，也是校风建设的主体。由学校领导决策和推行的校风只有得到全校教职工的广泛认同，将之体现于日常的学习、工作、生活之中，才能真正形成良好的校风，而不是仅仅成为一种空洞的口号。最后，良好的校风还需要优良的制度加以支持和保障。除了在认知层面加强宣传和教育之外，要使校风转变为教职员工的内在精神，体现在他们的工作与言行之中，还必须加强相应的制度建设。合理的制度规范能够对校风的形成产生一定的激励作用，通过奖励符合规范的行为、惩罚不符合规范的行为，制度能够起到扶正祛邪，促进校风优化的作用。比如，对于学术越轨行为的监察制度、对于学术失范行为的惩罚制度，就能有利地促进大学科研风气的好转；同样，学校的学位制度、职称制度、学术奖励制度等，都对大学师生的行为表现影响巨大，优良的制度设计才能保证学生在入学和毕业、教师在职称升迁、学术奖励等方面恪守学术道德，从行动上保障优良校风能够持续发挥作用。

在当今知识经济时代，知识的流通意义更为重大，作为一种以"加工知识"为重要使命的社会组织，大学在校风形塑中也要特别突出对于"知识"生成和流动的关注。因此，大学的校风在继承以往优秀传统的基础上，还需要特别强调"持续学习"和"知识共享"的风气，为大学中知识的良性循环与价值提升营造良好的组织氛围。

（一）"持续学习"之风

大学要形成崇尚学习的校风，尊重学习的价值，在大学形成崇尚学习、鼓励学习、尊重知识、尊重人才的氛围，让学习成为所有教职员工的责任、成为他们日常工作的一部分。大学成员个体的学习，不仅是教师和学生的学习，还包括管理人员、教辅人员、后勤保障人员等在内的全员学习。大学应形成"活到老，学到老"的终身学习之校风，激励全体教职员工通过各种方式求得知识的增进、观念和行为的持续改善。通过学习本学科专业和其他学科专业的知识，通过学习如何与人相处、如何学习，通过学习显性知识分享隐性知识等，这种注重学习的校风能够促进大学成员工作的学习化和学习的工作化，使二者内在于一体，实现个体成长和组织成长的统一。

现实生活中，虽然大学学者和管理者普遍认识到了学习的重要性，但大学之中"全员学习"的风气尚未形成，大学成员的学习还存在许多问题和不足。首先是学习主体的非全员性。大学的辅助支撑和后勤保障系统（如图书馆、教育技术服务系统、信息网络系统、后勤系统等）的员工学习动力不足、能力不强，学校也没有对他们提出要求和提供相应的学习保障，这也造成了他们服务意识淡薄、服务能力低下、服务效果差的现状，影响了师生教学与科研工作的进行。其次是学习目的的功利性。比如在继续教育和培训中有重学历培训、轻非学历培训、重学术培训、轻教学培训的功利性色彩；在科研活动中，很多人仅仅是为了职务、职称的评聘和晋升而发论文、出专著、做科研，这些功利性目的一旦达到，学习动力就会减弱、学习行为就会产生惰性，不利于自身的可持续发展。第三是学习渠道的单一化。教职员工普遍侧重于单一的继续教育和培训，忽视在教学、科研、管理、服务中进行的创新性学习，这样就造成了学习和工作相分离。第四是学习的随意性与封闭性。当前大学成员的学习主要取决于个体的兴趣和爱好，而个体的计划性和目的性不强，使学习带有很大的随意性；另一方面，个体随意性的学习，也使不同成员之间缺乏交流意识和合作意向，相互之间缺少交流与协作，形成了个体学习的封闭性。①

要形成大学注重学习的校风，最根本的是要激发全体成员的学习热情，这需要转变教职员工的学习观念与学习态度，确立崇尚学习的价值观。另外，为了使真正意义上的"学习"在大学之内蔚然成风，还需要加强学习活动、建立有关的学习制度，通过"活动"和"制度"来形塑"文化"。所以，"持续学习"校风的形成，还需要从以下的实际行动进行改进，为学习风气的形成提供有形的支撑。

一方面，大学应建立健全完善的培训系统，以增进教职员工的自我成长。培训的课程、时数、地点、方式、人员、进度等，都应该有制度化的妥善安排，以消除学习的随意性和不系统，提高培训的实际效果。在对教职员工进行培训的过程中，要以大学文化为"轴"，使学校的核心价值观、使命、愿景等融入到他们的行动和内心深处，使优秀文化不断得以积淀和传承，并创生出新的文化。

另一方面，大学需要超越培训走向学习。培训并不能达到真正的学习，不论培训体系设计得如何完美，它还是处于学习的较低层次，无法使大学组织成为一个自我调整、自我强化、自我完善的有机系统。从培训走向学习需要调动每一位教职员工的积极性，使其由被动接受知识转向主动创造知识。为了实现这种目标，大学不仅要为成员提供学习工具和技术方法的辅导、创造必要的物

---

① 冯国锋：《"学习型组织理论"视野下高校学习机制研究》，河南大学2005届硕士学位论文，第22页。

质和设施条件，而且要从文化、观念、制度上给予足够的支持，以形成强烈的学习风气。在学习的激励上，为了实现从培训到学习的目标，必须注重观念的转变、文化的熏陶等"软性"激励，考虑大学成员主要是"知识工作者"的特点，把单纯的外部利益刺激和教职员工的内部精神需求结合起来，并积极主动地转化为内部动力，从而全面发挥他们的主体创造精神和自我超越精神。①

（二）"知识共享"之风

形成知识共享的校风、建立共享知识的组织氛围，对于大学学术发展是非常重要的。没有推崇互助和共享的大学文化，没有知识共享的动机，教职员工不会因为信息技术本身而共享知识。在这个意义上，提倡一种共享的大学文化，有助于在大学之中创造一种积极、信任与协作的氛围，推动大学整体目标的实现。

当前，大学知识共享的文化氛围普遍比较淡薄。很多大学学者之间仍存在文人相轻的风气，或者为了晋级、升职或竞争其他有限的资源而关系紧张。他们之间的亲密合作和彼此联系往往只局限于自己的小团体，与团体之外的其他人员则缺乏心与心的交流和亲密无间的合作。在知识共享方面同样如此，受自身利益的限制，所谓的"集体共享"往往只局限于拥有共同利益的团体内部，在学校整体层面上的共享程度还非常有限。

作为一种知识性机构，大学内部的知识共享并不是一件容易的事。面对知识共享的要求，很多人可能会提出质疑："为什么我要把自己所知道的东西告诉你？"知识共享难度巨大的主要原因就在于，知识具有自身的价值，是学者个体力量的源泉，学者拥有的独特知识越多，他自身的价值就越高。因此，把自己的知识公开、让大家共享，对于个体而言就有降低自身对组织价值的风险。

针对这种情况，达文波特（Thomas H. Davenport）和普鲁萨克（L. Prusak）提出了三个促使大家愿意将自己的知识共享的条件，即互惠、声望和承认。他们在《营运知识》（Working Knowledge）一书中所提出的"组织内部知识市场的价格体系"包含互惠、声望和承认等。声誉和威望是关键的激励因素，使得人们愿意共享知识。协作共享系统"是一种松散的会计系统，记忆着每个参与者的贡献。只有索取，可能会被抛弃；付出很多，可能得到丰厚的回报，例如会

---

① 冯国锋：《"学习型组织理论"视野下高校学习机制研究》，河南大学 2005 届硕士学位论文，第 38 页。

被公认为专家。奖励或承认带来的回报具有重要意义"①。我们也可以从这三个方面提出大学内部促进知识共享的措施：第一，让知识共享成为一种互惠的行为。当学者认为自己公开知识或提供的帮助，在现在或将来能够得到相应的回报时，他就会非常乐意帮助同事，并提供自己的知识。知识通过共享才能实现更大的价值；学者只有彼此帮助、共享知识，才能懂得更多、成长得更快、做出更大的成绩。如果每位学者都认识到个人的时间和精力是有限的，共享知识是一种互惠互利的行为，并且都真心诚意地愿意提供这种互利互惠，那么大学组织内部的知识共享就容易实现了。第二，给公开知识的学者特定的名声。只有每位学者都得到保证，同事会承认和尊重知识的来源，并不会把类似于知识首创权等相关声誉占为己有时，他才会愿意提供知识。组织要承认个体在特定领域的专家地位，使个体得到拥有专门知识的名声，其他任何人都应当尊重这种名声，不侵犯专家学者的知识产权，这是对知识提供者的最基本保障，是知识共享的首要前提。第三，积极倡导无私奉献精神。即使有了各种条件保障，是否公开知识供集体共享，还是取决于知识拥有者的个人意愿。他们对与他人交流和共享知识的态度，以及他们对大学的知识生产目标的认同程度，都决定了他们的工作积极性和在知识共享中的表现。大学倡导无私奉献的精神，有利于加强学者的责任意识和集体荣誉感，在回报可能无法对等的情况下仍然愿意向组织提供知识以备共享、向大家无私提供自己所知道的知识和信息，甚至把这种奉献看作是一种快乐。这种无私心态和奉献精神不能强求，但组织应当通过各种方式积极倡导，以形成内部有利于共享的整体氛围。

　　大学实际上存在着一种内部知识市场。知识在买方与卖方，也就是学者与学者之间进行交换，而以上三个条件则在其中起着支付机制的作用。信任是这一市场顺利运作的必要条件，也就是说，学者之间彼此的信任是以上三个条件得以实现的前提。共享源于信任，让信任存在于学者与学者个人的层面，通过同事间密切的工作关系而发挥作用；或者存在于组织的层面，通过一种促进和奖励知识共享并阻止和惩罚知识隐藏的文化环境而起作用。信任是学者与学者之间应有的人际交往态度，大家彼此信任、坦率、真诚，那么知识管理及教育工作的展开就会相对容易。同时，大学要对愿意将自己知识为大家所知的学者给予奖励和认可，并把对组织做出知识贡献的程度作为个人考评的重要部分。

---

① Davenport, T. M. &L., Prusak, *Working Knowledge*: *how organizations manage what they know*, Boston: Harvard Business School Press, 1998, p. 30.

总之，培养知识共享的组织氛围，鼓励知识交流与共享，使每位学者都有向集体或他人提供共享知识的意愿，是大学知识空间拓展、创新能力增强的关键。

在知识共享的具体过程中同样需要营造良好的组织氛围。比如，要形成对研究工作执着、热忱并全心投入的气氛，形成基于理由充分、详细论证基础上的挑战权威、学术争鸣的气氛，鼓励学者进行面对面的交流、辩论，开展集体讨论和师徒式的学习，进行网上交流与咨询等。这些形式是知识共享的主要途径，也是最为有效的途径，其中的相互信任、无私奉献、互惠互利都能轻易实现。

第三节 大学的"学科文化"[①]

大学拥有广阔而多样的学科知识领域，各知识领域在文化上差异显著。每一学科的成员都拥有自己独特的生活方式和行为准则，分享有关理论、方法论和技术的信念，拥有自己的"符号"系统（即神话、仪式、标记、隐喻、崇拜的偶像、特殊的语言和行话），这些都是学科文化的表现。以学术为职业生活的学者、专家，受其所处的学科影响，在思维方式、行为特征方面表现出不同的风格，这就带来了以学科差异为基础的学科文化的差异。比如，艺术学科的学者与自然学科的学者的语言、衣着就有明显的区别；综合大学、理工科大学和医科、农科、财经、艺术等大学或学院由于学科文化差异显著，也形成了具有自身特色的校园文化和校园精神。

简要地讲，学科文化是学科在形成和发展过程中所积累的语言、价值标准、伦理规范、思维与行为方式等的总和。在学科发展过程中，学科组织成员之间不断进行交流、沟通与合作。各种形式的互动使他们产生某种认同和归属的心理，逐渐形成一些共同的价值观念和行为规范等，最终沉淀为一种稳定而明显的文化特质，产生"学科文化"这一亚文化。学科文化是大学最基本的学术文化，它与学科的特点是密切相关的。从校园文化的角度来看，一所学校的学科结构就形成了若干个相互交叉和互相重叠的"文化圈"。校园内不同的学科文化传播着不同的思维方式、价值标准，形成不同的文化氛围和历史传统，并且相互碰撞、交叉和渗透。在这里，影响人的主要不是已经高度专门化了的学科专业知识，而是学科所代表的背景文化。

---

① 陈何芳：《论大学的学科文化及其功能》，《教育研究与实验》2009年第4期，第16~21页。

学科文化的作用程度和力量大小，是与学科发展水平联系在一起的。学科的专业化程度越高，学科文化的内涵就越丰富、力量就越强大。成熟的学科具有特定的语言系统、价值观念和思维方式，形成了独特的理论体系和研究方法；而不成熟的学科在这些方面特色不突出，甚至无法与其他的学科相区别，在存在的合法性上面临质疑和挑战。因此，能否形成独特的学科文化，是学科是否成熟的重要标志。除了必须具备的鲜明的独特性之外，学科文化作为一种亚文化，也有积极与消极、进步与保守之分。学科文化是不断发展的，随着时间的推演，它不断进行着分化与整合的运动。当学科文化呈现消极或保守的特征时，该学科的发展往往会受到阻碍；而当学科文化呈现积极、进步的特征时，该学科往往会获得新的发展、甚至衍生出新的学科。因此，学科的发展离不开学科文化的导引与激励，在学科发展中必须重视学科文化的力量。

大学各种不同的学科文化之间既有对立与冲突，也有相互统一之处。一方面，各学科基本规范和标准的建立意义重大，是学科发展的重要步骤和促进力量；但同时也会带来不同学科之间的相对封闭和彼此间的隔膜。结果是各学科和专业自成体系，形成各自的叙述形式和叙述话语，使不同学科和专业之间因符号系统差异而难以沟通，甚至形成思想上的偏见和情感上的好恶。另一方面，冲突并不是大学学科文化的全部内容，不同学科在某些方面也会拥有相同的信念和价值观。大学学者都是以知识为基本材料开展工作的，相同的学术职业使他们在一定程度上享有共同的使命感和职责，具有共同的精神和情感，这就使大学的学科文化具有一定的共性。更为重要的是，由于大学学者与科学共同体的相关性，以及大学学术与科学的日益融和，科学的基本规范也成为大学学术专业的规范。比如默顿所提出的诸如"普遍性"、"无偏见性"、"合理的怀疑性"和"公有性"① 等来源于科学的基本规范，也成为大学各种学科文化的共同"内核"。

不论是大学学科文化中的对立还是统一，都能以文化的方式促进大学学术生产力的发展。不同学科文化之间的冲突显示了它们的独特性之所在，"冲突既可以调动人们维护边界的努力，有利于学科、专业知识体系的进一步完善和精致，也在无形中恢复了由于规训而弱化了的对其他学科的敏感性，增加了人们发现原有学科规范的破绽和突破各自边界的机会，因而有助于形成更多的新

---

① ［美］伯顿·克拉克著、王承绪等译：《高等教育系统——学术组织的跨国研究》，杭州大学出版社1994年版，第103页。

知识增长点"①。而作为学科文化共性而存在的学术生活共同规范，更能以其价值引导和精神激励作用，促进大学学者的自律、自强。实际上，大学学者的专业忠诚主要来源于学科文化。大学的学科文化是学者工作的重要动力源，对学科的忠诚使得他们与其他行业的从业人员相比，更愿意为学科发展投入大量甚至无尽的时间和精力，乐于终身献身于自己所选择的学科专业。这种由内而外产生的深刻的文化影响，是其他任何激励方法都难以达到的。

一、"内圣"的学者为学精神

大学学术生产力的发展，需要一个学术味浓厚、排除了浮躁之气和功利性干扰的组织氛围。但是，当前很多大学内部浮躁之风和功利行为盛行，不断侵蚀着大学业已稀薄的"象牙塔"精神。从大学与外部关系来看，我国大学追风逐热现象严重，与外界常常缺乏应有的边界。在建国以来并不长远的发展历史中，大学先是遭受政治风暴的侵蚀，几近沦为政治的附庸；之后又受到市场化狂潮的侵袭，忙于"创收"和"产业化"。从大学内部来看，大学乱办班、乱收费等现象屡见不鲜；很多应用性专业重复设置、人满为患，而那些基础性专业则因其见效缓慢而后继乏人；不少大学生仅仅以求职为目的，放弃自身文化与修养的提升，只求掌握一定的专业技巧。以上诸种现象虽然都直接表现为活动，但活动背后更有深层次的文化原因。正是优良大学学术文化、浓厚学科文化的缺失与薄弱，才使这些不正常的现象大行其道。思想是行为的先导，没有强有力的学术精神的指引，大学、学者和学生都可能顺应人之劣根性而趋于自利和急功近利；没有理性和健康的大学学术文化，大学的学术发展往往会追求短期的泡沫式"繁荣"，甚至不惜"拔苗助长"乃至"拔苗收割"，而没有耐性酝酿并获取突破性的学术成果。

所以，在当今人们普遍缺乏信仰的时代，大学同样面临着理想的失落，也存在大学学术文化淡薄的问题。也就是说，大学各学科所受到的本学科的信念、价值观的影响不够，特定学科的"学术味"不足，或者说没有很好地秉承和"分有"该学科的学术文化，离"学科共同体"的文化意识太远。这种学科文化的淡漠是致命的，没有观念上的认同和信仰，没有"学科文化"的内在熏陶与渗透，大学学科就会从思想到行动脱离整个"学术圈"，从而失去"源头活水"而走向封闭、丧失发展的学术性根基。这种面向学科的"开放意

---

① 阎光才：《识读大学——组织文化的视角》，教育科学出版社2002年版，第132页。

识"和"精神归属"一旦失落,大学的学术发展就很难跟上整个学科的发展步伐了。

(一)学科文化强化了大学学者的"学科忠诚"

学科文化的产生具有一定的必然性。一方面,从学术活动生成学术文化的角度来讲,由于学科活动的专业化,以及学科表述术语和概念逻辑体系的专一性,同一学科内部的分析方法和研究技术上存在着基本一致性。在这种相对统一的认识和操作规范的限定下,在不同学科甚至分支学科的各自所属的领域内,就逐步形成了内部流行的语言、价值观念、行为规范、共同习俗等文化形式。"适用于一切学科的文化概念是不存在的,文化概念是依据特定的学科或研究主题确定的,教育学科不可简单地搬用其他学科中的文化概念,而必须依据教育学科的特点或自身的研究主题确定相应的文化概念"[1]。由于学科门类的繁多,学科亚文化下又有许多子学科文化,它们处在学科文化的指导下,其主要性质与学科文化是基本一致的,都对大学内的个人及群体发挥着重要影响。另一方面,从大学学者营造出学术文化氛围的角度来讲,学科最初是一个以具有正当资格的研究者为中心的研究社团。学者个体为了便于互相交流和为工作设立一定程度的权威标准,组成了这个社群。由于这个社群中有了相互认同的学科语言、学术观点、价值观念、研究方法等文化形态,促进了相互之间的交流,社群内的成员也由此找到了适合自己的学术空间。这个社群的存在对于学科的发展意义重大,相关学者长期活动在这个范围内,既获得了交流的乐趣,又促进了学科的发展。

学科文化的发展具有一定的阶段性。学科文化也有一个"从无到有"的产生和发展过程,是与学科的成长状态同步发展的。在这个意义上,学科文化也具有发生、发展和转化的过程,也呈现出由低级向高级、从简单到复杂的波浪式前进和螺旋式上升的运动形态。学科的发展促进了学科文化的形成,同时,学科文化的动态过程也反过来促进了学科在纵深和横向上的发展,增强学科的深度与广度。所以,学科和学科文化是互相促进的。当然,学科文化既然是不断运动发展的,也就存在转化和更新的问题,旧的学科文化不断转化着、消亡着,新的学科文化不断产生着、演变着,使得学科文化总在向更高、更新的阶段发展,以此引领学科的发展。学科文化作为亚文化形态相对活跃,在不断的分化、融合中衍化、整合为新的文化体系。学科文化的积淀也是新、旧学

---

[1] 潘懋元主编:《多学科观点的高等教育学》,上海教育出版社2001年版,第109页。

科文化斗争、统一的过程，是吐故纳新的过程，是该亚文化量的积累、质的进步的过程。学科在动态发展的过程中不断分化，产生若干有探究价值的"研究领域"，其中在一些"研究领域"逐渐形成独特的研究方法、概念体系、理论基础，当这一理论体系在历时性的发展中具有相对稳定的连续性时，这种"研究领域"就演变为具有独特社会功能的、与众不同的独立学科，这就是学科文化在学科不断分化、形成新的分支学科中所起的作用。

正是由于产生时的历史必然性和发展中的运动变化性，学科文化对于学科的发展意义重大，有利于保持本领域的优良传统并形成成员对本学科的忠诚。我们常常看到，处于不同学科的人，即使在同一所大学，也有可能很少打交道；而处于同一学科的人，即使是远隔千里，跨越国界，他们也有可能保持长期的联系；有些学者为了进入更好的"学术基地"，抛弃现有单位优厚的物质生活条件和相当不错的社会关系环境，义无反顾地奔向另一个十分陌生的"学术部落"，这都体现了学科文化的深层次"召唤"。特定学科所共享的研究对象、思想范畴、研究方式、学术准则等最终会形成一个以学科为中心的"文化圈"，圈内的人们共享着所属学科特有的"行话"，在许多问题上能够沟通与共鸣，因此就能对学科产生高度的价值认同，在情感上也将学科作为工作和生活的最终归宿。学科文化对于学者的吸引带来了大学学者的"学科忠诚"，也使整个学科具有了无与伦比的凝聚力，"很少有哪些现代机构像学科那样显著和顺利地赢得其成员的坚贞不二的忠诚和持久不衰的努力"[①]。尤其是那些经典的、成熟的学科，它们拥有特定的语言系统、价值观念、思维、行为方式，形成了独特的理论体系和研究方法，这些文化信息在研习者中一脉相承又代代创新，使学科知识得到不断丰富和补充，拥有自己稳定的范畴体系，从而有别于其他所有的学科。因此，学科文化对于学科的形成具有重要意义，一个学科不论其是否拥有条件一流、设施完备的研究基地，或者是否有资金雄厚的基础，只要形成了有别于其他群体的亚文化——学科文化，就代表着该学科的成熟程度较高，使未来的学科发展有了坚实的文化基础。只有形成了浓郁的学术氛围和浓厚的学科文化，大学中的学科才能真正凝聚人、激励人，以学者的"学科忠诚"带动学科的加速发展。

---

① [美]伯顿·克拉克著、王承绪等译：《高等教育系统——学术组织的跨国研究》，杭州大学出版社1994年版，第38页。

（二）学科文化的"学科规训"作用

1. 学科文化影响学习者的思维特征和行为方式

每个学科都有自己的价值衡量标准，思考问题的方式和习惯。例如，文、理科注重学术性、理论性，讲究思维的严谨，观点的新颖，并以此来衡量和评价别人的成果。工、医、农科注重实用性，往往以"有没有用"来衡量成果价值。因而，对某一件事，往往文科学生问"为什么"，理科学生问"是什么"，工科学生则问"怎么操作"。学科独有的思维方式、研究方式的熏陶养成研习者思考问题的方式和习惯，使学科群体成员带有明显的学科特征。学科文化甚至能熏陶学习者的性格。培根在《论学问》中说道："史鉴使人明智；诗歌使人智慧；数学使人精细；博物使人深沉；伦理之学使人庄重；逻辑与修辞使人善辩"①。我国古人也有"学问变化气质"的说法。所以，学科文化在培养具有传承学科理念和学科精神的学人方面，发挥着潜移默化的深层作用，是实现学科"教化"的重要力量。

学科文化对大学教育的影响是"无处不在，无孔不入"的，它不仅深藏于师生的文化心理结构中，而且对特定学科教育教学的价值观、教学内容、专业课程、教学方法和技术都产生影响，尤其是会对从事学科实践活动的师生的行为产生影响。学科的语言系统和理论范畴规定着学科群体的工作方式、行为模式，强化了学科的价值观念体系、工作习惯、思维方式甚至学者的生活方式，从而对学科和学者的发展起着定向和规范作用。

2. 学科文化有助于特定学科职业道德的养成

学科的价值观念和道德意识是学科文化的重要内容，它能引导学者的道德品质定向发展，从而培养出符合学科及相应专业道德要求的学人，使之真正理解和传承学科的精神和文化精髓。学科文化通过各学科特有的语言、工作习惯和生活方式，对人的发展起着示范作用，引导人的学术气质和道德品质定向发展。大多数的学科都对应着一定的职业，每一种职业都有自己的职业道德要求，如教师应该"热爱学生，诲人不倦"，医生应该"救死扶伤，实行革命的人道主义"，工程技术人员要有"百年大计，质量第一"、"安全就是生命"的意识，这些学科文化会潜移默化地影响相关学者学术品德和职业道德的养成。

（三）学科文化凸显的学术责任

大学学者肩负着多种学术责任，其中最主要的是对学生的责任、对知识的

---

① 培根著、水天同译：《论学问》，《培根论说文集》，商务印书馆1984年版，第9页。

责任和对社会的责任,① 这些责任意识可以通过学科文化来突出强调。

1. 对学生的责任

大学学者应为学生的发展负起真正的责任,这大致体现在两个方面:一是通过专业教学使学生掌握一定的专门知识,获得一定的工作能力和谋生本领;二是通过广博的通识教育使学生了解人生的责任和意义,形成合理的知识结构、能力结构和素质结构,成为全面发展的人,成为有创造性和建设性的个体。

2. 对知识的责任

大学学者以探求高深学问为己任,对知识承担着多方面的责任:

首先,大学学者承担着创新知识、传递知识的责任。为了传递知识,大学学者需要拥有足够的知识积淀,要通过广泛阅读和思索来扩充知识、需要开展原创性研究来创新知识。在这个基础上才能获得学术上的自我发展,并通过教育教学促进学生知识的增长和智力的提升。

其次,大学学者承担着验证真理的责任。验证真理既包括学者在研究过程中认真引用数据,注重实验和论证,同时也包括重复实验、对实验或数据进行检验。正如费希特(Johann Gottlieb Fichte)所言:"所有的人都有真理感,当然,仅仅有真理感还不够,它还必须予以阐明、检验和澄清,而这正是学者的任务"②。

再次,大学学者对自己的研究成果有发表的责任。在学术领域,学者的成果是以写出的东西来体现的,出版物就是学术成果表现的基本形式。在向学界或公众报告研究成果时,学者不仅需要提供支持结论的证据,而且还应提供与结论矛盾或制约结论的事实。"在任何情况下他们都必须尽力提出可供其他学者检验的结论。向各地学者社团通报他们的研究成果可以使其他学者能站在别人的肩上注视目前知识的前沿"③。当然,学术成果发表的责任更包括以严肃的态度对待自己成果的出版,那种以次充好、抄袭、剽窃、友情署名、将一篇文章拆为几篇文章予以发表等行为都是有违学术道德的。

又次,大学学者承担着促进本学科发展的责任。特定学科的进步决定着人类发展的其他领域的进步,任何学科都应当努力向前发展,以便为人类整体的

---

① 王恩华:《大学学者的使命与学术责任》,《高等教育研究》2005年第1期,第16~17页。
② [德]费希特著、梁志学等译:《论学者的使命》,商务印书馆1997年版,第43页。
③ [美]约翰·S·布鲁贝克著、郑继伟等译:《高等教育哲学》,杭州大学出版社1987年版,第114页。

进步提供力量。因此,大学学者必须发展他的学科,在他未能使自己的学科有所进展之前,他不应当认为已经完成了自己的职责;只要他活着,就应该不断地推动学科向前发展。这就意味着学者不仅要忠于自己的学科,更要献身于自己的学科。正如布鲁见克((John S. Brubacher)所言,学者献身于自己的学科领域是最为重要的。"这种献身精神还要求理智上的彻底性和精细的正确性"①。对于学者来说,自己的理论受到其他学者的批评是无关紧要的,真理愈辩愈明,学术批评恰恰能够很好地促进学科的进步。

最后,维护学术自由也是大学学者对知识的责任。知识的扩展、真理的发现与修正需要学术自由做保障。在大学日益卷入市场和政治舞台的时代,大学学者应当意识到维护学术自由也是极为重要的知识责任,不与侵害学术自由的事务相斗争,就无法实现对知识的责任。例如,现代大学已进入到企业、公司计划安排的项目之中,这固然加强了大学与社会的联系,但学者不能为了承担资助项目而损害学术自由,而应当认真考虑这些项目是否值得研究以及能否推动学术的发展。同样,大学学者也不能因外界资助而损害教学自由,违背或妨碍大学实现高等教育的目的。

3. 对社会的责任

科学从"小科学"进入"大科学"阶段后,科学已大规模地介入到社会的政治、经济、军事和文化中,学者不仅仅是科学共同体的一员,而且也扮演着社会共同体的角色。这就要求学者在从事学术研究时应自觉地承担起义不容辞的社会责任。

首先是把握研究方向,使科学造福人类的责任。现代科学的飞速发展给人类带来福音的同时,也产生了一系列的负面影响,科学知识的滥用可能会产生势不可挡的灾难后果。科学作为人类的一项事业,同人类的其他任何事业一样,应以确保人类的生存和促进人类的发展作为终极的目标。科学绝不仅仅是一个求真的过程,同时也是一个求善的过程。学者有责任思考、预测、评估其所产生知识的社会后果。正如前苏联学者谢苗诺夫指出:"随着科学的社会功能的日益增大,科学家的社会责任也就越来越大了。一个科学家不能是一个'纯粹的'数学家,'纯粹的'生物物理学家或'纯粹的'社会学家。因为他不能对他工作的成果究竟对人类有用还是有害漠不关心,也不能对科学应用的

---

① [美]约翰·S·布鲁贝克著、郑继伟等译:《高等教育哲学》,杭州大学出版社1987年版,第113页。

后果究竟使人民境况变好还是变坏采取漠不关心的态度,不然,他不是在犯罪就是一种玩世不恭。"①

其次是批判和监督社会的责任。② 大学学者作为有着特殊知识基础的社会公民,还承担者社会批判与监督的责任,这是大学知识应用的一个特殊领域。任何社会和任何社会中的政府都有其不完善的地方,都有必要接受社会各种力量的批判和监督,以促进社会和政府的不断完善和进步。大学学者作为教书育人者和知识工作者,在社会批判与监督方面具有独特的重要作用,他们往往可以超脱地方利益、群体利益之争,进行较为客观、公正的社会批判与监督。此外,任何严肃、深刻的社会批判与监督都必须以高深知识为基础,大学学者都是各自学科领域内的知识专家,与大众相比更有资历承担这一严肃而崇高的使命。

最后是反对伪科学的责任。时下各种各样的伪科学盛行,导致人们思想的混乱和人类文化的衰退。应该看到,伪科学的流行有其社会土壤,在其传播过程中权威效应起到了一定的作用,伪科学往往利用某些权威学者来支撑门面、挡驾庇护和达到传播效果。大学学者在群众中拥有较高的威望和权威,容易被伪科学利用,因此要特别注意提高自己识别真伪科学的能力,防止被形形色色的伪科学所利用。另外,学者知识视野过窄、对其他学科与专业科学家知之甚少,也容易被伪科学所利用。因此,大学学者也要对自己进行科学普及,不断扩大自己的知识面,尤其是要注意弘扬科学精神,使那些明显违背科学精神和科学道德的伪科学活动能够受到应有的抵制。

大学学者在上述诸多方面责任意识的形成,是与其所感受到的"学科文化"密不可分的。大学学者在自身的学术成长中,首先是接受本学科的知识、受到科研方法的指导与训练,受到学校学术管理制度的约束和规范。但是,这些外在的、有形的、有限的活动训练和制度规范的作用毕竟是初级的、浅层次的,真正让学术的责任意识深入大学学者内心、成为学者开展工作时永不违背的信念指导的,还是深层次的学科文化的熏陶。

一方面,学科文化的重要内容是学术道德,它宣扬学术共同体关于学术活动所应遵循的道德规范与准则,既能主动增强学者的学术良心,又以学界道德

---

① [英]M·戈德史密斯著、赵红州等译:《科学的科学——技术时代的社会》,科学出版社1985年版,第27页。
② 汪怿:《大学知识管理研究》,华东师范大学2004届博士学位论文,第129~130页。

舆论的形式对学者行为产生约束和监督作用。从内容上讲，学科文化推崇献身科学、服务社会；实事求是、坚持真理；勤于探索、勇于创新；尊重他人的劳动和权益；客观公正地进行学术评价。这些内容都体现了学科发展对学者素质的内在要求，因而也是大学学者学术责任的具体阐发，是学者职业操守的重要内容。

另一方面，学术责任意识的形成还需要学科文化中学界楷模的示范与感染。学界前辈所拥有的渊博的学识、深邃的洞察力、对人类社会的深切关怀、用其影响力唤醒民众、竭尽所能推动社会革新观念的举动，都会沉淀为学科中的"人文景观"和"学科传奇"。学界楷模不仅以其学识才力赢得学科共同体的尊敬，更因其道德操守而成为学科精神的象征。这样的学科文化就能以极富感染力的榜样示范效应，促进学界后辈学术责任意识的形成、认同和自觉遵循。

二、"外诉"的学科开放意识

（一）大学中的学科具有天然的开放性

大学中的学科在历史上就具有开放性的传统。在高等教育发展的历史上，大学学者由于共同的探究兴趣、共同的好奇、对共同问题的关心而聚集在一起，形成了大学中的学科专业。这种学科专业呈现出开放的结构，对所有关心并探究学科领域问题的人开放，学科中的人也是自由流动的，在流动中保持着探究的活力，学术权威在学科专业中形成天然领袖。正是因为这样的机制，大学无疑是一些真正世界性的机构，学科专业的开放性形成了高等教育最重要的传统之一。时至今日，大学学科的开放性仍然明显，这种开放性的产生与延续有着自身的必然性。

首先，大学内部广泛的学科领域之间存在着内在的关联。大学学科的多样性、综合性是其他任何教育机构、研究机构无可比拟的，因为其他领域的大规模组织集团很难像大学那样，拥有以高深专门知识为基本特征的众多学科。现代学科边界的渗透性增强，科技的飞速发展使学科之间的边界不断被打破，学科的理论、观点、方法、研究手段等相互渗透，互为补充。因此，"要特别关注大学学科之间相互联系的本质，放弃边界封闭的过度简单的观点"[1]。德国物理学家马克斯·普朗克（Max Planck）早就指出："科学是内在的统一体，

---

[1] Massey, Doreen, "Negotiating Discipline Boundaries," *Current Sociology*, Vol.47, No.4, 1999, p.8.

它被分解为单独的部门不是由于事物的本质，而是由于人类认识能力的局限性，实际上存在着从物理到化学，通过生物学到人类学到社会科学的链条"①。普朗克所论及的这种"链条"表明各学科知识之间存在着普遍联系和相关性。在现代大学中，"学科之间不仅有链状关系，而且还有环状和网状关系"②，各学科相互构成复杂的结构体系。

其次，大学学科与外界"科学共同体"之间存在着内在的关联。大学中的每一门学科都是世界"科学共同体"中的一员。"一所大学的某个学科，只是一个具体的学术群体，相对于其所属的学科共同体而言，这个学术群体是众多'亚群体'中的一个"③。大学中某一学科取得的成就不但属于某一所大学，更属于其所属的学科共同体。体现某个学科发展水平的，不是哪一所大学的哪一个学科，而是整个学科共同体；一所大学中的某个学科发展水平究竟如何，也必须在世界"科学共同体"内进行交流和比较，才能做出恰当的评价。"美国的伯恩教授认为，一个学科如果只体现本国经验，而排斥他国经验，就是欺骗学生和反映一种愚蠢的沙文主义"④。朱作言院士也认为，任何大学都不可能关起门来发展学术，而"科学没有国界，关起门做自己没有做过的事情不是创新，而是要做世界上没有人做过的事情才是创新。如果要做到这一点，你必须要掌握过去、现在人们已经做过的东西，现在人们在做的前沿的东西是什么，了解清楚这些信息才做，才能做出原始创新"⑤。可见，必须依赖良好的外部学科环境，与学术同行互相学习，互相合作，取长补短，互通有无。

最后，大学学者与学界同行之间存在着紧密的学术联系。大学特定学科的学者不仅与大学内外的其他学术群体（包括本学科和其他学科的）有着广泛的学术联系，也参与了"科学共同体"中的互动。随着高等教育国际化在广度和深度上的不断拓展，物流、能流、信息流等变得方便而快捷，大学学者的

---

① 马克斯·普朗克著：《世界物理图景的一致》，科学技术出版社1984年版，第4页。
② 教育部中外大学校民论坛领导小组：《中外大学校民论坛文集》，高等教育出版社2002年版，第94页。
③ 冯向东：《张力下的动态平衡：大学中的学科发展机制》，《现代大学教育》2002年第2期，第68页。
④ 转引自陈学飞：《面向21世纪国际高等教育发展的基本趋势》，《辽宁教育研究》1998年第6期，第33页。
⑤ 王丹红："为科学家搭建了解世界科技前沿的平台——访国家自然科学基金委员副主任朱作言院士"，科技日报，http://www.nsfc.gov.cn/nsfc/desktop/kjkx.aspx@infoid=4476.htm，2003年11月11日。

国际交流也随之日益增多,来自不同领域、不同国家的大学学者比以往更能够充分自由地一起工作,交流看法。许多科研课题的选题、研究思路、主要观点、研究方法等的形成可能正是来自于自由讨论时碰撞出的"火花"。此外,多学科的交流碰撞、相互学习和分工协作能克服单学科研究的困难与不足,提高研究效率和研究成果的普遍性及适用范围。因此,大学中的学科应该增强开放性,不可人为地孤立和封闭自己,而要主动将自己置于学科共同体,共享学科共同体的最新成果。否则,就难以较好地融入本学科共同体并争取到有利地位。

(二)学科文化带来一定的学科闭锁

学科文化是建立在本学科的研究对象、思想范畴、研究方式、学术准则基础上的一种亚文化。它是以学科为背景的,因而具有相当的稳定性。学科文化一旦确定,就会成为后来者的继承目标。学科文化的稳定性在心理上的积淀就表现为一种学术忠诚。这种忠诚虽然在学科内部具有强大的凝聚作用,但另一方面却也衍生出学科壁垒。从事某一学科的人将自己孤立在狭小的范围内,远离甚至排斥与其他学科的交流,更少去吸收其他学科的新成果。"鸡犬之声相闻,老死不相往来"就是学科之间互相封闭,隔行如隔山的写照。无论是学科分化还是学者心理排斥而引起的学科闭锁,都妨碍了不同学科之间的交流,使学科的发展丧失了吸收其他学科新成果的机会。学科文化的稳定性、内敛性越强,就越容易引起学科封闭,导致学科视野狭窄、思维定势严重,甚至会因为僵化而窒息创造灵感的产生。因此,学科文化稳定性有余、开放性不足的特点,使其对学科的发展也会产生某种无形的制约作用,尤其不利于学科向外拓展、寻求学科融合。

在独特学科文化的熏陶之下,各学科的学者满足于长期身处自己所熟知的"学术堡垒"之中,很少与其他学科开展交流与借鉴。学科闭锁导致不同学科之间缺乏对话、隔膜加深,学者专家对本学科专业以外的其他学科的学者及其成果了解较少。这样就会阻碍学科向外汲取营养,不利于学术的积累和学科自身的发展。学科之间本身就是相通的,将系统的科学知识划分为各种各样的学科,是受人们认识能力和一定历史时期社会需求影响的结果。二战以后,就有学者认识到学科封闭性所带来的危害,并开始倡导跨学科与多学科研究。学科的发展历史也表明,"学科进步的主要途径是杂交而专业化,大多数专家都并不处于所谓的学科的核心,而是在外沿地带与其他学科的专家保持着接触。他们在边境地区又借又贷。他们是杂交的专家学者"①。因此，对于无论是从事社会科学还是自然科学研究的人员，像蜜蜂不择花而采蜜那样地，越过学科界限而进行研究是必须的，各学科滴水不漏的隔断只能使彼此之间更加孤立。

在知识经济时代，科学知识综合化发展趋势更需要学科文化增强开放性。各领域的专家学者要相互接触、了解不同的思想、观点、学派，而不能只与一种文化打交道，而要广泛涉猎文学、艺术、哲学、生命科学等不同的文化范畴。对于科学家来说，同一研究对象要求从不同层次、方面、方法上去探讨，不同研究对象也需从同一层次、方向、方法上去探讨，从而形成不同的观点、学派和学科。而这些不同观点、学派和学科的形成要求科学家应从封闭走向开放，跨越"斯诺鸿沟"，呼吸多样文化的新鲜空气。通过对多样的文化空气的过滤、提炼，吸取有益的养分，为科学突破做好文化的积淀。获得诺贝尔物理学奖和化学奖的居里夫人，论证在弱相互作用下宇宙不守恒的杨振宁，相对论的提出者爱因斯坦，他们的成功都是得益于多样文化的营养。② 如果各学科的学者还是将自己封闭在狭小的圈子里，拒绝与外界的交流，视融合为学科的叛逆，就会落伍于时代，最终被时代所淘汰。

（三）学科融合要求学科文化的融合

大学之中学科林立，不同的学科在学术研究、人才培养等方面的相对独立，与工厂的流水线生产不同，各门学科都有一套研究的范式和培训新人的程序和方法，这一方面有利于学科向纵深方向发展，但同时容易带来学科之间的互不往来，相互隔离。③ 为了打破这种隔离，采取各种方式促进学科融合就显得尤为必要。

在讨论当前我国大学的"学科融合"问题时，必须考虑世纪之交"合并"风潮带来的影响。以往单一学校内部的"学科综合化"改革相对而言还比较单纯、简单，是真正基于学科特色和学科发展需要而开展的。但合并院校的"学科融合"更为复杂，对"学科文化"的融合所寄予的期望也更为巨大。很多大学在合并之后学科门类有所增加，共存于一校之内的学科文化更加丰富，为不同学科文化之间的渗透、借鉴与交融提供了广阔的"对话"空间，但众

---

① ［法］马太·多冈：《新的社会科学：学科壁垒上的裂缝》，《国家社会科学杂志》（中文版）1998年第3期，第151页。
② 谢沛铭：《论合并高校的学科融合》，中南大学2003届硕士学位论文，第35页。
③ Massey, Doreen, "Negotiating Discipline Boundaries," *Current Sociology*, Vol．47, No．4, 1999, p. 6.

多的学科并不会自动地交叉与融合。不同学科都有自己长短不同的办学历史，形成了各具特点的学科结构、学科传统和学科文化，这些学科传统的相互排斥和冲突，可能会使不同校区的不同学科难以"和平相处"，甚至产生严重的内耗。学科之间原有的互相封闭状态不会因为合并而必然走向融合，不同学科的学者对本学科、本单位的特殊情感使他们不愿与其他学科融合，其中夹杂的各种现实利益更会影响融合的进程。比如，当本学科被列入重点支持范围能够加快发展时，学科融合的改革就容易被接受和认同；而那些被列入不再支持的范围，需要转移学科方向或者并入其他学科群时，这些学科的学者就会产生被忽视甚至被歧视的不良感觉，从而自觉或不自觉地产生抵触或对抗情绪，抵制学科融合的进行。

面对这种状况，人们往往会期望通过柔性的"文化"来营造"融合"的氛围。学科文化的融合是最符合学术规律、最能排除外在功利性因素干扰，因此最可能得到学者认同的融合手段，它能够在潜移默化中实现学科的实质性融合。一方面，强势和弱势学科文化之间会有一个磨合的过程。学科水平、学科层次不平衡的校区，在学科融合过程中，原来的强势学科的文化会成为校区的强势文化，弱势学科的文化自愿或不自愿地会被裹挟其中，被吸附并融入到主流学科文化中去，从而完成学科文化的转型。强势文化是完成学校战略目标所必需的，它能引导不同学科之间发展目标的协调。融入强势文化会激发学者的归属感和责任心，使学者在工作中超越原有"小"学科的界限而融入学校"大"学科的全局，为大学学科的整体协调发展做出贡献。另一方面，不同校区相同或相近的学科专业之间也会发生文化的交融。新的学科文化主要是通过同一学科不同文化要素的自由"借取"和"改变"，并经过较长时间的持续交流而产生的，融合过程中还会产生出原有文化所不具备的新的特质，为学科的发展做出新的贡献。这样，来自不同学校、不同学科的师生通过经意或不经意、自觉或不自觉的交往，就会促使大学的学科文化和校园文化更加丰富多彩、更具有开放和包容的特性[①]。学科文化的融合能够加深各学科师生之间的相互了解和尊重，使其在文化背景、思维方式、价值判断标准上实现更高层次的理解与融通，有利于校园文化的繁荣和校园精神的升华，为大学学术生产力的发展提供更好的内部心理环境。

在学科文化的融合中还要注意做到"和而不同"。大学学科的融合一般是

---

① 伍运文：《试论合并高校的学科建设》，湖南师范大学2004届硕士学位论文，第4页。

通过同类项的合并、相关学科的交叉渗透移植以及优势互补等途径来进行，但是，"整齐划一"并不是融合的目的。学科文化在融合中更要强调百家争鸣、百花齐放的特点，对于不同观点、不同学派和不同的风格学者应有正确的态度，允许和提倡求同存异，鼓励各种形式的学术交流与争鸣。这样才能活跃学术，促进学术的繁荣，也才能营造出有利于融合的良好氛围。

（四）以学科开放带动大学开放

大学的开放也包括内部开放和外部开放两个方面①，都需要以学科的开放为基础。

1. 大学内部的开放

一方面，大学"重在基础"的组织特征决定了内部开放是实现大学开放的前提。大学组织的基本特征是它的矩阵性质，即围绕学科和行政单位组成一种矩阵，受"学科取向"和"事业单位取向"的双重支配。学科和行政单位两个维度的交接点是大学基层的教学和研究组织，这些基层学术组织是大学职能发挥的基点，也是大学改革的生发点。大学是一种"重在基础的组织，在这种组织内，教学事业中的每个学科（或跨学科）单位在第一线任务方面都具有不证自明的重要性"②。大学基层学术组织是大学各项改革得以成功实施的基础。大学"特别难于大规模地通过从上到下的命令变动。很可能出现很多基层群众的革新，渐进地发生一些变化，变化的方式常常难于从系统外部、甚至系统内部辨别出来"③。因此，"上层引发的变化通常需要下层的利益集团的支持……许多由上层宣布的改革过早地夭折，其原因之一是内部组织未能有效地动员起来，因而缺乏应有的支持。在一个头轻脚重的系统里，基层组织是推行政策和改革的主要力量"④。在大学这种权力分散、目标模糊、矛盾多样、运行机构日益复杂的系统，大学的各种改革能否落到实处并取得好的效果，关键要看基层是不是做出了相应的反应。如果不能触动和改变这些基层组织的工作，整个改革就不能取得突破性进展。大学的开放同样如此，也必须通过使内部的基层组织实现渐进的开放才能进行，而不能仅仅通过行政命令增强开放，

---

① 何健：《论大学的开放性》，华东师范大学2004届硕士学位论文，第43～44页。
② ［美］伯顿·克拉克著、王承绪等译：《高等教育新论——多学科的研究》，杭州大学出版社1987年版，第128页。
③ ［美］伯顿·克拉克著、王承绪等译：《高等教育系统——学术组织的跨国研究》，杭州大学出版社1994年版，第13页。
④ ［美］伯顿·克拉克著、王承绪等译：《高等教育系统——学术组织的跨国研究》，杭州大学出版社1994年版，第262页。

否则只能是一种表面性的"开放",并不能达到实质性目的。

另一方面,从我国大学的历史特点来看,大学的开放也要以内部开放为基础。建国以后我国大学照搬前苏联的管理体制,建单科学院,实行"条块分割"和校系二级管理体制,客观上造成了大学之间和大学内部学科之间的分割和隔离。并且,由于我国大学的管理采用行政单位管理制度,把大学塑造成为一个个封闭的社会单元,大学之间缺乏公平的竞争和交流,大学缺乏办学的自主权和积极性。虽然近年来情况有所转变,但计划经济下的影响还是很明显的。所以,如何加强大学之间的联系、大学内部系科之间的联系,如何改变大学的"沼泽化"、"土著化"[1]、"近亲繁衍"等现象,营造出人才合理流动、公平竞争的机制,仍然是促进我国大学开放的重点。因此,大学的开放首先需要加强内部的开放,以消除我国大学长期以来在外部压力下进行变革和被迫开放的弊端。

2. 大学多样化的外部开放

随着国际知识网络的发展,世界各国的大学日益联系成为一个整体,我国大学也成为知识网络上的一个节点,必须面向国际增强多样化的开放。

一方面,大学的知识特征决定了大学应当增强多样化的开放。不同的大学拥有不同的"知识领土",不同学科知识的特征决定了不同的开放方式。克拉克·克尔曾按国际化程度不同,把学科知识分成三类:分别是具有"全球一致性"、"文化内部相似性"和"国家内特殊性"的知识,在这三类领域内的教授有区别地举行学术会议、阅读期刊并投稿、熟悉不同范围的同事和知识。[2] 古尔德纳把研究这三类知识的学者分别称为"世界主义者"、"地方教授"和"守校教授","第一类教授坐喷气式飞机出席国内和国际的会议;第二类教授自己开车参加地区和地方的会议和约会;第三类教授则留在校区参加各种委员会的会议,其中有些人提供学术机构非常依赖的良好的公民义务"[3]。在我国大学同样存在着这样的情况,学科性质不同,开放的方式也有所区别:一些学科可能需要更多的国际交流,而另一些学科局限在国内学者之间的共同探讨。因此,我国大学的开放需要将不同的开放方式结合起来,根据不同的知

---

[1] 姚国华:《中国大学的"土著化"倾向》,《社会科学论坛》2003年第4期,第66~68页。
[2] 转引自克拉克·克尔著、王承绪等译:《高等教育不能回避历史——21世纪的问题》,浙江教育出版社2001年版,第17~18页。
[3] 转引自克拉克·克尔著、王承绪等译:《高等教育不能回避历史——21世纪的问题》,浙江教育出版社2001年版,第18页。

识性质做出不同的选择。

另一方面,大学不同的层次和任务也决定了大学应当增强多样化的开放。十九世纪以来,大学的一个重要特征是大学出现了分化,这种分化不仅体现在院校的性质上,也体现在院校的层次上。随着我国高等教育逐渐进入大众化阶段,大学也出现了分化,大学开放的形式也应该多样化。首先,所有的大学都应该加强学校内部和校际的交流与合作以提高整个大学的学术质量。但在外部开放的层次上应该具有多样性:少数"世界一流大学"的院校应当加强国际交往,进行外部开放的机会和责任更大;一般院校应当为社会提供文化产品和技术成果,强化与社会的联系;以市场和职业为导向的院校则应满足人们对高等教育的需求,为社会提供更多的教育机会。

本章小结

本章分析如何营造大学"学术文化"。论文首先对大学学术"生产力场"、大学学术文化的功能进行了基本描述;然后分别从大学的行政文化、大学的校风两方面,分析了"院校"角度的"大学组织的'院校文化'";最后从"内圣"的学者为学精神、"外诉"的学科开放意识两个方面,分析了"学科"角度的"大学的'学科文化'"。

大学学术文化形成大学学术的"生产力场"。大学学科文化具有强大的目标导向功能、激励和凝聚功能、软约束功能。大学学科文化决定了特定学科学者的符号系统、生活方式和行为准则,是学者的专业忠诚形成之源;院校文化是大学内部相对稳定的、独特的社会心理环境,对学校成员的一切活动和行为都能产生潜移默化的影响。

在大学组织的"院校文化"方面,大学存在行政文化与学术文化的冲突,前者注重效率,后者注重学术自由和学术活动的实际效果。大学行政文化在价值取向上也有区别,从单一的"科层取向"走向"创新取向"是未来的发展趋势,"创新取向"的行政文化应当在大学营造"学术至上"、"自由宽松"、"团结协作"和"公平竞争"的氛围。大学的校风对教职员工素质和行为的影响非常巨大,在当今知识经济时代,除了继承大学以往的优良校风,还需要特别强调"持续学习"和"知识共享"的风气,为大学中知识的良性循环与价值提升营造良好的组织氛围。

在大学组织的"学科文化"方面,学科文化强化了大学学者的"学科忠诚";也通过影响学者的思维和行为方式、涵养和职业道德等途径,对学者产生"学科规训"的作用。学科文化凸显出学术责任,要求学者履行对学生的责任、对知识的责任和对社会的责任。大学中的学科具有天然的开放性，但学科文化却会带来一定的学科闭锁，因此学科融合必须以学科文化的融合为基础，学科还要以自身的开放带动大学内部的开放和多样化的外部开放。

结 语

大学的根本任务是发展学术，现代大学所处的时代背景也迫使它不得不注重"知识生产"，大学的内在逻辑和社会的现实需要，都对大学的学术生产力提出了要求。大学这种学术组织所具有的在学术上的产出能力，从根本上决定了它们对社会的贡献程度。从我国当年"多出人才、出好人才"的教育方针，到当前各大学迫于竞争压力而对自身学术实力的关注，都体现了人们对于大学"产出"的追求、追问与应答。

大学学术生产力是大学学者与学术资源相结合，通过知识的授受、创造与应用而形成的培养专业人才、发展知识和社会服务的能力。它是大学作为一种社会组织得以存在的能量基础，是大学整体学术实力和学术资本的象征，是反映大学整体学术总量的重要指标。只有提高大学学术生产力，才能充分发挥大学对人类文明、社会进步和人自身发展的巨大促进作用。大学也正是通过学术生产力的发展来赢得社会的支持，并由此获得发展的条件。

"大学学术生产力"问题在当前的理论研究中略有体现，主要表现为一些相关提法的出现，但这些概念并未得到明确的界定和阐释。有鉴于此，本文运用生产力经济学的某些知识，提出了大学学术生产力问题，界定了"大学学术生产力"的概念，对大学的学术活动进行了系统的、整体的、具有一定独创性的分析。另外，作为一种应用理论研究，本文的意图之一还在于回应伯顿·克拉克关于"研究基层"、"研究生产"、研究"学科和事业单位的生产力"的呼吁。

大学学术生产力的提升可以从很多方面进行研究，本文经过推理与筛选，确立了"二五二"分析框架，即从生产的"要素"和"过程"两个方面，选取了"大学学者"、"学科知识"、"学术活动"、"学术体制"、"学术文化"五个维度，分别从"院校"与"学科"两个角度分析它们的改进之路。这样的分析框架不仅使行文更为缜密紧凑，而且对于理解大学学术生产的各种问题都有较为广泛的借鉴意义，是一种全面系统的、较有价值的思维框架。全文的研究内容和结论按以上五个维度展开如下：

提升大学学术生产力需要开发"大学学者"资源。大学学者是大学学术生产力中的劳动者。他们既有一般劳动者的共性；也有自身的职业特性；他们所使用的学术生产技术也是较为特殊的；大学学者在工作中还普遍面临一些角色冲突。在个体方面，大学学者的生产率受任务确定、自律自主等六个因素的直接影响；在群体方面，学者群体生产力的提升，需要充分发挥学术愿景、群体规范和群体氛围三者的作用。在校内学术队伍方面，应当采取措施加强大学的学术梯队建设。良好的梯队在年龄、学历、知识、学缘、职称、层次和能级上要保持合理的结构。作为学术梯队灵魂人物的学术带头人，需要增强自身实力、擅长本职工作、赢得梯队成员的信任与拥护。在校外学术同行方面，大学学者需要加强交往以积累社会资本。这需要大学学者在交往中努力克服交往范围狭窄等三方面的缺陷，同时还要主动处理好自己的人际关系，在大学各方面外部条件的支持下努力扩展自身的社会资本。

提升大学学术生产力需要增强"学科知识"实力。学科知识是大学学术生产的基本材料。大学中的知识是一种高深知识；是扎根于学科的专门知识；其中的相当一部分存在于大学学者头脑之中；它的疆界是游移的。大学学术生产还需要人、财、物和信息等其他类型的材料。在校内学科谱系方面，国内外著名大学的学科布局可以分为偏振型和均衡型，二者各有优势与不足。大学学科融合的一般模式包括发展综合学科、交叉学科、边缘学科和特色学科，理工结合或理工文结合，理工医或文理医结合等。但当前我国大学在学科融合中还存在四个方面的问题，比如满足于学科组合而不追求学科融合等。在校外"学科树"方面，人类学科发展经历了古代学科混朦综合、近代学科细密分化、现代学科再综合交叉三大阶段。学科门类之下的纵向分化形成了多层次的树状结构；各学科层次上的横向交叉又导致了网状学科结构。从单学科到交叉学科的演进推动了学科结构的更新，大学也顺应这一趋势，采取了多种途径推动交叉学科的发展。

提升大学学术生产力需要改进大学"学术活动"。大学学术活动是大学学术生产的根本途径。大学学术活动是一种精神生产活动，而且具有组织化的特征。关于大学学术活动的基本内容，克拉克论述了保存知识、传递知识、创新知识、应用知识等方面，博耶提出了探究的学术、整合的学术、应用的学术和教学的学术四个方面。在大学内部常规的学术生产方面，大学的知识传播、科学研究和知识应用活动，构成了大学学者学术劳动的三个中心；大学学者的"学术化生存"是学术劳动的更高境界。在学术交流构筑"无形学院"方面，为了实现大学学术活动的优化，需要克服大学学者专门化、学术组织割据等弊端，在"无形学院"的诸多启示下，保障学者间的学术交流与合作。"无形学院"具有多种形式与功能，并且受到相关理论的强力支持，比如关于教师的显性知识与隐性知识的理论、教师专业学习共同体理论等。为了拓展"无形学院"，大学应当充分利用信息技术促进大学学者之间的交流，也可以在各种"教师专业发展网络平台"中寻求经验借鉴。

提升大学学术生产力需要完善大学"学术体制"。大学学术体制是大学学术生产的组织结构与制度规范。合理的大学组织结构有着多方面的意义，大学的学术制度对学术活动和学术文化具有重要的规范与保障作用。大学的教学、科研和社会服务制度需要分别加以改进并进行综合的协调。在学术管理体系与制度方面，我国大学组织结构具有官僚结构性过强等三种特征，由此也带来了相应的弊端。因此，需要明确界定大学的校、院、系三级核心组织的职责权能、完善学院制改革、促进大学组织结构的弹性化、多元化和网络化。传统的大学人事制度造成人才空耗需要完善管理机制；现行的学术评价过于量化、功利化、行政化等弊端亟待克服。这也要求大学在学术制度改进中必须寻找并坚持正确的方向。在大学学术工作体系与制度方面，大学需要加强矩阵和团队等横向学术组织建设。矩阵组织有利于大学的知识创新与信息交流。团队管理发展迅速，但大学团队建设中的三方面缺陷需要克服。大学既要积极组建高效团队，又要加强对团队的管理，更要营造和谐创新的团队文化。大学的跨学科研究制度能够为跨学科合作活动提供激励、指导和规范。麻省理工学院等五所大学开展跨学科研究的模式值得我国借鉴。我国大学院系隔离等五方面的问题阻碍了大学跨学科研究的发展，所以需要成立多种跨学科研究机构、对跨学科研究进行资金资助、采取相关措施进行相应的激励。

提升大学学术生产力需要营造大学"学术文化"。大学学术文化形成大学学术的"生产力场"，能够发挥强大的目标导向功能、激励和凝聚功能、软约束功能。大学学科文化决定了特定学科学者的符号系统、生活方式和行为准则，是学者的专业忠诚形成之源；院校文化是大学内部相对稳定的、独特的社会心理环境，对学校成员的一切活动和行为都能产生潜移默化的影响。在大学组织的"院校文化"方面，大学存在行政文化与学术文化的冲突。行政文化在价值取向上也有区别，从单一的"科层取向"走向"创新取向"是未来的发展趋势。"创新取向"的行政文化应当在大学营造"学术至上"、"自由宽松"、"团结协作"和"公平竞争"的氛围。大学的校风对教职员工素质和行为的影响非常巨大，在当今知识经济时代，除了继承大学以往的优良校风之外，还需要特别强调"持续学习"和"知识共享"的风气，为大学中知识的良性循环与价值提升营造良好的组织氛围。在大学组织的"学科文化"方面，学科文化强化了大学学者的"学科忠诚"；也通过影响学者的思维和行为方式、涵养和职业道德等途径，对学者产生"学科规训"的作用。学科文化凸显出学术责任，要求学者履行对学生的责任、对知识的责任和对社会的责任。大学中的学科具有天然的开放性，但学科文化却会带来一定的学科闭锁，因此学科融合必须以学科文化的融合为基础，学科还要以自身的开放带动大学内部的开放和多样化的外部开放。

总体而言，本文的贡献主要在于：探讨"如何提升大学学术生产力"这一有着重要理论意义和实践价值的重大问题；构建了从五个范畴、两个角度提升大学学术生产力的分析框架；运用生产力经济学、组织行为学和高等教育学知识，广泛涉及科学学理论、学习型组织理论、知识管理理论、社会资本理论、无形学院理论、学习共同体理论的部分内容展开论述；对大学发展中的许多具体问题进行了有新意的分析，在某些方面给出了一些具有操作性的建议，比如大学学者个体和群体的生产力、大学学者社会资本的积累、大学的学科谱系分析、大学学者的"学术化生存"、无形学院的建构、信息平台在大学学术中的综合运用、大学跨学科研究制度的现状与未来、大学校风的时代更新、"学科文化"的作用彰显等。

但是，大学学术生产力研究毕竟是一个基础薄弱的研究论题，许多问题还有待进一步深入探讨才可能加以明确或解决。因此，作为一种起步阶段的研究，本文的局限性也是较为明显的。首先，本文使用了诸如"大学学术生产力"、"大学学术体制"、"大学学术文化"、"院校"、"学科"等众多概念，虽然在行文中对它们进行了一些操作性的概念界定和内容分解，但仍然无法清晰确定其内涵与外延，未能很好地把它们提炼为真正的学术概念。其次，研究框架的庞大使得本文的分析全面而不具体、系统而不深入，在细节问题上往往囿于篇幅所限而不能充分展开。最后，作为一种应用理论研究，本文的理论推演过多，而对世界各国大学发展中的经典案例和现实问题关注不够，削弱了研究成果对于实践的直接指导意义。

最后需要说明的是，本文所谓"系统的、整体的研究"只具有相对的意义。除了所提的五个维度之外，我们还可以分析其他很重要的影响因素。组织理论的分析包括三个层面："社会心理层次强调组织内个体和群体的互动，并考察在此过程中组织的影响；结构层次力图考察和描述组织结构特性的差异；生态层次把组织作为集体行动者或更宽泛的关系中的组成部分"①。邱泽奇也认为，"从分析的单位来看，组织研究应该包括三个层面。第一是超组织的层面，讨论组织与环境的关系；第二是组织的层面，探讨组织的结构、技术、文化、权力等；第二是个体的层面，探讨个人的期待、满足、行为等"②。以此为参照，本文显然只是组织层面的研究，是立足于"大学组织"自身的"整体"分析。因此还可以补充影响大学学术生产力的更为宏观的内容，比如国家和地区的政策、社会期望和风气、社区条件等大学外部环境因素的影响；大学所拥有的人力、物力、财力资源的影响；大学相对于其他院校的独特优势与劣势的影响；等等。政府的政策是大学学术生产力发展的外部制度环境，市场也是影响其发展的"无形之手"，它们都是大学面临的"超组织"层面的环境和背景，是不可忽略的影响因素。在微观方面同样如此，以大学学者为首的各种个人或群体的行为对大学学术生产力影响巨大，因此可以从心理学和组织行为学等角度进行研究，这也为相关的实证分析留下了广阔的、大有作为的天地。对于我自己而言，可以继续坚持"组织的层面"这种中间路线，在博士学位论文、博士后出站报告关于大学学术生产力的"生成论"和"发展论"的基础上，继续开展"评价研究"和"案例研究"。

也正是出于这种分析层次的考虑，本文使用了"大学学术生产力"作为核心概念，而没有使用"大学生产力"或"大学学者生产力"的提法。简要地讲，前者更倾向于"超组织"的层面，后者更侧重于"个体的层面"，无法凸显大学的"学术"和"组织"特征。一方面，大学作为社会的"轴心机构"，对于国家和社会的方方面面都能发挥重要影响，都具有明显的溢出效应。使用"大学生产力"一词，势必要关注大学的政治功能、经济功能、文化功能，要兼顾它作为一种社会组织所具有的一部分政治属性、经济属性和文化属性。这种视角的大学就不再是单纯的"学术组织"，也不能完全按照"学术规律"来办事。另一方面，使用"大学学者生产力"的提法无益于凸显组

---

① [美] W. 理查德·斯格特著、黄洋等译：《组织理论：理性、自然和开放系统》，华夏出版社 2002 年版，第 26 页。

② 邱泽奇：《在工厂化和网络化的背后——组织理论的发展与困境》，《社会学研究》1999 年第 4 期，第 9 页。

织因素的影响，大学的战略、制度、文化等因素的作用很难得到应有的强调。所以，本文使用"大学学术生产力"这一概念，既是排除大学财务、后勤、保卫等"非学术"工作系统的影响，也是排除大学组织所具有的政治、经济、文化的部分属性，以此强调以"学者"、"学科"为核心的学术属性；相对于"大学学者"个体则是突出大学的"组织"属性，这是符合文章的研究意图的。

总之，本文以组织理论的视角为主，以文献分析为主要的研究方法，对如何提升大学学术生产力这一问题，进行了初步的理论探讨。全文主要围绕两个问题展开论述：（1）提升大学学术生产力应该从哪些最基本的方面入手？（2）"学科"与"院校"在以上各个方面应该进行怎样的改进？而后续的研究至少可以关注以下四个问题：（1）作为"大学学术生产力"外延的"教学生产力"、"科研生产力"和"社会服务生产力"的具体表现形式是什么？怎样进行测量与评价？（2）大学学术生产力的校际比较、校内不同时期的纵向比较如何进行？（3）国内外大学在发展大学学术生产力方面有哪些成功经验和经典措施特别值得借鉴或推广？（4）大学改革与发展中如何贯彻"生产力标准"？怎样以事实为依据判断改革的成败得失？后续研究的基本目标，是要从立足国内的研究走向中外结合、注重国际先进经验借鉴的研究；从单纯的理论研究走向理论与实证相结合、注重案例和数据分析的应用开发性研究。

希望未来有更多的人关注大学的学术生产力问题，以各自独特的知识结构和分析视角，运用多种研究方法，在理论和实践上为大学学术生产力的提升贡献力量！

参考文献

一、中文著作（含译著）

（一）中文辞书

1. 李琼：《世界经济学大辞典》，经济科学出版社，2000。
2. 赵玉林等主编：《经济学辞典》，中国经济出版社，1990。
3. 梁小民等主编：《经济学大辞典》，团结出版社，1994。
4. 张跃庆等主编：《经济大辞典》，海洋出版社，1992。
5. 张跃庆等编著：《经济百科辞典》，中国工人出版社，1989。
6. 张卓元主编：《政治经济学大辞典》，经济科学出版社，1998。
7. 中国社会科学院语言研究所词典编辑室：《现代汉语辞典》（修订本），商务印书馆，1996。
8. 王同忆主编：《现代汉语大词典》，海南出版社，1992。
9. 编委会：《大辞典》，三民书局股份有限公司，1985。

（二）中文著作

1. 洪银兴等选编：《马克思＜资本论＞选读》，南京大学出版社，1999。
2. 平心：《论生产力问题》，生活·读书·新知三联书店，1980。
3. 中国生产力经济学研究会秘书处：《生产力经济学文集》，贵州人民出版社，1981。
4. 中国生产力经济学研究会秘书处：《生产力规律研究》，经济科学出版社，1985。
5. 熊映梧等：《生产力经济学原理》，黑龙江人民出版社，1987。
6. 刘贵访：《论社会生产力》，人民出版社，1988。
7. 梁崇山：《生产力经济学教程》，上海社会科学院出版社，1989。
8. 罗宗等：《生产力经济理论研究与应用》，中国广播电视出版社，1990。
9. 唐元虎：《生产力系统理论与应用》，中国大百科全书出版社上海分社，1991。
10. 李湛：《应用生产力经济学》，上海交通大学出版社，1993。
11. 余少波：《社会生产力新论》，人民出版社，1995。
12. 郑清图：《生产力经济学》，福建教育出版社，2001。
13. 薛永应等：《生产力经济理论研究》，山西经济出版社，2001。

14. 王征国：《新生产力论》，人民出版社，2003。
15. 孟海贵：《中国当代生产力研究》，中国环境科学出版社，2002。
16. 李宪徐：《生产力发展机理研究》，黑龙江人民出版社，2002。
17. 王慎之等：《经济学新学科概要》，中国财政经济出版社，1987。
18. 张熏华：《生产力与经济规律》，复旦大学出版社，1989。
19. 杨欢进：《经济学家族》，中国青年出版社，1989。
20. 编写组：《经济科学学术观点大全》，中国财政经济出版社，1988。
21. 李文成：《论精神生产》，河南人民出版社，1988。
22. 李文成：《精神的让度——试论精神商品及其生产》，河南大学出版社，2000。
23. 张华荣：《精神劳动与精神生产论》，经济科学出版社，2002。
24. 刘贵访：《论精神生产力》，广西人民出版社，1994。
25. 李向民：《精神经济》，新华出版社，1999。
26. 任恢忠：《物质·意识·场》，学林出版社，1995。
27. 刘大椿：《科学活动论 互补方法论》，广西师范大学出版社，2002。
28. 蒋志：《经济过程论与知识经济学》，国际文化出版公司，1999。
29. 李富强等：《知识经济与知识产品》，社会科学文献出版社，1998。
30. 吴江：《知识创新运行论》，新华出版社，2000。
31. 许庆端：《研究、发展与技术创新管理》，高等教育出版社，2000。
32. 邱渊：《教育经济学导论》，人民教育出版社，1989。
33. 杨葆焜：《教育经济学》，华中师范大学出版社，1989。
34. 朱国云：《组织理论历史与流派》，南京大学出版社，1997。
35. 竹立家等编译：《国外组织理论精选》，中共中央党校出版社，1997。
36. 金观涛：《整体的哲学——组织的起源、生长和演化》，四川人民出版社，1987。
37. 郭咸纲：《西方管理思想史》，经济管理出版社，1999。
38. 刘祖云：《组织社会学》，中国审计出版社，2002。
39. 李友梅：《组织社会学及其决策分析》，上海大学出版社，2001。
40. 周雪光：《组织社会学十讲》，社会科学文献出版社，2003。
41. 张德：《组织行为学》，高等教育出版社，1999。
42. 阎光才：《识读大学——组织文化的视角》，教育科学出版社，2002。
43. 张新平：《教育组织范式论》，江苏教育出版社，2001。
44. 戴本博主编：《外国教育史》，人民教育出版社，1989。
45. 赵曙明：《美国高等教育管理研究》，湖北教育出版社，1992。
46. 陈学飞主编：《美国、德国、法国、日本当代高等教育思想研究》，上海教育出版社，1998。
47. 朱国仁：《高等学校职能论》，黑龙江教育出版社，1999。

48. 潘懋元等主编：《高等教育学》，福建教育出版社，1998。

49. 胡建华等：《高等教育学新论》，江苏教育出版社，1995。

50. 朱九思等主编：《高等学校管理》，华中工学院出版社，1983。

51. 别敦荣：《中美大学学术管理》，华中理工大学出版社，2000。

52. 母国光等主编：《高等教育管理》，北京师范大学出版社，1995。

53. 冒荣等：《高等学校管理学》，南京大学出版社，1997。

54. 姚启和：《高等教育管理学》，华中理工大学出版社，2000。

55. 张燮主编：《高等学校管理心理学》，人民教育出版社，1993。

56. 赵文华：《高等教育系统论》，广西师范大学出版社，2001。

57. 吴志功：《现代大学组织结构设计》，北京师范大学出版社，1998。

58. 陈彬：《知识经济与大学办学模式改革研究》，华中师范大学出版社，2002。

59. 张振刚：《中国研究型大学知识创新的战略研究》，高等教育出版社，2003。

60. 周德孚编著：《学习型组织》，上海财经大学出版社，1998。

61. 郑燕祥：《学校效能与校本管理：一种发展的机制》，上海教育出版社，2002。

62. 范国睿：《多元与融合：多维视野中的学校发展》，教育科学出版社，2002。

（三）中文译著

1. ［美］维纳·艾莉著、刘民慧等译：《知识的进化》，珠海出版社，1998。

2. ［英］特伦斯·基莱著、王耀德等译：《科学研究的经济定律》，河北科学技术出版社，2002。

3. ［英］齐格蒙特·鲍曼著、欧阳景根译：《共同体》，江苏人民出版社，2003。

4. ［美］托马斯·库恩著、金吾伦等译：《科学革命的结构》，北京大学出版社，2003。

5. ［美］华勒斯坦等著、刘健芝等译：《学科·知识·权力》，生活·读书·新知三联书店，1999。

6. ［德］费希特著、梁志学等译：《论学者的使命》，商务印书馆，1997。

7. ［德］柯武刚等著、韩朝华译：《制度经济学：社会秩序与公共政策》，商务印书馆，2000。

8. ［法］克罗戴特·拉法耶：《组织社会学》，社会科学文献出版社，2000。

9. ［美］理查德·斯格特著、黄洋等译：《组织理论：理性、自然和开放系统》，华夏出版社，2002。

10. ［美］斯蒂芬·P·罗宾斯著、孙建敏等译：《组织行为学》（第七版），《中国人民大学出版社，1997。

11. ［美］斯蒂芬·P·罗宾斯著、黄卫伟等译：《管理学》，中国人民大学出版社，1999。

12. ［美］斯蒂芬·P·罗宾斯著、郑晓明译：《组织行为学精要》，机械工业出版社，2000。

13. ［美］唐·赫尔雷格尔著、余凯成等译：《组织行为学》，中国社会科学出版社，1989。

14. ［美］彼得·德鲁克著、朱雁斌译：《21世纪的管理挑战》，机械工业出版社，2006。

15. ［美］彼德·圣吉著、郭进隆译：《第五项修炼——学习型组织的艺术与实务》，上海三联出版社，1994。

16. ［美］伯顿·克拉克著、王承绪等译：《高等教育系统——学术组织的跨国研究》，杭州大学出版社，1994。

17. ［美］伯顿·克拉克著、王承绪等译：《高等教育新论——多学科的研究》，杭州大学出版社，1987。

18. ［美］伯顿·克拉克编、张维平等译：《学术权力——七国高等教育管理体制比较》，浙江教育出版社，1989。

19. ［美］约翰·S·布鲁贝克著、郑继伟等译：《高等教育哲学》，杭州大学出版社，1987。

20. ［英］阿什比著、滕大春等译：《科技发达时代的大学教育》，人民教育出版社，1983。

21. ［英］迈克尔·夏托克编、王义端译：《高等教育的结构和管理》，华东师范大学出版社，1987。

22. ［美］Clark Kerr著、陈学飞等译：《大学的功用》，江西教育出版社，1993。

23. ［英］约翰·亨利·纽曼著、徐辉等译：《大学的理想》，浙江教育出版社，2001。

24. ［美］克拉克·克尔著、王承绪等译：《高等教育不能回避历史——21世纪的问题》，浙江教育出版社，2001。

25. ［荷］弗兰斯·范富格特主编、王承绪等译：《国际高等教育政策比较研究》，浙江教育出版社，2001。

26. ［美］罗伯特·欧文斯著、窦卫霖等译：《教育组织行为学》，华东师范大学出版社，2001。

27. ［英］托尼·布什著、强海燕译：《当代西方教育管理模式》，南京师范大学出版社，1998。

28. ［加］迈克·富兰著、中央教育科学研究所译：《变革的力量——透视教育改革》，教育科学出版社，2000。

29. ［美］阿特巴赫著、人民教育出版社教育室译：《比较高等教育：知识、大学与发展》，人民教育出版社，2001。

二、中文文章

（一）期刊论文

1. 吴康宁：《教育研究应研究什么样的"问题"——兼谈"真"问题的判断标准》，《教育研究》，2002（11）。

2. [美] 伯顿·克拉克：《我的学术生涯》，《现代大学教育》，2003 (1)。

3. 赵朝立：《精神生产力：生产力概念中的应有之义》，《重庆教育学院学报》，2002 (4)。

4. 李文成：《论精神生产的概念和历史形成》，《哲学研究》，1985 (6)。

5. 安起民：《论精神生产》，《社会科学》（兰州），1986 (1)。

6. 张义德：《关于精神生产的一般规定》，《学习与探索》，1984 (4)。

7. 蒋学模：《论社会主义的精神生产、精神劳动和精神产品》，《学术月刊》，1984 (5)。

8. 李树申等：《从社会生产系统看精神生产的地位和作用》，《学术研究》，1983 (5)。

9. 唐明曦：《非实体生产力的本质和系统》，《经济研究》，1985 (8)。

10. 邓宇鹏：《论精神生产力的外部环境》，《生产力研究》，1993 (2)。

11. 常英：《知识管理：学术生产者和学术传播者的新课题》，《中国农业大学学报》，2000 (4)。

12. 姜万军：《知识生产者是科技竞争力的基础》，《科学学与科学技术管理》，2000 (6)。

13. 颜晓峰：《论创新知识的生产》，《内蒙古社会科学》，2000 (1)。

14. 陈太平：《知识生产与大学的作用》，《建材高教理论与实践》，1999 (2)。

15. 张志勇：《教育是知识生产传播和运用的巨大产业》，《北京成人教育》，1999 (6)。

16. 郑银钟：《知识生产力：日益膨大的经济增长点》，《河南社会科学》，2001 (3)。

17. 杨海：《浅析知识生产力》，《呼伦贝尔学院学报》，2002 (1)。

18. 张青松：《知识生产和创造的历史观与价值论本体定位》，《理论探讨》，2000 (6)。

19. 白杨：《知识生产力构成要素浅析》，《理论探讨》，2001 (2)。

20. 严茂超：《中国知识生产、传播与应用的关键制约因子分析》，《资源科学》，2001 (4)。

21. 李智敏等：《促进我国知识生产的途径简析》，《陕西省行政学院学报》，2001 (3)。

22. 马晓平：《新经济时代知识生产激励的经济学探讨》，《商业研究》，2001 (10)。

23. 林地等：《知识经济与知识生产》，《湖北师范学院学报》（社科版），1999 (3)。

24. 廖才茂：《经济全球化与中国的知识生产力战略》，《上海财经大学学报》，2000 (6)。

25. 李玲：《知识生产企业的管理创新》，《经济纵横》，1999 (10)。

26. 刘仁彪：《企业知识生产力发展的管理变革》，《当代财经》，2000 (11)。

27. 吴季松：《知识经济与可持续发展系列讲座：知识的生产》，《国土经济》，2000 (1)。

28. 鲁洁：《试论教育对生产力的发展作用》，《南京师大学报》（社会科学版），1978 (4)。

29. 文辅相：《解放大学生产力 迎接信息新时代》，《高等教育研究》，1998（5）。

30. 胡建华：《试析研究型大学的本质——学问的生产能力》，《南京航空航天大学学报》（社会科学版），2002（2）。

31. 郭丽君：《一流大学的学术生产力》，《黑龙江高教研究》，2004（7）。

32. 孙万祯：《以深化高校人事分配制度改革解放教育生产力》，《辽宁广播电视大学学报》，1999（1）。

33. 李建辉：《解放生产力：高校内部管理体制改革的实质性目标》，《当代教育论坛》，2003（9）。

34. 向春等：《国际合作与体制创新：解放大学的生产力》，《大学教育科学》，2004（2）。

35. 许明：《尊重学术发展规律有序组织"知识生产"》，《云梦学刊》，2006（4）。

36. 李汝德等：《影响和制约我国高校科技生产力发展的几个问题》，《生产力研究》，2003（3）。

37. 涂端午：《论大学的知识生产关系》，《现代大学教育》，2003（5）。

38. 张彦通等：《发展教育产业将为解放大学生产力创造良机》，《清华大学教育研究》，2000（2）。

39. 王建民：《变革中国高等教育"生产关系"：理性思考与战略选择》，《高等教育研究》，2006（12）。

40. 张慧洁：《关于"解放教育生产力"之我见》，《吉林教育科学·高教研究》，1994（6）。

41. 陈振华：《论新的教育知识生产观》，《华东师范大学学报》（教育科学版），2001（3）。

42. 徐建培：《论高等学校的知识生产活动》，《清华大学教育研究》，2003（6）。

43. 皮光纯：《关于发展高校后勤生产力的思考》，《江苏高教》，2002（3）。

44. 胡东成：《释放校长的"生产力"》，《继续教育》，2001（6）。

45. 杨冬雪：《社会资本：对一种新解释范式的探索》，《马克思主义与现实》，1999（3）。

46. 贺芳玲：《世界著名理工大学的特征》，《教育发展研究》，1999（4）。

47. 周刚等：《美国高水平大学学科布局研究》，《学位与研究生教育》，2001（5）。

48. ［法］马太·多冈：《新的社会科学：学科壁垒上的裂缝》，《国家社会科学杂志》（中文版），1998（3）。

49. 冯向东：《张力下的动态平衡：大学中的学科发展机制》，《现代大学教育》，2002（2）。

50. 陈渭等：《关于医学学科群建设的几点认识》，《学位与研究生教育》，1996（2）。

51. 陈德棉等：《学科分类与学科之间的相关性》，《科学管理研究》，1994（4）。

52. 王方正等：《创新：学科建设的灵魂》，《科技进步与对策》，2000（7）。

53. 刘钢：《他们如何成为学术精英——"无形学院简介"》，《世界教育信息》，1998（8）。

54. 张学民等：《国外教师职业发展及其促进的理论与实践》，《比较教育研究》，2003（4）。

55. 宗伟：《课堂活动设计对默会知识的挖掘与深化》，《全球教育展望》，2003（9）。

56. 张建伟等：《关于网络协作探究学习及其影响因素的实证研究》，《电化教育研究》，2002（8）。

57. 陈衡：《工作团队模式在系级管理中应用的思考》，《武汉职业技术学院学报》，2003（3）。

58. 李晨光：《论高校科研团队》，《科学与管理》，2003（4）。

59. 王怀宇：《大学教授活动"集群化"：问题与对策》，《高等教育研究》，2003（3）。

60. 陈韶峰：《试论学术评审中的委员会决策》，《高等教育研究》，2003（5）。

61. 丁云龙：《国外学术共同体学术研究体例述评》，《东北大学学报》（社科版），2002（4）。

62. 蒋寅：《关于学术研究的传统、品德、规范和体制》，《文学遗产》，1994（4）。

63. 曾杰，姚万刚：《学术研究与思维交流》，《学术交流》，1997（4）。

64. 陈士衡：《试述日本大学学术研究环境的特点》，《机械工业高教研究》，1997（1）。

65. 张哲，遥远：《学术研究需要有一个团结祥和的氛围》，《天中学刊》，1998（4）。

66. 林岗：《体制化时代的学术研究》，《学术研究》，1998（10）。

67. 朱文：《当前学术研究及其组织的几个问题》，《学会月刊》，2000（5）。

68. 陆云南：《试论学术研究成果评价的机理》，《学会月刊》，2000（4）。

69. 徐英：《学术研究：功利性抑或超功利性》，《广播电视大学学报》，2000（4）。

70. 宫麟丰：《高校学术研究的动力机制研究》，《辽宁财专学报》，2001（5）。

71. 王笛：《学术环境与学术发展：再谈中国问题与西方经验》，《开放时代》，2002（2）。

72. 顾兆禄：《端正学风是学术发展的必要前提》，《南京社会科学》，1998（10）。

73. 张三夕：《关于学术发展与发表制度的哲学思考》，《海南师院学报》，1999（3）。

74. 李醒民：《为学术发展营造良好的氛围》，《学术界》，2000（3）。

75. 储朝晖：《研究生学术活动的理念与运作》，《学位与研究生教育》，2003（1）。

76. 方然：《论学术民主与创新机制》，《曲靖师专学报》，1999（1）。

77. 秦欲华：《科学地理解生产力概念的新内涵》，《自然辩证法研究》，1997（12）。

78. 梁梁等：《论组织结构对组织学习的影响》，《华东师范大学学报》，1999（4）。

79. 杜育红：《论教育组织及其变革低效的制度根源》，《北京师范大学学报》（社科版），2002（1）。

80. 张宇：《浅谈教育组织中的非正式组织》，《理论月刊》，2003（10）。

81. 伍红林：《试论高等教育组织内学术决策权的分配》，《现代大学教育》，2003（3）。

82. 舒志定：《创新学术制度 防御"近亲繁殖"》，《社会》，2003（3）。

83. 孔寒冰：《高等学校学术结构重建的动因探析》，《清华大学教育研究》，2001（2）。

84. 赵文华：《试论高等教育系统学术活动主体》，《江苏高教》，2000（6）。

85. 朱雪梅：《学术腐败与学术制度的重建》，《社会科学论坛》，2004（5）。

86. 刘鸿：《学术活动的反思与大学制度的重建》，《高等教育研究》，2004（4）。

87. 雷晓云：《学术活动与学术自由》，《莱阳农学院学报》（社科版），2002（2）。

88. 金文野：《学术体制与理论创新》，《深圳大学学报》（社科版），2003（1）。

89. 眭依凡：《从宏观和微观结合上关注大学制度的创新》，《中国高等教育》，2003（23）。

90. 何精华：《构建适应国际竞争的现代大学制度》，《科技进步与对策》，2004（3）。

91. 赵彦云等：《提升大学竞争力 建立现代大学制度》，《中国高等教育》，2003（18）。

92. 方耀楣：《大学文化氛围的东西方比较》，《比较教育研究》，1994（6）。

93. 郑湘晋：《对"学校文化场"的建设与作用的思考》，《教育理论与实践》，2000（4）。

94. 徐力：《高等教育系统——学术组织文化浅析》，《浙江大学学报》（社科版），2001（3）。

95. 杨威：《高校内部管理体制创新需要组织文化创新》，《教育发展研究》，2003（9）。

96. 何小萍等：《知识管理的基点：知识管理与组织文化》，《浙江树人大学学报》，2004（4）。

97. 刘燕华：《组织文化理论探析》，《西北民族学院学报》（社哲版），2000（2）。

98. 龙静：《试论知识创新与组织文化变革》，《南京社会科学》，2001（9）。

99. 王文奎：《浅析组织文化的人力资源开发管理功能》，《软科学》，2003（4）。

100. 何立等：《组织文化与企业效能研究综述》，《科技进步与对策》，2003（8）。

101. 王新如等：《谈学校组织文化与学校效能》，《教育科学》，1997（3）。

（二）学位论文

1. 万高潮：《两种生产研究》，北京大学1996届博士学位论文。

2. 张建民：《试论生产力系统》，北京大学1987届博士学位论文。

3. 杨立华：《简论社会精神生产的一般过程》，北京大学1991届博士学位论文。

4. 陈宏志：《论作为社会实践活动的精神生产》，北京大学1989届博士学位论文。

5. 魏嵘：《基于学术生产力的我国高校教师奖励制度再设计》，浙江大学2006届硕士学位论文。

6. 宋永刚：《自我发展：高校学术人员管理的新视野》，华东师范大学2003届博士学位论文。
7. 陈乃琳：《师本管理初探》，南京师范大学2002届硕士学位论文。
8. 赵坤：《大学重点学科核心竞争力形成与评价模型研究》，第三军医大学2004届硕士学位论文。
9. 孙凯：《高校教师人力资本和社会资本对科研绩效影响分析》，吉林大学2005届硕士学位论文。
10. 刘英：《因特网与社会资本》，中国人民大学2005届硕士学位论文。
11. 胡凌秋：《作为扩展秩序的社会资本》，浙江大学2004届硕士学位论文。
12. 张峰：《社会资本与教师科研发展》，华中科技大学2005届硕士学位论文。
13. 汪怿：《大学知识管理研究》，华东师范大学2004届博士学位论文。
14. 庞青山：《大学学科结构与学科制度研究》，华东师范大学2004届博士学位论文。
15. 李枭鹰：《大学学科发展规划生成研究》，广西师范大学2005届硕士学位论文。
16. 王梅：《高等学校学科建设若干问题的探讨》，天津大学2003届硕士学位论文。
17. 伍复康：《高等学校学科发展研究》，浙江大学2005届硕士学位论文。
18. 谢沛铭：《论合并高校的学科融合》，中南大学2003届硕士学位论文。
19. 王波：《论合并高校的学科融合》，武汉大学2004届硕士学位论文。
20. 王恩华：《学术越轨与大学学术管理》，华中科技大学2004届博士学位论文。
21. 王怀宇：《教授和教授群体与中国研究型大学的发展》，华中科技大学2003届博士学位论文。
22. 冯国锋：《"学习型组织理论"视野下高校学习机制研究》，河南大学2005届硕士学位论文。
23. 商利民：《教师专业学习共同体研究》，华南师范大学2005届硕士学位论文。
24. 韩旭：《基于网络的教师专业发展支持平台研究》，首都师范大学2005届硕士学位论文。
25. 刘慧珍：《制度创新与有效大学组织的建设》，北京师范大学1997届博士学位论文。
26. 朴雪涛：《论知识制度与大学发展》，华中科技大学2003届博士学位论文。
27. 马廷奇：《大学组织的变革与制度创新》，华中科技大学2004届博士学位论文。
28. 易斌：《我国高校教师科研创新的组织机制研究》，湖南师范大学2004届硕士学位论文。
29. 张炜：《基于跨学科研究的大学学术组织再造》，浙江大学2001届硕士学位论文。
30. 孙健：《我国大学教师学术研究环境优化研究》，河海大学2005届硕士学位论文。
31. 李灵莉：《论教师组织的知识管理》，东北师范大学2002届硕士学位论文。
32. 刘权：《大学学科核心能力及其培育机制》，浙江大学2003届硕士学位论文。

33. 何健：《论大学的开放性》，华东师范大学 2004 届硕士学位论文。

34. 慕珊珊：《论大学教师的教学学术》，湖南大学 2005 届硕士学位论文。

三、外文著作

1. William Foster, *Paradigms and Promises: New Approaches to Educational Administration*, New York: Promentheus Books, 1986.

2. Bowen. H. R, *Investment in Learning.*, San Foancisco: Jossey-Bass Publishers, 1997.

3. Karl Jaspers, *The Idea of the University*, London: Peter Owen Ltd., 1965.

4. J. D. Millett, *The Academic Community: An Essay on Organization*, New York: McGraw-Hill Book Company, 1962.

5. Logan Wilson, *The Academic Man*, New York: Oxford University Press, 1942.

6. William A. Firestone and Bruce L. Wilson, *Using Bureaucratic and Cultural Linkages to Improve Instruction: The High School Principal's Contribution*, Eugene: University of Oregon Press, 1983.

7. Ernest. Boyer, *Scholarship Reconsidered: Priorities of the Professoriate*, New York: Princeton University Press, 1991.

8. Davenport, T. M. &L., Prusak, *Working Knowledge: how organizations manage what they know*, Boston : Harvard Business School Press, 1998.

四、外文文章

1. Levin, Henry M, "Raising Productivity In High Education," *The Journal of High Education*, May 1991.

2. Diamond, A. M, "The Life-Cycle Research Productivity of Mathematicians and Scientists," *Journal of Gerontology*, Vol. 41, No. 4, 1986.

3. Qing Hu, T Grandon Gill, "Faculty Research Productivity: Influential Factors and Implications," *Information Resources Management Journal*, Vol. 13, No. 2, 2000.

4. Levitan, Alan S. and Ray. Russ, "Personal and Institutional Characteristics Affecting Research Productivity of Academic Accountants," *Journal of Education for Business*, Vol. 67, No. 6, 1992.

5. Maske, kellie. L. etc., "Determinants of Scholarly Productivity Among Male and Female Economists," *Economic Inquiry*, Vol. 41, No. 4, 2003.

6. Daniel, S Hamermesh etc., "Tools or Toys? The Impact of High Technology on Scholarly Productivity," *Economic Inquiry*, Vol. 40, No. 4, 2002.

7. Cumbie S, etc., "Developing a Scholarship Community," *Journal of Nursing Scholarship*, No. 3, 2005.

8. J. File, "Course offering in higher education: Doctoral programs," *New Directions for Higher*

Education. No. 75.

9. Rita Johnston, "The University of the future: Boyer revisited," *Higher Education*, vol. 36, 1998.

10. Massey, Doreen, "Negotiating Discipline Boundaries," *Current Sociology*, Vol. 47, No. 4, 1999.

后 记

总以为两年的时光会很长，可以慢慢看书、跟导师学艺、向其他老师学习、跟师门学友切磋，包括好好写出站报告。但美好的日子总是短暂，一切还未来得及细细品味，就要匆匆结束了。尽管三月就开始珍惜离别前的分分秒秒，计算着跟导师还有几次见面机会，跟师门学友还可以聚会几次，但今天终于要跟这段生活告别了！

最不忍离开的当然是我的合作导师王英杰教授。先生学养深厚、知识渊博，分析任何问题都能道出其中的历史渊源、理论争辩以及发展脉络；先生为人至诚，对学生宽严有度，是学生心目中最好的导师；先生为学至真，常教导我们要从问题入手，与经典对话，训练学术研究方法。在先生身上，我看到了"德性"与"学问"的统一；先生的身体力行，是对真正学者的独立、良知和质疑精神的最好诠释。随先生"从游"两年，在为人为学上所受的启迪却可以享用终生；有机会切身体验导师的智慧与情怀、感受他的胸襟与关爱，是我一生的幸运！

在进站之前，我对王老师的学术造诣和德行魅力已经了解得颇为详细，但由于自己学识能力根底清浅，从没有奢望能够拜师门下，所以进入师门后这种意外而感恩的心情特别强烈。遗憾的是，两年来报恩的心愿并未了结，反而平添了许多愧疚：一是由于自己学养不深，在师门的学术活动和课题研究中并没有做出较大的贡献；二是出站报告没有好好听从导师的建议，在时间精力上的投入也不足，所以远远没有达到期望的水平，惟恐辱没了恩师的名声；三是由于自己办事不够细心，在工作和生活中还给王老师增添了一些麻烦，烦劳他为我的小事奔劳相助，实在是惭愧和感激之至！

作为王老师的学生，除了自视学识低浅而容易心生惭愧之外，还有另外一种烦恼——无以表述导师之好。我们分明感觉王老师的好超出了一般导师之好，但所有赞美导师的语言早已被人用滥甚至成为套话，让我们深为描述缺乏创意、语言刻板贫乏而沮丧。对于王老师的理论修养、学术水平、民主作风、优雅姿态，对于先生敏锐的思维、开阔的视野、深邃的思想、幽默风趣而又充满智慧的语言，我始终有着"偶像崇拜"的情感，这更让我饱尝了"无以完美表达"之苦！正如福柯所言，"言说是一种翻译，在显示的同时也在隐匿"，对于导师的描述与感激总难周全、总会显得词不达意；我所能感受到的，远远多于我能写出和说出的，更不是一个单薄的"谢"字所能概括的。师恩难忘，我将永远铭记于心；短暂的相处，更是我日后永久的回忆。在此只能怀着一颗至真至诚的心，祝福导师在今后的每一天都健康、快乐、幸福！

感谢刘宝存、周作宇、李家永、马健生、阎光才、谷贤林、刘慧珍、李子江、林杰等师长的教诲与帮助！他们是教育学界中青年学者中的佼佼者，能够跟这些良师益友为伍，内心有一种别样的自豪，也有一种强烈的见贤思齐的愿望。但是，随着与他们交流的深入，我感觉自己在知识积累和研究方法上与他们的差距很大，他们开阔的视野、活跃的思维和丰富的学理资源常常让我产生目不暇接的感叹，甚至不敢奢谈交流，更多的只是贪婪地聆听教诲。但是，他们又都是真诚热情、谦虚朴实之人，并不因为知识渊博而自傲，与他们的交往不仅使我收获了知识与经验，也收获了沉甸甸的友情。

感谢师门的兄弟姐妹们，尤其是马慧、孙贵聪、熊耕、李巧针、耿益群、郄海霞、王保平、张艳敏、杨珂、王占军、覃云云、张芬只等。师门十余位学友组成了和谐的小团体，身为其中的一员我感到非常自豪。每周二的学术沙龙既是增长学识的聚会，也是一种心灵之约，我们一起交流和分享彼此的知识、思索与感悟，其间智慧火花四溅，友情和快乐绽放异彩！

感谢我的硕士导师陈彬教授和博士导师别敦荣教授，虽已离开师门，但仍烦劳导师挂念，每次接到导师的电话或短信询问我的学业与生活，都会觉得特别感动！怎奈怠惰成性，两年下来碌碌而无为，让我觉得无比惭愧！只希望在以后的日子里更加勤奋与投入，不辜负导师的辛勤栽培和殷切期望！

感谢我的父母陈志玉先生和方文华女士，这两年他们的身体开始显出衰老的迹象，让我非常牵挂而又热切地想要有所回报，浓浓的亲情和强烈的报恩心愿将会促使我在人生道路上奋力前行。最后感谢我的爱人胡东平所提供的物质和情感支持，让我能够放下包袱，安心享受自由的学术生活。

陈何芳
2007 年 6 月 16 日

致　谢

本书是在我博士后出站报告的基础上略加修改而成的，在拙著即将付梓之际，想借机向各位师长亲友表示简短的感谢。

感谢我的导师——硕士阶段的董泽芳、陈彬教授，博士阶段的李太平、别敦荣教授和博士后阶段的王英杰教授，能够得到五位老师的亲切指导真是三生有幸！离开师门后仍然得到导师的关怀和指教更觉得心中时时温暖！

感谢我工作中的亲密战友——南京师范大学教育科学学院高等教育学专业的胡建华和王建华教授。两位"建华"对我异常关照，跟两位博导一起工作和学习，大大延缓了我学术"落伍"的速度！

感谢我的学生，让我体味到"为人导师"的酸甜苦辣，从中感受到巨大的充实和愉悦，希望你们不断创造精彩人生！

感谢我的父母，生我养我而且还帮我照料年幼的宝宝，你们的伟大和辛劳我时刻铭记、渴望回报！

感谢我的爱人和孩子，我们共同构筑的"小家"在"大家"的帮助下茁壮成长，我们共同体味成长的欢愉与烦恼！

感谢我的诸多好友，让我在"亲人"和"同事"之外还能享受珍贵的友谊，倍感人生情浓！

感恩过去，享受现在，展望未来，求学和治学道路上的所见所闻所触所缘，都将成为我的人生财富，激励我将"感恩"时刻铭记于心、躬践于行！

陈何芳
2010 年 11 月 25 日